天

Borderless

下

天下，在乎正义和你

裁判的方法

第4版

梁慧星 著

法律出版社 | LAW PRESS
北京

图书在版编目（CIP）数据

裁判的方法 / 梁慧星著. --4版. -- 北京：法律出版社，2021（2024.5重印）
ISBN 978-7-5197-5880-6

Ⅰ. ①裁… Ⅱ. ①梁… Ⅲ. ①民事诉讼－审判－研究－中国 Ⅳ. ①D925.118.24

中国版本图书馆CIP数据核字（2021）第171092号

裁判的方法（第4版）
CAIPAN DE FANGFA（DI 4 BAN）

作　　者：梁慧星
策划编辑：孙东育　王　珊
责任编辑：孙东育　王　珊
装帧设计：汪奇峰
出版发行：法律出版社
编辑统筹：学术·对外出版分社
责任校对：杨锦华　王沁陶
责任印制：胡晓雅　宋万春
经　　销：新华书店
开　　本：A5
印　　张：14
字　　数：272千
版　　本：2021年11月第4版
印　　次：2024年5月第3次印刷
印　　刷：永清县金鑫印刷有限公司
书　　号：ISBN 978-7-5197-5880-6
定　　价：88.00元

销售电话：010-83938349　客服电话：010-83938350　咨询电话：010-63939796
地　　址：北京市丰台区莲花池西里7号(100073)
网　　址：www.lawpress.com.cn
投稿邮箱：info@lawpress.com.cn
举报盗版邮箱：jbwq@lawpress.com.cn
凡购买本社图书，如有印装错误，我社负责退换。电话：010-83938349

作者简介

梁慧星　四川青神人，1944年1月生。中国社会科学院学部委员、北理工珠海学院民商法律学院名誉院长。学术专长：民法总论、物权法、合同法、侵权责任法、法学方法论。独著：《民法总论》《为了中国民法》《民法解释学》《裁判的方法》《读条文　学民法》《民事解答录》；合著：《中国民法典草案建议稿附理由》；主编：《民商法论丛》《中国民商法专题研究丛书》。

第4版序言

作者自20世纪80年代末开始研究民法解释学。“民法解释学”,亦称“法学方法论”。

民法解释学一语,在历史上与民法学是同义语。关于民法解释适用的方法,只是其内容之一部分。民法学的主要内容是学者对国家制定的民事法律法规进行整理,并依一定逻辑顺序所构成的概念、原则、制度和理论的体系。这第一部分内容,称为法源论。第二部分内容,是学者运用法律解释方法针对既有案例或假设的案例所提出的具体解释意见,称为解释论。第三部分内容,是关于法律解释适用的方法和规则,称为方法论。

自罗马法以来的很长时期,罕见专门研究或讲授方法论的著作。但20世纪中期以来,法律解释适用的方法日益受到重视,以致传统民法学的这部分内容与其他内容分离,而成为独立的学问。

在德国及我国台湾地区,这部分内容被称为法学方法论。但在日本,同样的内容仍被置于民法解释学名下进行讨论,仍称为民法解释学或民法解释方法论。

民法解释学是微观的学问,是关于法律解释适用的方法和规则的理论,属于一种以方法为研究对象的实用学科。“二战”结束以来,学界出版了一些重要的著作,如德国拉伦茨的《法学方法论》。当然在德国研究法学方法论的,还有别的学者与著作。在日本研究法律解释适用的方法的学科领域,也有很多著作出版,如渡边洋三的《法社会学与法解释学》、石田穰的《法解释学的方法》、松坂佐一的《民法解释的基本问题》等。在我国台湾地区,重要的著作有杨仁寿的《法学方法论》、王泽鉴的《民法思维》、黄茂荣的《法学方法与现代民法》。

需说明的是,民法解释学的这一套方法和理论,并不仅仅对民事审判庭的法官有用,对其他审判庭(如行政审判庭和刑事审判庭)的法官也有用。只是其中的若干方法,如类推适用方法和利益衡量方法,在刑事裁判、行政裁判中难以适用罢了。

本书是作者于中南财经政法大学(20 世纪 90 年代)举办的地方法官培训班的讲课录音整理稿基础上修改而成的,由法律出版社出版。2003 年初版,2012 年再版,2017 年三版。现应出版社编辑王珊同志的建议进行了修订(第 4 版)。第 4 版除对原有内容校订外,在第一讲增加了“关于诉”、“事实认定的方法”及“法律适用”三部分内容,并删去第3版附录3——“买卖合同特别解释规则之创设”,代之以新的附录3——“法庭的审查权”。特予说明。

是为序。

作　者

于北京理工大学珠海学院民商法律学院

2021年4月8日

第3版序言

20世纪80年代末,我开始关注并研究法律解释的方法。第一篇论文《法解释方法论的基本问题》,刊于《中外法学》1993年第1期。1995年1月,由中国政法大学出版社出版《民法解释学》,该著被纳入该社的"中青年法学文库"丛书。其第一编、第二编内容,似不适于课堂讲授。我曾试将第三编"民法解释学的方法"的内容向社科院研究生院1992级、1993级民法博士生、硕士生讲授。之后我萌生对民事法官讲授该内容的想法。第一次讲授是在洛阳市中级人民法院,题目似叫"现代民法与裁判方法"。中南政法学院(现中南财经政法大学)获得美国福特基金会资助,开办地方法官培训班(每年两期),邀我每期讲三整天,课程叫"裁判的方法"。我还在最高人民法院举办的少数民族民事法官培训班、国家法官学院的前几期民事法官班,以及若干地方法院的民事法官培训班讲授该内容。课间、课后经常有法官主动与我讨论所办理的疑难案件。当时我也有机会参加最高人民法院民事审判庭的疑难案件讨论会。我从这些讨论中获益甚多。一些具有典型意义的案例及审案法官的智慧、经验和教训,被我吸收到授课内容之中。就这样,我讲了十多年。2002 年,我采纳法律出版社杨克编辑的建议,将讲课稿整理成书,于次年在该社出版。2012 年再版,添加了三个附录。现按出版社建议出第 3 版,只是对第 2 版的文字作校订,再增加附录 4——“法律思维与学习方法”,这是 2014 年 12 月我在最高人民法院青年法官论坛讲座录音的整理稿。请读者留意。

作者

于北京南城清芷园

2017 年 3 月 28 日

再版序言

本书初版于2003年。我到各地讲课或座谈,常有法官、律师谈起本书,说对他们颇有助益。此次系出版社建议再版。因是二十年前在法官培训班的讲稿,不便对讲课内容作增减,除改正错字外,增添了若干注释,对过于冗赘的词句稍有删减,并说明法律背景的变迁,介绍新的司法解释。此外,还有近年来的某些心得,在过去讲课中未涉及过,自认为对裁判案件可能有意义,故附录于文末,请读者注意。

作者

于昆明北郊六榕居

2012年8月19日

自 序

作者研究解释适用法律的方法，始于20世纪80年代末。1995年出版《民法解释学》一书，包括三部分内容：一是民法解释学的历史；二是民法解释学的基本理论；三是民法解释学的方法。这些内容在1992年至1994年曾对社科院民法博士、硕士研究生讲授。1994年后，专在各种法官培训班上讲授。考虑中国法官队伍的实际需求，只讲原书第三部分，以"民法解释学的方法"为题，尽量回避理论性论述，采用浅显平易的口头语，着重以实际的判决例或解释例演示各种方法的运用。

撰写《民法解释学》时，所举外国法院和我国台湾地区法院的判决例较多，所举我国大陆法院的判决例殊少。在近十年的讲授过程中逐渐增加了许多我国大陆法院的判决例和解释例。正是我国大陆法官裁判的许多成功的判决例和解释例，增强了作者对我国大陆的法院终将走出地方保护主义、行政干预和吏治腐败这些梦魇的信心,使作者对中国终将真正实现依法治国的信念不致摇坠,并策励作者近十年来奔走呼号于全国各地、各级、各种法官培训班讲坛而不为所疲。诗云:知我者谓我心忧,不知我者谓我何求。此中用心岂可为外人道哉!

考虑到法官裁判案件,是先认定事实,在事实认定之后,再考虑如何解释适用法律,有必要在讲解释适用法律的各种方法之前,先概括介绍认定事实,即判断证据的方法。因此,在第一讲概述中增加了本不属于民法解释学内容的“法官如何认定事实”,致讲稿内容越出了“民法解释学的方法”的题旨范围。但认定事实的方法、解释适用法律的方法,同属于法官裁判案件的方法,故本书出版时,改用“裁判的方法”为书名。内容系以讲课稿为基础,稍作整理。为保持讲课稿的口语风,不求典雅、简洁,难免遗人以絮叨繁冗之讥。

时下出版著作,流行求人作序与题献之风。求人作序,除求自己的学生作序属于特例外,与企业请名人为自己的产品做广告,本质相同。区别仅仅在于:一为精神产品,另一为物质产品;前者出于情谊,后者纯属金钱交易。从法律角度言之,求他人作序,属于民法上的无名合同,应以双方当事人意思表示一致为合同成立要件。被求作序之他人,如不承诺,则合同不成立。断无作者自拟序言强冒该他人之名以发表之理。因此,著作再版时该序言被作者删去,作序者只能自认晦气,岂能怨得旁人!

所谓题献,则显然不同。一无须支付代价(金钱的或非金钱的)，二无须征得被题献者的同意，三无须事前履行告知义务。当你有朝一日猛然发现自己的姓名被赫然印在他人著作扉页之上时，纵然你内心有一千个一万个不情愿，谅你也奈何不得！钱钟书先生有言：所谓题献者，并不是真的将著作献出去，不过是虚晃一招而已。其法律性质属于无名之单方行为。除题献给亲爱者如父母、爱人、子女一类外，谓为窃取他人之名为自己的产品做广告，大抵不差。至于作者在自觉有了点名气之后，更将原“题献”抹去者，则又等而下之者也！是故法律上实有明文规定，凡题献者，除题献给亲爱者如父母、爱人、子女一类外，须于著作出版之前，对于被题献之该他人履行告知义务之必要。并进而规定，被题献之该他人于受告知后之合理期限内明确表示不情愿而作者未抹消该“题献”者，应当承担侵犯姓名权的民事责任。读者诸君，以为然否？

有鉴于此，作者谨将本书题献给“忠于法律正义的中国法官”。此所谓“忠于法律正义的中国法官”，属于非特定多数名词。凡中国过去、现在、将来之担任法官者，不论其所属法院级别之高低，不论其法官阶等之大小，不论其年龄之长幼，不论其性别之男女，不论其法律学位之有无，凡能够忠诚于法律正义者，请接受作者真诚的敬意！

梁慧星

于山东大学学人大厦

2002 年 12 月 24 日

目录

第一讲　裁判的方法概述

一、关于诉

（一）诉的概念

讲裁判的方法，先要讲诉。因为裁判权属于国家公权力之一种，但裁判权不同于其他公权力。不同之处在于，裁判权的行使是被动的、受限制的。而裁判权之外的公权力，均可凭公权主体的意思而主动行使，如市场监督管理机关，可以不依赖于他人（市场主体、义务主体）的意思，而主动提起案件、查处行政违法行为。法院裁判权却不能主动行使，必须由原告向法院起诉，并经法院审查符合诉的要件而予受理（受诉），才有裁判权行使之可能性。纵然存在实体争议、存在保护实体权的必要，假如当事人不向法院起诉，或者虽起诉而不符合诉的要件，法院裁判权也是不可能主动行使的。诉的成立，使受诉法院具备行使裁判权的前提条件，同时也限制了裁判权行使的范围。即受诉法院仅能够裁判本案当事人（原告、被告,有时还有第三人)之间的争议,就本案诉讼请求作出肯定或者否定的判决。可见,正是诉,使法院裁判权具备行使的前提条件,并限定受诉法院裁判权行使的对象和范围。

按照民事诉讼法原理,所谓诉,是指原告请求法院就其针对被告的诉讼请求进行裁判的行为。简言之,诉是原告请求法院进行裁判的诉讼行为。原告针对被告的诉讼请求,是受诉法院进行裁判的对象;法院裁判的结果,则是对于该诉讼请求作出肯定(支持)或者否定(不支持)的判决。

掌握诉的概念,关键在于区分两个"请求"。诉,是诉讼主体(原告)基于诉权、根据诉讼法的规定,"请求法院"对本案(原告对被告的诉讼请求或者原告与被告之间的争议)进行裁判的诉讼行为,此项"请求"的相对方是受诉法院;诉讼请求,是民事主体(权利人)基于实体权、根据实体法的规定,"请求义务人(被告)"履行义务等的实体权行使行为,此项"请求"的相对方是被告。二者之间,是程序法与实体法、程序权(诉权)与实体权的关系。诉的功能,在于衔接程序法与实体法、程序权(诉权)与实体权,并使受诉法院可以通过裁判权之行使,实现解决实体争议、保护实体权的目的。

诉是多方行为,行为主体除原告、被告(有时还有第三人)之外,还有受诉法院。原告、被告(及第三人)相互之间是平等的,但原告、被告(及第三人)与受诉法院之间是不平等的。受诉法院是裁判权的执掌者、原告和被告之间实体纠纷的裁判者、诉讼程序的组织者和指挥者。原告当然按照自己的自由意思决定起诉或者不起诉(处分原则),但原告一旦起诉(经法院受理),无论原告、被告还是第三人均处于法院裁判权管辖之下,均必须服从于裁判权。但受诉法院行使裁判权,并非为自身的利益或者目的,而是裁决原告、被告之间的争议、保护其合法权利和利益,某种意义上有为原告、被告服务的性质。可见,诉是一种既不同于民事法律行为,也不同于行政法律行为的特殊法律行为。

再者,诉作为特殊的法律行为,表现为一个诉讼过程(时间段)。原告起诉经法院受诉,是该过程的始端。诉一经成立(启动),即由受诉法院指定的审判庭行使裁判权,将当事人(原告、被告及第三人等)召集到庭,通过庭审查明案件事实,然后依据实体法的规定作出判决,判决是其终端。诉作为一个诉讼行为过程,因当事人起诉(法院受诉)而成立(启动),然后在法庭(审判庭)的组织、指挥之下向前推进,直至依法(程序法和实体法)作出本案判决(或者因具备别的法定事由)而终结。可以说,所谓诉,是一个包含法院裁判权行使行为和当事人权利(诉权和实体权)行使行为的多方参与、公权和私权交错、程序法和实体法衔接的复合的法律行为。质言之,经由诉这样一个复合的法律行为,使法院在当事人的参与之下,通过裁判权的依法行使,解决当事人之间的实体纠纷,维护当事人的实体权益,恢复当事人之间的利益平衡。

与诉有关的另一个法律概念是“案(件)”。法院专门设有立案庭。当事人向法院起诉,也常被说成到法院立一个“案”。诉与案是什么关系?大多数情形,原告的起诉经立案庭审查符合诉的要件,决定予以受理(受诉),这通常称为“立案”。可见,立案就是受诉。通常立一个案,即受(理)一个诉。这样看来,似乎“案”与“诉”可以画等号,但也不尽然。因为,有这样的情形:一个案不是一个诉,而是两个诉甚至很多个诉。我在后面会讲到。法院为了诉讼的经济,把若干个诉合并为一个案,由一个审判庭审理。例如,将常见的本诉和反诉合并为一个案。所谓消费者诉讼、集团诉讼,是将多个诉乃至几百个诉合并为一个案。可见诉与案这两个概念并不相同。可以认为,“案”,是着重于由一个审判庭裁判的概念,由一个审判庭裁判(无论是一个诉还是多个诉),即一个案;而“诉”,是着重于诉讼行为本身的概念,符合诉的要件即构成一个诉。

顺便指出,所谓“诉的合并”,并非将两个或者多个诉合并为一个“诉”,而是将两个或者多个诉合并为一个“案”,便于由一个审判庭审理,以实现诉讼经济(节约司法资源)的目的。

(二)诉的构成

诉的构成要素有三。第一项要素是人的要素,即原告和被告,二者缺一不可。如前所述,诉的功能和目的,是通过裁判权的行使解决民事争议(民事纠纷)。民事争议(民事纠纷),即民事法律关系上的冲突，必定存在于两个民事主体之间。仅一个民事主体，不构成民事法律关系，不发生民事争议（民事纠纷）。故诉的构成要素之一，必须有原告和被告，缺少任何一方，均不能构成诉。《民事诉讼法》第 119 条规定，起诉必须符合下列条件：“（一）原告是与本案有直接利害关系的公民、法人和其他组织；（二）有明确的被告；……”该条明确规定，原告和被告是构成诉的必备要素。缺少原告、被告任何一方，诉均不能构成（成立）。诉成立之后，在诉进行过程中，如果原告、被告中一方死亡，就要考虑由别的适格的当事人替补死去的原告或者被告，就像足球赛换人一样，以便使该诉继续进行下去。如果没有适格的当事人替补，就只好终结这个诉。当事人一方死亡作为诉终结的法定事由之一，规定在《民事诉讼法》第 151 条中。[①]

以上讲原告和被告是诉的构成要素，二者缺一不可。有的诉除原告和被告外，还可能有第三人。第三人是诉的当事人，但第三人不是诉的必需要素。这里顺便提及证人，证人是不是诉的当事人呢？不是。证人不是诉的当事人，证人是证据方法。诉进行中法庭传唤证人，是要通过证人以认定事实。证人与书证和物证是同样的性质，证人是证据方法，不是诉的当事人，更不是诉的要素。

第二项要素是诉讼请求。前面已经谈到，诉包含两个请求：一

① 《民事诉讼法》第 151 条规定：“有下列情形之一的，终结诉讼：（一）原告死亡，没有继承人，或者继承人放弃诉讼权利的；（二）被告死亡，没有遗产，也没有应当承担义务的人的；（三）离婚案件一方当事人死亡的；（四）追索赡养费、扶养费、抚育费以及解除收养关系案件的一方当事人死亡的。”

个是原告对法院的请求,另一个是原告对被告的请求。诉讼请求,是原告针对被告的请求。原告起诉请求法院解决什么问题?请求法院裁判原告与被告之间的争议或者请求法院强制被告履行义务。原告通过诉所要达到的目的,是请求法院支持自己的权利主张。请注意,诉讼请求的相对方是被告而不是法院,诉讼请求的根据是实体法而不是程序法。诉讼请求的本质,是原告依据实体法享有的实体权利,只不过现在通过诉的方式行使此项权利罢了。实体权利,因为采用诉的方式行使,诉讼法上称为诉讼请求。原告起诉,必须明确其诉讼请求,没有诉讼请求或者诉讼请求不明确,就形不成诉。《民事诉讼法》第 119 条第 3 项规定,起诉必须符合“有具体的诉讼请求”条件。可见,诉讼请求,是诉不可或缺的构成要素。条文所谓“有具体的诉讼请求”,不仅要求原告(起诉状)确定其对于被告的诉讼请求,而且要求该诉讼请求必须明确具体。诉进行中,如果审判庭发现原告的诉讼请求不明确、不具体,应当对此进行释明,告知原告使其诉讼请求达到明确具体的标准。

诉的第三项要素,在实务中称为“事实关系”。《民事诉讼法》第 119 条第 3 项规定起诉必须具备(诉讼请求的)“事实、理由”条件。所谓“事实关系”,即条文中规定的“事实、理由”。鉴于实体权利总是存在于特定法律关系之中,故条文所谓“事实”,指作为诉讼请求的实体权利赖以存在的法律关系以及证明此法律关系发生、变更、消灭的法律事实。条文所谓“理由”,应当指法律上的理由,即关于该特定法律关系发生、变更、消灭以及该项实体权利保护的实体法规定。

原告根据什么法律关系起诉？是根据特定合同关系提起债务履行之诉或者违约责任之诉，或者根据特定侵权责任关系提起侵权责任之诉，还是根据特定身份关系提起扶养费、赡养费给付之诉？原告的诉讼请求（实体权利），总得有特定法律关系作为其产生、存在的基础。这个基础，在《民事诉讼法》条文中叫（诉讼请求的）“事实、理由”，有人把它称为“事实关系”，实际是“法律关系”。讲“法律关系”，当然包括证明该特定法律关系的相关事实和理由在内。可见，理解诉的第三项构成要素，不能拘泥于条文中的“事实、理由”的字面含义，应当理解为：原告的诉讼请求（依据的实体权利）所赖以存在的特定法律关系及其相关事实和理由。

（三）诉的分类

按照民事诉讼法原理，诉分为三种类型：第一种，称为确认之诉；第二种，称为形成之诉；第三种，称为给付之诉。[①] 分类的根据

① 本书不认可所谓“执行异议之诉”概念。因为，诉是诉讼程序上的概念（制度），而执行异议是强制执行程序上的概念（制度）。诉是原告就自己与被告之间的民事争议、自己对被告的实体权主张，请求法院予以裁判的诉讼行为；而执行异议是异议人认为法院强制执行行为错误，请求执行法院对该强制执行行为的合法性进行审查的程序性行为。诉的构成，必须有原告、被告和受诉法院三方；而执行异议的成立，仅有异议人和法院（执行法院）两方，即使将异议人视同原告，也不可能存在被告。诉中，受诉法院行使裁判权，审查和裁判的是原告与被告之间的争议和实体权主张；而执行异议中，受理法院审查的是法院自己的强制执行行为。简言之，执行异议属于程序性救济措施，与管辖权异议性质相同，民事诉讼法中不存在所谓“执行异议之诉”，正如不存在所谓“管辖权异议之诉”。

是,诉的构成要素中的(第二项要素)“诉讼请求”所体现的实体权类型。诉讼请求所体现的实体权,包括确认权、形成权和请求权。如前所述,所谓诉讼请求,实质是以诉的方式行使实体权。故所谓确认之诉,即确认权行使之诉;形成之诉,即形成权行使之诉;给付之诉,即请求权行使之诉。须特别注意一点,并非所有的实体权均可采用诉的方式行使,故诉的三种类型,并不能对应实体法中的全部实体权类型。

近现代民法关于私权本质采法律上之力说,故民法理论依据权利所具有的法律上之力的不同,而分为支配权、请求权和变动权。第一类实体权是支配权,即权利主体依自己的意思对权利客体进行直接支配并排除他人干涉的权利。物权、人格权、知识产权为支配权。支配权具有法律上的支配力和排他力,故支配权由权利人自己采用事实行为或者法律行为的方式行使,而无须采用诉的方式。但支配权中的物权、知识产权因权利归属发生争议时,当事人请求法院对系争权利的归属作出确认。这种情形,当事人以诉的方式行使的是确认权。确认权,属于法律为解决物权、知识产权归属争议特别赋予之救济权。确认权与当物权、知识产权受侵害时,受害人行使的侵权责任请求权,颇为类似。确认权、侵权责任请求权,均属于支配权的救济权。除物权、知识产权归属确认权外,于当事人对于法律行为是否有效发生争议、对于解除权行使行为是否有效发生争议的情形,法律亦赋予当事人确认权。

第二类实体权是请求权，即权利人请求义务人为或者不为特定行为的权利。义务人不主动履行义务时，权利人可采用诉的方式行使请求权。作为请求权客体的义务人的行为，理论上称为给付。故请求权行使之诉，通常称为给付之诉。

第三类实体权是变动权。变动权是权利人依自己的意思使法律关系发生变动的权利，包括形成权、抗辩权、可能权。形成权，是权利人依自己的意思使自己与他人之间的法律关系发生变动的权利，包括撤销权、解除权、抵销权。其中，撤销权必须采用诉的方式行使，解除权可以诉的方式行使也可以通知的方式行使，抵销权仅以通知方式行使而不采用诉的方式。抗辩权是相对方以诉的方式或者其他方式行使请求权时用来加以对抗的权利，仅能够以主张抗辩的方式行使，而不能以诉的方式行使。可能权，是权利人以自己的行为使他人与他人之间法律关系发生变动的权利，如代理权、代表权、代位权。其中，代理权、代表权均不采用诉的方式行使，唯代位权（如债权人代位权）须以诉的方式行使，但此代位权行使之诉，非形成之诉，而属于给付之诉。因此，所谓形成之诉，仅指形成权中的撤销权、解除权行使之诉。

这里做一个小结。诉的分类根据是采用诉的方式行使的实体权的性质和类型。但并非所有的实体权均可采用诉的方式行使，可以或者必须采用诉的方式行使的实体权，仅有确认权（必须采用诉的方式行使）、形成权中的撤销权（必须采用诉的方式行使）和解除权(可以采用诉的方式行使)、请求权(可以采用诉的方式行使)。于是,诉被分为三种类型:确认权行使之诉,即确认之诉;形成权(撤销权、解除权)行使之诉,即形成之诉;请求权行使之诉,即给付之诉。

1. 确认之诉

如前所述,确认之诉,亦即确认权行使之诉。按照现行法,确认权可分为权利归属确认权、法律行为效力确认权和解除行为效力确认权;与此相应,确认之诉亦分为权利归属确认之诉、法律行为效力确认之诉和解除行为效力确认之诉。

其一,权利归属确认之诉。《民法典》物权编第 234 条规定:"因物权的归属、内容发生争议的,利害关系人可以请求确认权利。"张三说这套房屋是我的,李四说这套房屋是他的,即张三和李四就该房屋所有权归属发生了争议。共同所有权各共有人关于共有份额的争议,属于关于物权内容的争议。条文所谓"利害关系人",指争议各方当事人及其继承人。条文中的"请求确认权利",于因权利归属发生争议的情形,指"确认权利的归属";于因权利的内容发生争议的情形,指"确认权利的内容",如确认共有人各自的共有份额。第 234 条规定物权确认权,亦可类推适用于其他支配权(知识产权、股权)归属发生争议的情形。实务中常见名义股东与实际股东(出资人)关于股权归属争议的案件,委托人与受托人关于技术发明专利归属争议的案件,法院往往类推适用第

234 条关于物权确认权的规定。[①] 根据第 234 条的规定，请求法院确认权利归属，即属于确认之诉的第一种类型，可称为权利确认之诉。

其二，法律行为效力确认之诉。即民事法律行为（通常是合同）双方当事人，对该行为是否有效发生争议，双方均有权请求法院予以确认（确认该行为无效或者有效）。[②] 此法律行为效力确认权，虽在立法上未有明文规定，但民法理论和实务均承认此项确认权之存在。不仅当事人可以根据此项确认权提起法律行为效力确认之诉，而且于若干直接关系国家利益和社会公共利益的情形（如《民法典》总则编第 146 条、第 153 条、第 154 条），法院可不待当事人请求而依职权确认法律行为无效。法院依职权确认法律行为无效，实际是将原请求履行或者追究违约责任的给付之诉，依职权变更为法律行为效力确认之诉。须特别注意，当事人实施法律行为构成总则编第 146 条第 1 款的虚伪表示且直接损害国家利益或者社会公共利益（如逃税）的情形，以及构成第 154 条的恶意串通、损

① 顺便指出，人格权虽属于支配权，但人格权是权利人对自身人格利益的支配，不可能与他人发生人格权归属和内容的争议，故不存在人格权归属确认问题。

② 法律行为（合同）当事人享有法律行为效力确认权的前提条件，是双方对于该法律行为（合同）的效力（是否有效）发生分歧，即一方认为有效，另一方认为无效。如果双方并无分歧，均认为有效或者均认为无效，则双方均不享有此项确认权。这是由确认权的救济权性质和目的所决定的。实务中发生这样的案件，双方对于合同的效力并无分歧，即均认为合同有效，一方当事人却起诉请求法院判决确认合同有效。法庭以双方对于合同有效并无分歧，故原告不享有诉权为由，判决驳回原告的请求，当然是正确的。

害国家利益或者社会公共利益的情形，人民检察院以公益诉讼主体身份享有确认权，可向法院提起法律行为效力确认之诉，请求法院确认法律行为无效。补充一点：当事人行使确认权，既可以请求确认法律行为无效，亦可请求确认法律行为有效；但人民检察院行使法律行为效力确认权，仅可请求法院确认法律行为无效。法院依职权确认法律行为效力，属于裁判权的行使（非所谓确认权）行为，其既可（于双方当事人均认定法律行为有效的情形）依职权确认法律行为无效，亦可（于双方当事人均认定法律行为无效的情形）依职权确认法律行为有效，自不待言。

其三，解除行为效力确认之诉，规定在《民法典》合同编第 565 条第 1 款。该款规定，享有（约定或者法定）解除权的一方，可以通知方式行使解除权，此解除权行使通知，属于意思通知，条文明定于通知到达对方时发生合同解除的效力。这就存在一个问题，即相对方有异议怎么办？原《合同法》第 96 条规定，对方有异议的，对方可以向法院起诉。这个诉是什么性质？实质是请求法院确认对方的解除权行使行为是否生效。《民法典》合同编第 565 条第 1 款作了重要修改，明文规定，对方有异议的，任何一方均可以向法院起诉、请求确认解除行为的效力。这就赋予了双方当事人（行使解除权的一方和对此有异议的相对方）解除权行使行为效力确认权。此项确认权的性质属于救济权，必须采用诉的方式行使，即提起解除行为效力确认之诉。

这里小结一下。所谓确认之诉,即作为实体权之一的确认权行使之诉。因民法有权利归属确认权、法律行为效力确认权和解除行为效力确认权,故与之相应,确认之诉再分为权利归属确认之诉、法律行为效力确认之诉和解除行为效力确认之诉。

2. 形成之诉

所谓形成之诉,对应的实体权是形成权。前面已经谈到,民法所谓形成权,即权利人依自己的意思消灭自己与相对方之间的民事法律关系的权利。形成权包括撤销权、解除权和抵销权三类。其中,撤销权必须采用诉的方式行使;解除权既可以采用诉的方式,也可以采用通知方式行使;而抵销权无须采用诉的方式行使[①]。是故所谓形成之诉,仅指撤销权行使之诉和解除权行使之诉。

顺便指出,中国民法是从外国民法继受而来,民法概念大抵采用日本学者用汉字翻译的法语、德语民法概念。有的概念的汉语文义与对译民法概念意义吻合,如撤销权之“撤销”、解除权之“解除”和抵销权之“抵销”,均是使已存法律关系“消灭”的意思;但形成权之“形成”,汉语文义是使某种关系“产生”,与形成权使已存法律关系“消灭”的意思,正好相反。因此,理解民法概念,切忌望

① 《民法典》合同编第568条规定:“当事人互负债务,该债务的标的物种类、品质相同的,任何一方可以将自己的债务与对方的到期债务抵销;但是,根据债务性质、按照当事人约定或者依照法律规定不得抵销的除外。当事人主张抵销的,应当通知对方。通知自到达对方时生效。抵销不得附条件或者附期限。”依据本条规定,抵销权行使采用通知的方式,不采用诉的方式。

文生义。简言之,形成权是使权利人自己与相对方之间的法律关系消灭的权利。形成权采用诉的方式行使,请求法院消灭自己(原告)与相对人(被告)之间已经存在的民事法律关系之诉,即形成之诉。故可将形成权理解为“消灭权”;与之相应,可将形成之诉理解为“消灭之诉”。

如前所述,形成之诉仅有撤销权行使之诉与解除权行使之诉两种。先介绍撤销权行使之诉。撤销权规定在《民法典》总则编中。第 147 条规定,基于重大误解实施的民事法律行为,双方有撤销权;第 148 条、第 149 条规定,以欺诈手段使相对方在违背真实意思的情况下实施的民事法律行为,受欺诈一方有撤销权;第 150 条规定,以胁迫手段迫使相对方在违背真实意思的情况下实施的民事法律行为,受胁迫一方有撤销权;第 151 条规定,显失公平的民事法律行为,受损害的一方有撤销权。以上是《民法典》总则编关于撤销权的规定。但撤销权不限于《民法典》总则编,《民法典》某些分则编亦有关于撤销权的规定。如婚姻家庭编,第 1052 条规定,因胁迫结婚的,受胁迫一方有撤销权;第 1053 条规定,一方患有不宜结婚的重大疾病未在婚前如实告知对方的,对方有撤销权。按照民法原理,撤销权实际是对于存在意思表示瑕疵的民事法律关系的救济权。法律赋予民事法律关系中意思表示不真实的一方以撤销权,使其可以基于自己的真实意思决定该民事法律关系的命运,是贯彻意思自治原则(《民法典》总则编第 5 条)的结果。

因撤销权之存在,使该民事法律关系处于效力不完全状态(对有撤销权一方无拘束力),此种状态长期持续将不利于相对方当事人利益保护及法律秩序稳定,故撤销权受除斥期间的限制。撤销权的除斥期间,规定在《民法典》总则编第 152 条。在除斥期间内,撤销权人行使撤销权,即使该存在意思表示瑕疵的民事法律关系归于消灭;除斥期间经过而撤销权人未行使撤销权,则该存在意思表示瑕疵的民事法律关系不消灭,成为完全有效的民事法律关系。

这里做一点补充。"撤销"一词在民法上较为常用,且有不同的含义。例如,法人之撤销、监护人资格之撤销,其意义在于使某种法律资格归于消灭;失踪宣告之撤销、死亡宣告之撤销,其意义在于取消某种决定。这两种撤销,撤销之权均归授予法律资格或做出决定的公权力机关,其实质属于司法权力或行政权力之行使,而与民法形成权之一的撤销权不同。

再补充一点。关于撤销权的行使,德国民法、荷兰民法、日本民法、英美契约法、欧洲民法典草案(DCFR)、国际商事合同通则(PICC)等,均仅要求以意思表示向相对人为之,亦即采用通知方式,而不要求采用诉的方式。但中国民法要求撤销权之行使必须采取诉的方式(或者仲裁的方式)。假如撤销权人不向法院起诉(或向仲裁机构申请仲裁),而向相对人发所谓撤销权行使通知,将不发生撤销权行使的效力(这种情形如相对人表示同意可发生协议解除的效力)。

中国民法之所以规定撤销权必须采用诉的方式(或者仲裁方式)行使,是基于保护相对方合法利益及维护法律秩序的政策判断。中国地域辽阔、人口众多,人民和企业法律知识不足、法治观念淡薄,如允许撤销权人发个通知就消灭自己与相对人之间的合同关系乃至婚姻关系,则势必不利于法律关系的稳定、法律秩序的维护及相对人合法利益的保护。故《民法典》规定撤销权行使,必须采取撤销权行使之诉的方式。

形成之诉的第二种,是解除权行使之诉。民法规定的解除权,有约定解除权和法定解除权。《民法典》合同编第 562 条第 2 款规定,当事人可以约定一方解除合同的事由,解除合同的事由发生时,解除权人可以解除合同。这是约定解除权。第 563 条规定法定解除权。解除权是权利人单方意思消灭自己与相对人之间完全有效的民事法律关系的权利。解除权与前面讲的撤销权,同属于形成权,二者的区别之一在于:撤销权所消灭的是存在意思表示瑕疵的、效力不完全的民事法律关系;解除权所消灭的是无意思表示瑕疵的、完全有效的民事法律关系。另外一个区别是:撤销权必须采用诉(或者仲裁)的方式行使;解除权既可以采用诉的方式行使,也可以采用通知方式行使。

以通知方式行使解除权,规定在合同编第 565 条第 1 款。该条第 1 款首先规定,解除权人解除合同的,应当通知对方,合同自通知到达对方时解除。依此规定,有解除权一方,向对方发一个书面通知,将自己解除合同的意思告知对方,通知到达对方,合同关系就消灭了。其次规定,有解除权一方还可以将解除权行使通知与履行催告通知合二为一,给相对人(债务人)一个履行宽限期,该期限届满,债务人未履行的,合同关系消灭。第565条第2款规定,解除权可以采用诉的方式(或者仲裁方式)行使。依此规定,解除权人可以不发通知,直接向法院起诉请求法院判决解除合同,此即解除权行使之诉。按照第2款的规定,解除权行使之诉,经法庭判决予以认可的,自起诉状副本送达对方时合同关系消灭(解除)。

以上是合同关系上的解除权。另有身份关系(收养关系)上的解除权,规定在婚姻家庭编第1114条、第1115条。第1114条第2款规定收养人不履行抚养义务等情形的收养关系解除权;第1115条规定养父母与成年养子女关系恶化、不能共同生活情形的收养关系解除权。从这两个条文的规定可知,收养关系解除权,只能采取诉的方式行使,不能采取通知方式或者仲裁方式行使,是由身份关系的性质决定的。这是收养关系上的解除权与合同关系上的解除权的重要区别。

3. 给付之诉

给付之诉的“给付”是什么意思?是要求对方给钱、给物的意思。给付之诉,对应的是实体法上的请求权,实际是请求权行使之诉。前面已经讲过,实体权以法律上之力分类,分为支配权、请求权和变动权。请求权与我们所熟知的所有权、抵押权等物权不同，物权是支配权，是直接支配特定物并排除他人干涉的权利。请求权没有支配的效力，权利人只能请求义务人为某种行为，既不能支配义务人的人身，也不能支配义务人占有之下的财产。开发商请求买房人付款，买房人请求开发商交房，开发商和买房人的权利都是请求权。买房人不付款，开发商不能支配买房人的人身，也不能支配买房人的账户。同样，买房人的权利是请求开发商交房，开发商不交房，买房人不能动开发商的任何一套房屋。这样的权利就是请求权。

说到请求权，我们马上想到债权请求权，买房人和开发商基于房屋买卖合同关系的权利就是债权请求权。但债权请求权之外，还有物权请求权。刚才讲到物权是支配权，物权在性质上是支配权，不是请求权，但物权受侵害时将发生请求权。《民法典》物权编第235条规定，无权占有不动产或者动产的，权利人可以请求返还原物。权利人请求无权占有人返还原物的权利，即物权请求权。现实生活中，房屋租赁合同租赁期满、不续期，按照租赁合同的规定，承租人应当将房屋返还给出租人。如果承租人无理不返还房屋，出租人根据租赁合同请求承租人返还房屋，这是行使债权请求权；出租人也可以依据物权编第235条的规定，请求承租人返还房屋，这是行使物权请求权。物权请求权，是在物权受侵害（标的物被他人无权占有）的情形，法律赋予物权人的救济权。房屋所有权(物权)本权是支配权,请求无权占有人返还房屋的权利是救济权。物权编第236条、第237条规定的排除妨害、消除危险请求权和恢复原状请求权,均属于物权请求权。支配权是物权的本质属性;物权请求权是于物权受侵害情形法律特别赋予的救济权。

最常见的请求权是债权请求权。刚才已经讲到,租赁合同上的权利、买卖合同上的权利,属于债权,请求权是债权的本质属性。教科书上说,债权是典型的请求权。债权与物权不同,物权是支配权,物权受到侵害才有(物权)请求权,而债权的本质属性就是请求权。请求权是债权的本质属性,是债权主要的效力。我们也可以说请求权是债权的本质,但不能把债权等同于请求权。因为债权除了请求权的效力外,还有别的效力。

举一个例子:张三借50万元给李四,张三是债权人,李四是债务人。李四把这50万元还给张三,张三有权受领并予保持,即将这50万元归入张三自己的账户。假设发生错误,李四误将这50万元汇入王五的账户,王五不是债权人,他有没有权利受领并保持这50万元?王五保持(占有)这50万元,按照刑法将构成侵占罪,按照民法则构成不当得利。为什么?因为王五不享有债权,没有受领给付并予保持的效力。由此可见,债权除请求权的效力外,还有受领给付并予保持的效力。此外,《民法典》合同编规定了债权人代位权(第535条、第536条)和债权人撤销权(第538条、第

539 条)。根据债权人代位权,债权人可以自己的名义代位行使自己的债务人对次债务人的债权;根据债权人撤销权,债权人可以撤销债务人与第三人之间的民事法律关系。可见,债权还具有代位权的效力和撤销权的效力。最后,在特殊情况下,债权也有排他的效力。这就是教科书上的所谓积极侵害债权。积极侵害债权,亦称为第三人侵害契约,即第三人故意以违背善良风俗的手段使债务人违反合同,债权人可以请求该第三人承担侵权损害赔偿责任。这种情形,债权具有排他的效力。债权不仅具有请求权的效力,还具有受领给付并予保持的效力、代位权和撤销权的效力,特殊情形还具有排他的效力。因此,在债权与请求权之间不能画等号。

除物权请求权、债权请求权外,还有身份关系上的请求权。《民法典》婚姻家庭编第 1059 条规定,夫妻有相互扶养的义务,需要扶养的一方在对方不履行扶养义务时,有扶养费请求权;第 1067 条第 1 款规定未成年子女对父母有抚养费请求权,第 2 款规定需要赡养的父母对成年子女有赡养费请求权。这是身份关系上的请求权,若干特别法也规定了请求权。如《公司法》第 28 条规定足额出资股东对未足额出资股东有违约责任请求权;第 149 条规定了股东对高管人员的损害赔偿请求权。

所谓给付之诉,即(实体权之一的)请求权行使之诉。为什么叫给付之诉呢?因为请求权的客体(亦可谓请求权的对象、标的),是义务人的特定行为,如给付一笔金钱、给付特定的物(动产或者不动产)、提供某种服务或者劳务、完成某项工作。而义务人的特定行为,包括给付金钱、给付物、提供服务(劳务)、完成工作,在民法理论上被称为“给付行为”(简称给付)。民法理论关于权利,必定要谈到权利主体和权利客体这一对概念。(权利)主体为权利之所属,(权利)客体为权利之所附。请求权的主体是请求权人,请求权的客体是义务人的给付行为。请求权就是附着于义务人的给付行为上的权利。请求权人采取诉的方式行使请求权,实质是请求法院强制义务人履行其给付行为,因此,请求权行使之诉,便称为给付之诉。

(四)诉的标的

关于诉的另一个重要概念,是诉的标的。先介绍“标的”。前面已经提及,民法上“客体”“标的”“对象”三个概念含义相同,可以相互替代。故权利客体,亦可谓权利标的或者权利对象。同样,所谓诉的标的,亦可谓诉的客体或者诉的对象。民事诉讼法著作称其为诉的标的,是习惯使然。实际上,谓为诉的客体,或者诉的对象,亦无不可。什么是诉的标的?民事诉讼法律教材说,在民事诉讼中,法庭予以审理和判断的事项,就是诉的标的。原告向法院起诉,请求法院裁判自己与被告之间的争议或者自己对被告的权利主张。法庭审理和裁判的事项,必定是原告、被告之间的争议或者权利主张。所谓诉,不过是一种解决实体争议和实体权行使的方式,抛开原告与被告之间的实体争议、原告对被告的实体权主张,诉不可能有自己的标的。原告向法院起诉,想要解决什么问题,如想要法院判决被告支付一笔损害赔偿金,损害赔偿金的支付就是诉的标的;想要法院判决被告交房,该房屋的交付就是诉的标的;想要法院确认房屋所有权的归属、确认法律行为无效,则存在争议的房屋所有权、法律行为就是诉的标的。

诉是实体权行使的(一种)方式,而诉的三种类型对应三类实体权的行使,故应当根据诉的三种类型、三类实体权的行使而论诉的标的。确认之诉的标的是什么?确认之诉的标的,是法庭予以确认的事项。如果是确认物权归属和内容之诉,系争物权的归属和内容即诉的标的;请求确认房屋所有权归属,系争房屋所有权归属即诉的标的;请求确认共有不动产的共有份额,系争不动产的共有份额即诉的标的;请求确认合同(法律行为)无效(或者有效),该合同(法律行为)即诉的标的;请求确认解除行为的效力,则该解除行为即诉的标的。可见,确认之诉的标的,就是需要法院予以确认的物权归属(及内容)、法律行为、解除行为。

形成之诉的标的,更为简单。形成之诉,即形成权(撤销权、解除权)行使之诉,实质是采用诉的方式行使形成权,请求法院判决消灭自己(原告)与相对人(被告)之间的法律关系。故形成之诉的标的,就是原告与被告之间的民事法律关系。进而言之,撤销权行使之诉的标的,即原告与被告之间存在意思表示瑕疵的民事法律关系；债权人撤销权行使之诉的标的，即被告与第三人之间有害于债权的民事法律关系；解除权行使之诉的标的，即原告与被告之间完全有效的民事法律关系。

相对于确认之诉和形成之诉，给付之诉的标的要复杂得多。给付之诉，即请求权行使之诉；给付之诉的标的，即以诉的方式行使的请求权的标的，亦即义务人的给付行为。须注意，请求权的标的，是义务人的给付行为，但有的给付行为还有（自己的）标的，即给付物。如给付一笔金钱，则该笔金钱是给付行为的标的（给付物）；给付一辆汽车，则该辆汽车是给付行为的标的（给付物）。但有的给付行为并无（自己的）标的（给付物），如给付行为是提供劳务（服务），该给付行为就没有自己的标的。故在给付行为有（自己的）标的（给付物）的情形，请求权的标的是义务人的给付行为，而不是给付物；与此相应，给付之诉的标的是被告的给付行为，而不是给付物。

概言之，给付之诉的标的，有以下四类。第一类，给付金钱或者金钱之外的物（动产或者不动产）的行为。如给付一笔房款、一笔损害赔偿金的行为，交付一套房屋、一辆汽车、一批钢材的行为。第二类，提供服务（劳务）的行为。如保姆带孩子、打扫卫生的行为，受托人保管委托物的行为，代理人代订合同的行为。第三类，完成工作的行为。如建筑物设计、软件设计、工艺流程设计行为，装修房屋、建造大楼的行为，承揽运送（货物、包裹）的行为，修理汽车的行为。第四类,为法律规定的、通常属于民事责任的特定行为。如排除妨害行为、消除危险行为、恢复名誉行为、消除影响行为、赔礼道歉行为。

(五)标的可否强制执行

关于诉的标的,有一个特别重要的问题,即标的可否强制执行。以上诉的三种类型中,第一类确认之诉和第二类形成之诉,均不发生标的之强制执行问题。即使在确认之诉或者形成之诉与给付之诉合并的情形,亦仅其中的给付之诉存在标的可否强制执行的问题。在确认物权归属之诉或者确认法律行为效力之诉中,法院作出确认物权归属或者确认法律行为是否有效的判决即可,而不发生当事人就该判决申请强制执行的问题。在形成之诉中,法院作出撤销或者解除系争民事法律关系的判决即可,同样不发生当事人就该判决申请强制执行的问题。唯有第三类给付之诉,法院作出认可原告诉讼请求的判决后,当事人将就该判决向执行法院申请强制执行,是故唯给付之诉存在其标的可否强制执行的问题。

给付之诉的标的是义务人(被告)的给付行为,原告获得胜诉判决之后,自己不能强制被告履行给付,必须向执行法院申请强制执行。而执行法院能否强制执行,有其前提条件,这就是诉的标的是否有可强制执行性。强制执行权是区别于裁判权的另一项公权力,此项公权力之行使行为,同样存在限制:一是宪法、法律的限制，强制执行行为不能违法、违宪；二是强制执行的现实可能性。如果强制被告履行判决确定的给付行为，一不违反宪法、法律，二具有现实可能性，则表明其标的具有可强制执行性，因此执行法院将受理原告执行申请、指派执行法官予以强制执行。否则，执行法院将驳回当事人的申请、不予强制执行。

执行法院不予强制执行，这样的（给付之诉）胜诉判决，对胜诉的当事人不具有实际意义（现实中被称为法院“打白条”），浪费了司法资源、损害了法律和法院的权威。因此，应当尽早审查（给付之诉）标的是否具有可强制执行性。对于标的不具有可强制执行性的给付之诉，不予受诉（立案）；已经受诉（立案）的，审判庭一经审查判定其标的不具有可强制执行性，即应行使释明权、告知原告变更诉讼请求或者撤诉，经释明后原告既不变更诉讼请求也不撤诉的，应当判决驳回其起诉。

现在讨论给付之诉的标的是否具有可强制执行性。第一类给付之诉的标的，是给付金钱或者金钱之外的物。先说给付金钱，执行法院可以通过冻结被执行人的银行账户、查封其不动产、扣押其动产迫使其主动履行给付行为，被执行人不主动履行的，则强行从其银行账户中扣划，甚至拍卖其不动产或者动产，从价款中扣除。给付金钱之外的物，如果是给付不动产，如房产或者建设用地使用权，则当然具有可强制执行性。俗话说，“跑得了和尚跑不了庙”。查封被执行人的房产或者建设用地使用权即可。如果是给付特别动产(机动车、船舶和航空器),因为有登记制度,故具有可强制执行性。再就是大型动产,如车间生产线上的机器设备,因难于隐藏,故具有强制执行性。最后是价值大而体量小的动产,如金银细软、古玩玉器、文物字画,要强制执行就很难,因为法院执行法官不敢强行进入被执行人家里去翻箱倒柜!这样做将构成违法行为。故以这类动产为给付标的之给付之诉,除非诉前已经采取保全措施,属于诉的标的不具有可强制执行性。

给付之诉的标的之第二类,给付劳务、服务行为。如强制保姆打扫卫生,强制受雇人从事生产或者服务行为,将构成侵犯人权、强迫劳动的违法、违宪行为,当然不具有可强制执行性。第三类标的,是完成工作的行为。如强制受托人从事建筑设计、软件设计,完成科研工作,创作文学艺术作品,或者强制建筑公司建造房屋、架设桥梁、修筑道路,强制装修公司装修房屋等,一是违法、违宪,二是实际上做不到。除劳务、服务行为和完成工作行为外,现实生活中,还有另一类标的,如请求法院强制公司高管召开董事会、股东会,强制被告单位为原告办理退休、医保手续,强制被告方申办合同审批手续、办理抵押权登记手续或所有权过户登记手续等。这些行为虽然谈不上违法、违宪,但实际上做不到,执行法院没有办法予以强制,故不具有可强制执行性。

最后一类标的,为法律规定的(实际是民事责任形式)特定行为,如排除妨害、消除危险、消除影响、恢复名誉及赔礼道歉。因为是义务人的行为，同样没有办法予以强制执行，如果强制他实施这些行为也是违法、违宪的。但执行法院可以采取变通办法以资代替：就排除妨害、消除危险行为，由执行法院委托第三人代替义务人实施，而强制义务人（被告）承担其费用；就消除影响、恢复名誉和赔礼道歉行为，没有办法委托第三人代替，执行法院可将责令义务人消除影响、恢复名誉和赔礼道歉的判决书，刊登在新闻媒体上或者张贴于义务人住所地公共场所。

做一个小结：给付之诉的四类标的，其中属于第一类的给付金钱行为，具有可强制执行性，适于强制执行；给付不动产、给付机动车等特别动产行为，也具有可强制执行性，适于强制执行；其他动产，凡是适于查封扣押或者已经采取诉前保全措施的，均具有可强制执行性，均适于强制执行；不适于查封扣押且未采取诉前保全措施的，不具有可强制执行性，不能强制执行。其余的标的，如第二类提供劳务、服务行为，第三类完成工作行为，以及与二者类似的召开董事会、股东会，办理退休、医保手续，办理不动产登记手续，申请办理合同审批手续等行为，均不具有可强制执行性，执行法院没法予以强制执行。至于第四类法律规定的特定行为，实际上也不具有可强制执行性，但有替代强制执行的办法。

给付之诉的标的可否强制执行这个问题，应当在原告起诉时、法院受诉前，由立案庭进行审查，经审查标的不具有可强制执行性的，应告知原告变更诉讼请求，否则不予立案（受诉）。已经立案（受诉)的,审判庭应当先审查诉的标的是否具有可强制执行性,经审查判定不具有可强制执行性的,应当行使释明权告知原告变更诉讼请求(变更诉的标的,如变更为请求判决被告支付违约金、损害赔偿金),经释明原告既不变更也不撤诉的,则应判决驳回起诉。

这里举一个实例,某地法院裁判过一件责令被告(儿子)定期探望原告(母亲)的案件。执行法官开法院的车到被告(儿子)家门口,请被告(儿子)上车,然后把车开到原告(母亲)家门口,母亲正等着儿子回来,这个被告(儿子)下车后向屋内张望了一下,看见他母亲坐在里面,立即转身就走,并回答法官说我已经看望了。法官当然不能强迫他进屋。这就是一个标的不具有可强制执行性的典型例子。

(六)诉的合并

前已述及,所谓诉的合并,并非将两个或者多个诉,合并成一个"诉",而是将两个或者多个诉,合并成一个"案"。诉的合并,有严格的条件。原则上,基于同一法律关系的诉,才能够合并。最常见的是本诉与反诉的合并,规定在《民事诉讼法》第 140 条。本诉与反诉,是基于同一个法律关系,原告针对被告之诉叫本诉,被告针对原告提起的诉叫反诉。本诉与反诉是两个诉,两个诉刚好相反,本诉的原告是反诉的被告,反诉的原告是本诉的被告。原告、被告的位置刚好相反,并且基于同一个法律关系。将两个诉合在一起,由一个审判庭审理,不仅节约司法资源,而且有利于当事人合法权益的保护。

不仅基于同一法律关系的本诉与反诉可以合并，基于同一法律关系的本诉，还可以与（有独立请求权的）第三人针对同一被告的诉合并。该第三人有独立请求权，基于同一个法律关系，他也针对被告提起一个诉，可以将其与原告在先针对被告的诉合并。例如，根据《最高人民法院关于审理建设工程施工合同纠纷案件适用法律问题的解释（二）》* 第 24 条的规定，基于同一建设工程施工合同关系，因开发商拖欠工程款，实际施工人（原告）起诉开发商（被告），须将承包人作为（有独立请求权的）第三人列入诉讼。如果承包人也针对开发商提起一个诉，请求法院判决开发商支付工程款，法院应当将承包人对开发商之诉，与实际施工人对开发商之诉合并，由同一审判庭审理。可见，本诉与反诉合并、本诉与第三人之诉合并，有一个条件，即必须基于同一个法律关系。反面言之，非基于同一法律关系（基于不同法律关系）之诉，是不能够合并的。

基于不同法律关系之诉不能够合并，这是原则。如同任何原则都可能有例外一样，此项原则也有例外，这就是共同诉讼和代表人诉讼。《民事诉讼法》第 52 条规定的共同诉讼，实际上包含两种类型，条文所谓“其诉讼标的是共同的”，指基于同一法律关系的共同诉讼。严格言之，此类共同诉讼，是基于同一法律关系的一个

---

* 已失效。——编者注

本书以下如无特别说明，星号（ * ）注释均指编者注。

诉,只是原告或者被告一方为多数,故非诉的合并。条文所谓“诉讼标的是同一种类”,指基于同一种类法律关系(非同一法律关系)的共同诉讼,应属于诉的合并。《民事诉讼法》第53、54条规定的代表人诉讼,毫无疑问,是基于同一种类的法律关系的若干个甚至成百上千个诉,合并为一个案、由一个审判庭审理,属于诉的合并。

现实生活中,一个小区的业主,因为开发商的原因没有办产权证,都向法院起诉开发商。不是基于同一个法律关系,而是基于同一种类的法律关系(商品房买卖合同关系),并且被告是同一开发商。因此合并为一个案,由一个审判庭审理。又因为原告人数众多,不可能都通知到庭,因此让他们推举代表人(实际是代理人)出庭。这就是《民事诉讼法》第53条规定的代表人诉讼。消费者因食品、药品受害的案件,因原告(受害人)人数更多,并且不像前面的业主都住在同一小区,受害消费者分布在全国各地,没有办法把他们集中起来推举代表人,怎么办?只好由法院与已经登记的部分受害消费者协商确定代表人。这就是第54条规定的代表人诉讼。第53、54条是典型的诉的合并。

小结一下。诉的合并是有严格条件的,必须是基于同一法律关系,或者基于同一种类的法律关系(针对同一个被告)的诉,才能够合并。实际上,基于同一种类法律关系的诉的合并,有两个条件:一是法律关系属于同一种类;二是被告为同一人。有这样的情形:某地法院将原告基于不同的法律关系(一是交通事故无过错侵权责任,二是医疗损害过错侵权责任)、针对不同被告的两个诉合并,由一个审判庭审理。将不具备合并条件的诉合并,构成程序错误。将这样的判决上诉到二审法院,二审法院应该怎么办?二审法院应当以程序错误为由,撤销原判,发回重审。

二、法官裁判的逻辑

也许有的法官心里说,你今天讲的法官裁判过程,不就是讲我们自己如何办案吗?我们当法官当了多年,有些同志当了十多年,少的也当了三五年法官,我们曾经裁判过不知多少案件,我们难道不懂得如何裁判吗?你又没当过法官,却来讲裁判过程,是不是有些班门弄斧?

我讲的法官裁判过程,是把同志们日常裁判案件的工作过程,从理论上加以概括,从适用法律的方法上来寻找它的规律性。当然,还参考了外国的和我国台湾地区的著名学者、著名法官的理论。我们民事审判庭的法官裁判案件的过程如何呢?

它是一个严格的逻辑三段论公式:

$$\frac{\begin{array}{c}T\text{——}R\\ S=T\end{array}}{S\text{——}R}$$

这是一个什么公式？同志们会发现，这是一个形式逻辑的公式，叫形式逻辑的三段论。第一段："T——R"，叫大前提；第二段："S = T"，叫小前提；第三段："S——R"，是得出的推论。同志们可以回忆一下大学上形式逻辑课的时候，老师第一堂课就讲这个逻辑公式：大前提、小前提和推论。然后就举例：大前提是"人都要死"；小前提是"张三是人"；于是得出推论"张三也要死"。这就是形式逻辑的三段论。而我们的法官裁判案件，刚好也用这个公式。

我们看这个公式与我们的判决书有没有关系。我举一个案例：某一个公民到银行去取款，1000 元的存单，银行的工作人员失误，给了他 10,000 元，公民多得了 9000 元，我们的银行储蓄所就找这个公民，这个公民不承认，银行就向法院起诉。法院审理查明案件事实，张三这个被告某年某月某日持 1000 元的存单到原告银行的储蓄所取钱，银行因失误给了 10,000 元，多给了 9000 元。当我们判决时，我们是这样写的：首先是原告、被告双方当事人；其次是原告的指控和理由及被告的答辩；再次是本院审理查明的事实，即被告某年某月某日持 1000 元存单到原告储蓄所取款多得了 9000 元的事实；复次是引用原《民法通则》（已失效）第 92 条*关于不当得利的规定；最后是判决内容。

* 现参见《民法典》总则编第 122 条。

按照原《民法通则》第 92 条的规定，没有法律上的根据得到利益，民法上叫不当得利，得利人按原《民法通则》应将多得的利益退还给遭受损害的一方，这就是原《民法通则》规定的关于不当得利的法律规则。你看这个法律规则，不当得利是三个构成要件：一是“没有合法根据”，二是“取得不当利益”，三是“造成他人损失”。再看法律规定的后果，原《民法通则》第 92 条规定的不当得利的法律后果是：不当得利的人“应当将取得的不当利益返还受损失的人”。

这就是法官裁判本案所适用的法律规则，这个法律规则就是法官在裁判本案时进行逻辑推论的大前提：T——R。其中，T 表示不当得利的构成要件，R 表示不当得利的法律后果。但是，我们注意到，在判决书上，法律规则的位置在本案事实之后，即判决书不是先引出法律规则，然后写本案事实，而是相反，判决书是先写本案事实，然后才引出法律规则。

现在看判决书怎样写“本案事实”。法官在判决书中写道，本院审理查明：被告张三某年某月某日到原告银行取款，1000 元存单得到 10,000 元，多得了 9000 元。这就是本案的事实，这就是法官裁判本案进行逻辑推论的小前提：S = T。其中，S 就是查明的本案事实，T 表示不当得利的构成要件。作为小前提的这个等式(S = T)，表示的意思是：本案事实符合法律规则不当得利的构成要件。

需说明的是,判决书上只写本案事实 S,并没有"本案事实符合不当得利的构成要件"这样一句话,但在法官的思维活动中,法官是在将本案事实与原《民法通则》第 92 条所规定的不当得利的构成要件相对照,发现本案事实与不当得利的构成要件完全相符。因此,虽然判决书上只写本案事实 S,我们仍然看到"S = T"这个等式,这个小前提。

再看判决书的最后部分——"判决主文",即根据原《民法通则》第 92 条的规定"判决如下"的判决内容:判决被告应将多得的 9000 元人民币返还原告。这就是法官从大前提"T——R"、小前提"S = T"所得出的推论:S——R。它所表示的意思是:本案事实应当适用《民法通则》第 92 条所规定的法律后果。这就是判决书的内容。

以上就是法官裁判案件的逻辑推论过程。这就是前面提到的那个逻辑公式。但判决书上是先讲大前提,还是先讲小前提呢?判决书是先讲小前提,即本院查明张三取款多得 9000 元的事实,然后倒过来,引用原《民法通则》关于不当得利的规定,最后是判决内容。审理本案的法官,在查明事实之后适用原《民法通则》关于不当得利的规定,作出裁判,这就是我们的判决。

从这个例子来说,民事法官在裁判当中,所遵循的逻辑规则,就是形式逻辑的三段论。也就是说,法官裁决案件不是随便的。同志们想一想,我们的判决书,除了前面的原告、被告双方,原告的起诉理由，被告的答辩理由，紧接着就是本院查明的事实，这在判决书中是非常重要的，我们把它叫作事实认定，这就是小前提。在本院查明的事实之后，接着就引出法律的规定，这就是大前提。最后是判决内容，这就是得出的推论。这个从大前提、小前提得出推论的公式，是形式逻辑的三段论公式，也正好是法官裁判案件的逻辑公式，这是该公式的重要性。

我们哪一位同志能找出一份判决书不符合这个公式？如果谁的判决书，上面有小前提，却没有引出法律根据，这个判决就不能作出。如果这个判决真的作出，这还是判决书吗？我们法院工作中最经常说的一句话，即我们说的司法工作的原则："以事实为根据，以法律为准绳。"法官一说根据，就是事实，但它不是一般的事实，而是本案事实。以事实为根据，以法律为准绳，得到的这个判决才可能是正确的判决。"以事实为根据，以法律为准绳"这个审判工作原则，在法学方法论上，在民法解释学上，就是法官裁判的逻辑公式。这个公式表述了将法律规则适用于具体案件事实得出判决的逻辑推论过程。

同时，这个逻辑公式也是检验、鉴别、衡量法官的判决在形式上是否合格的标准。如果在这三部分中，大前提、小前提、结论，少了任何一部分，都不叫判决。北京发生过一起案件，一个老人到医院做心脏起搏器的植入手术，后来这个心脏起搏器的导线断了，留了一截导线在他心脏里。这个老人整天惶惶不可终日，担心这个导线把他的心脏捅破,一旦把心脏捅破,他不就完了吗?他生活在恐惧中,就向法院起诉,告美国的生产商,说导线断在我心脏中,你应该按中国法律承担产品责任。一审法院审理这个案件的时候,所发布的判决书就非常可笑。

我们看一下它是不是判决,符合不符合判决书的形式。这份判决书上讲了查明的案件事实后,认定原告的使用并无不当,然后讲被告并无过错,接下来说被告自愿补偿原告 6 万元,最后作出判决,判决内容是本院准许被告补偿原告 6 万元人民币。判决的前提是被告自愿拿钱给原告,紧接着得出判决,由被告支付给原告 6 万元。

大家看看这是不是合格的判决书?当然不是合格的判决书。为什么?因为它不符合判决书的形式要求,不符合裁判的逻辑公式。关键是它没有引出法律规则,没有引出裁判逻辑公式的大前提。它作出判决的前提是被告自愿补偿原告的意思表示,而不是任何一个法律规则,任何一个法律条文。因此我们可以断定,它根本不符合一个判决书的形式要求。因为判决书有判决书的规则,有它的规律性。

刚才举的这个例子,我们说不是判决书,那是不是调解书呢?我们平常审理案件时法官不也主持调解吗?查明案件事实之后,在法官主持下进行调解,达成调解协议的,制作调解书结案。我们这个判决是否符合调解书的形式要求呢?也不符合。我们的调解书是什么呢？调解书是原告、被告达成的合意，属于和解合同。调解书上当然有本案事实，我们法院现在调解也主张把事实至少基本查清，如果事实都没查清就调解，会被认为是不合法的。在查清了本案事实的基础上进行调解，最后原告、被告双方达成了调解协议，调解的结果不就出来了吗？

调解书的本案事实部分和判决书是相同的，但调解书是否要引出法律根据呢？它不需要法律根据，不需要引用任何法律条文，它需要的是原、被告双方的合意，原、被告双方的和解协议，我们叫调解协议，性质上属于和解合同。调解的根据在于原告、被告双方的调解协议，双方互相愿意作出让步，达成了协议我们就做出调解书。

调解书在叙述本案事实之后，有这样一句："经本庭主持调解，双方达成调解协议如下。"可见，最后的处理结果，是原、被告双方达成的协议，只不过是在法官的主持之下罢了。因此一个调解书和判决书的差别在什么地方呢？不在它的处理结果，判决书和调解书都必须有处理结果，如支付一笔赔偿金等。调解书也有事实，本案事实要基本弄清楚。但是调解书上没有法律规则，也就是说，没有裁判逻辑公式中的大前提。因此我们可以说，法官裁判的逻辑公式，是区别调解和裁判的标志。

这个公式也是法律裁判区别于其他的争议解决方法的标志。自古以来，解决纠纷存在一些习惯上的办法。例如，原告起诉被告偷了他的东西,古代的时候及中华人民共和国成立前,在一些少数民族地区,是如何解决这个纠纷的呢?张三告李四,说李四偷了他的什么东西,要解决这个纠纷,当地的头人或部落首长等采取的解决纠纷的办法,和我们法官裁判案件不一样。

他采取什么办法呢?在广场上架设一口大锅,往锅里倒进几十斤香油,把火一生,让香油沸腾起来,丢一个铜钱到锅里,让被告伸手去捞。这就是"捞油锅",是解决纠纷的一种方式。如果被告把铜钱捞起来了却没有受伤,头人马上就作出判决,认定被告是无辜的、无罪的;如果被告的手受伤了,而且没有捞到铜钱,头人就作出判决,认定被告有罪,要他拿自己的财产赔偿原告。被告究竟是偷了还是没偷,不需要去查明,这种做法不审查案件事实,也不根据什么法律规则。它依据的是习惯,一种传统的习惯,这种解决纠纷的方式叫神明裁判。他们信仰的是神,如果你有罪,你将手伸进油锅就会受伤,因为是有神灵存在的,神不会冤枉一个好人,也不会让一个有罪的人逃脱惩罚。因此他们采取这个办法,既不查事实,也没有法律条文,而采用"捞油锅"的办法。

古罗马也有类似的办法,把被告人丢进水里面,沉下去的就是有罪的,浮起来的就是无罪的。我们今天所讲的裁判的逻辑公式,使民事裁判既区别于古代的落后的裁判方法,也区别于裁判外的解决纠纷的方法(如调解),所以说,这个逻辑公式非常重要。

裁判的逻辑公式具有极重要的意义。法官靠这个逻辑公式去说服当事人,说服社会。一个判决是否正确、妥当,就看它是否符合这个裁判逻辑公式。民事案件的判决,总是一方胜诉,一方败诉,判决下达以后,要当事人双方心服口服,不容易。是否需要法官写一篇文章,在报刊上发表,讲自己为什么这样判决,讲这样判决的理由?不需要。法官不需要在判决书之外再讲什么道理,再去做什么说服工作。法官只是靠判决书本身去说服当事人,去说服社会。

法官裁判案件当然要讲道理,这叫法官的说理义务。但这个道理不是到社会上、报刊上去讲,而是在判决书上讲,在判决中讲。这就要求,法官的裁判过程符合裁判的逻辑公式,判决书正确地表述了这个逻辑推论过程,当事人看了判决书后不得不承认,事实认定正确,引用法律条文适当。事实认定正确,引用法律规则适当,就是说小前提正确,大前提也正确,即使败诉的一方也不得不服。

因为,这个裁判的逻辑公式本身蕴含的逻辑规律是:

大前提正确,小前提正确,推论必定正确;
大前提、小前提只要有一个错误,推论必定错误。

换成法律上的术语,其逻辑规律就是:

事实认定正确,法律适用正确,判决必定正确;
事实认定、法律适用只要有一个错误,判决必定错误。

按照其蕴含的逻辑规律,大前提正确,小前提正确,所得出的判决就必然正确。法官正是靠这个逻辑公式去说服当事人。反之,当事人对判决不服,也总是从这个裁判逻辑公式中挑毛病。你看当事人的上诉状,首先挑小前提的毛病,说一审判决事实认定错误,再挑大前提的毛病,说一审判决适用法律不当。按照裁判的逻辑公式,大前提、小前提只要有一个错误,所得出的推论即判决,就必定错误。现在上诉状说大前提、小前提都有错,你那个判决还可能正确吗?

另外,法官也是靠这个逻辑公式去说服上级法院。同志们看,在一审的时候,庭上原告、被告双方进行针锋相对的对抗,当事人双方进行辩论,法官"坐山观虎斗"。而到了二审阶段,情形就不同了:上诉一方把锋芒对着一审判决,他在上诉状中指责一审判决事实认定错误,法律适用错误,因此要求二审法院撤销一审判决,改判自己胜诉。被上诉一方则为一审判决辩护,他在答辩状中指出一审判决事实认定正确,法律适用并无不当,因此要求二审法院维持原判。

二审法官审查什么?就审查一审判决是否正确。二审法官怎样审查一审判决?他审查一审判决是否符合裁判的逻辑公式,审查大前提和小前提是不是都正确。经过审查,如果认定一审判决的小前提和大前提都是正确的,他就作出二审判决:维持原判。理由是什么?理由是一审判决事实认定正确,适用法律并无不当。也就是说,一审判决的小前提和大前提都正确,因此二审法官作出判决,认定一审判决是正确的。

可见,一审法官靠什么说服二审法官,正是靠他的判决符合裁判逻辑公式。反之,二审法官如果从一审判决的逻辑公式,其大前提和小前提中,挑出任何一个错误,他就撤销原判,发回重审,或者直接改判。因为,大前提和小前提,只要任何一个有错误,所得出的判决就必定是错误的。

再审的情形也是如此。只不过审查的对象不再是一审判决,而是二审判决。这难道还不足以说明法官裁判逻辑之重要性吗?

三、法官如何处理事实问题

我讲这个裁判的逻辑公式,是结合同志们日常工作中的判决书的内容讲的。可以说当法官,就是运用这个逻辑公式。下面我们沿着这个逻辑公式看看,法官在裁判案件当中,他处理哪些事情,他的工作是解决什么问题?

法官裁判案件的工作有两类,他只做两种工作:第一种工作是认定事实,处理事实问题;第二种是法律适用,处理法律问题。当法官就做这两类事情,处理这两类问题。前面讲的到银行取款的案子,或别的什么案子,法官裁判任何一个具体案件,首先是查明事实,解决事实问题,其次是适用法律,解决法律问题。后面要讲的民法解释学,着重讲的是如何处理法律问题。但是现在先要把事实问题作个概述,每一个案件的裁判,不解决事实问题,就无法进入法律问题。因此,我先讲法官如何处理事实问题。

法官的第一类工作即处理事实问题,这里的事实是本案事实。处理事实问题,目的在于查明真实的本案事实。因为在案件中,原告、被告双方都主张自己说的事实是真实的。但究竟哪一个是真实的,是原告主张的事实是真实的,还是被告主张的事实是真实的?而且在案件中,双方主张的事实往往是矛盾的。这种情况,就需要法官来查明本案的事实,最后认定真实的事实。我们平常说的“事实认定”,不是指一般的事实,而是对于本案裁判有法律意义的事实。现在说的这个事实,要通过事实认定,确认它是真的还是假的。说具体一点,要确定原告说的是真的,还是被告说的是真的,或者原告、被告双方说的都不是真的。

最后的这个“真”,即是否真实,谁说了算?当然是法官说了算。如果是合议庭的话,就是审理本案的合议庭的三位法官;如果是独任审判的话,就是一个独任法官,该法官认定的本案事实,就是真实。处理事实认定,它的目的是达到真实。哪个法官不是要找出真实的事实,根据真实的事实裁判呢?法官认定事实,目的是要追求真实,这个真实到底是一种怎样的真实,我们先不说它。

下面讲法官如何认定事实。一个案件的发生通常是在若干年前,或至少是在若干个月之前,可以肯定的一点是,发生这个案件的时候,法官不在场。假如他在场,他就只能当证人,而不能担任裁判本案的法官。既然法官不在场,我们怎么知道它是真的或不是真的呢？因此，法官认定真实，不可能凭我们的直观，不能根据我们亲眼所见、亲耳所闻或者亲身感知，来判定本案事实的真伪。我们只能通过间接的方法，来判定本案事实的真伪。这叫事实认定。当然不是凭空的认定，需要根据程序法规定的证明手段，通过证明手段和方法来查明本案的真实。①

但须注意，并不是所有的事实都需要审查，都需要认定。有的事实不需审查就可以直接采纳，如自认的事实和不争执的事实。被告对于原告所主张的某个不利于自己的事实，给予认可，这一事实就是自认的事实，不需要进行审查。《最高人民法院关于民事诉讼证据的若干规定》(2019 年修正)第 3 条第 1 款规定："在诉讼过程中，一方当事人陈述的于己不利的事实，或者对于己不利的事实明确表示承认的，另一方当事人无需举证证明。"第 2 款规定："在证据交换、询问、调查过程中，或者在起诉状、答辩状、代理词等书面材料中，当事人明确承认于己不利的事实的，适用前款规定。"这指的就是自认的事实。假如原告要求追究被告的违约责任，被告在答辩中只是争执自己是否违约，而对于合同的成立、生效未表示异议，则合同的成立和生效就属于不争执的事实，不需要进行审查而可以直接认定。

凡不属于自认的事实和不争执的事实，法庭就非审查不可，非

① 参见[日]兼子一、竹下守夫：《民事诉讼法》，白绿铉译，法律出版社 1995 年版，第 99～100 页。

认定不可。但这些必须审查、认定的事实,又分为两类:一类是不要求当事人举证证明,只靠法官的知识经验就足以认定的事实;另一类是要特别收集资料才能认定的,必须基于对诉讼中出现的资料进行判断,这就是诉讼证据及其调查的问题。

《最高人民法院关于民事诉讼证据的若干规定》(2019 年修正)第 10 条规定:

> 下列事实,当事人无须举证证明:
>
> (一)自然规律以及定理、定律;
>
> (二)众所周知的事实;
>
> (三)根据法律规定推定的事实;
>
> (四)根据已知的事实和日常生活经验法则推定出的另一事实;
>
> (五)已为仲裁机构的生效裁决所确认的事实;
>
> (六)已为人民法院发生法律效力的裁判所确认的基本事实;
>
> (七)已为有效公证文书所证明的事实。
>
> 前款第二项至第五项事实,当事人有相反证据足以反驳的除外;第六项、第七项事实,当事人有相反证据足以推翻的除外。

这里规定的是无须当事人举证而由法官直接认定的事实。除此之外的需要审查、需要认定的事实,都必须通过程序法上的证明手段才能作出认定。

程序法规定的证明手段是什么呢?不就是证据吗?每一个法

官认定事实都是从审查证据入手,就是审查这个证据是真的还是假的,通过证据来认定本案的事实。证据分为人证和物证。所谓人证,是以人作为证据方法,经过询问所提供的陈述作为认定事实的资料;陈述人包括证人、鉴定人和当事人。所谓物证,是指以有形物作为证据方法,经过检查所取得的认定事实的资料。物证又分为文书和勘验物两种。[①]

现在的审判制度改革,所谓当庭质证,就是原告出示一个证据,被告出示一个证据,然后交换。原告的证据交给被告,被告一看,认为哪些证据不是真的,就提出相关的反驳意见;被告的证据交给原告,原告也针对被告的证据发表自己的意见,认为被告哪一个证据是不充分的,哪一个证据是伪造的,哪一个证据是假的。然后这些证据全部交到法官面前,由法官对这些证据进行判断,最后认定哪些证据是真的,哪些证据是假的,通过真实的证据来证明案件事实的真实性。

现在的问题是,诉讼中原告、被告提出的证据往往是相反的。证据不是单一的,一个案件不是只有一个证据,而是有好多证据。这些证据相互矛盾,相互冲突,是常见的情况。这种情形,法官怎样从这些证据中认定哪些证据是真的,哪些证据是假的,最后通过真实的证据证明本案事实?法官的这个工作叫作对证据的判断。

---

① 参见[日]兼子一、竹下守夫:《民事诉讼法》,白绿铉译,法律出版社 1995 年版,第 100 页。

《最高人民法院关于民事诉讼证据的若干规定》(2019年修正)第85条第1、2款分别规定:"人民法院应当以证据能够证明的案件事实为根据依法作出裁判。""审判人员应当依照法定程序,全面、客观地审核证据,依据法律的规定,遵循法官职业道德,运用逻辑推理和日常生活经验,对证据有无证明力和证明力大小独立进行判断,并公开判断的理由和结果。"

对证据进行判断,首先判断什么?怎样从若干个相互矛盾的证据中认定事实呢?法官对证据的判断,可以区分为若干阶段,或者说若干步。

法官对证据进行判断的第一步:合法性判断。即判断证据的合法性。所谓证据的合法性,是指按照法律的规定,可以用来在诉讼中作为证据使用、作为事实认定的根据的资格。这在程序法学上被称为证据能力。[①]

法律关于证据的合法性是有规定的,法律规定什么样的证据是合法的,什么样的证据是不合法的。法官首先依据法律规定和最高人民法院的解释,判断证据的合法性,即本案当事人双方提出的证据中,哪些是合法的,哪些是不合法的。然后剔除不合法的证

① 证据的合法性,是指某种有形物可以作为证据方法的法律上的正当性,又称为证据能力。无证据能力的有形物,不得作为合法的证据进行调查,即使调查其结果也不得作为认定事实的资料。参见[日]兼子一、竹下守夫:《民事诉讼法》,白绿铉译,法律出版社1995年版,第100页。

据，留下合法的证据。什么是不合法的证据，现在不是有吗？原告、被告在某个地方约会，一方身上偷偷地藏着个录音机，趁对方不注意时进行录音，然后把磁带提交法庭。这能不能作为证据呢？这就要看法律的规定和最高人民法院的解释。

《最高人民法院关于未经对方当事人同意私自录制其谈话取得的资料不能作为证据使用的批复》（法复〔1995〕2号）明确："证据的取得必须合法，只有经过合法途径取得的证据才能作为定案的根据。未经对方当事人同意私自录制其谈话，系不合法行为，以这种手段取得的录音资料，不能作为证据使用。"

《最高人民法院关于民事诉讼证据的若干规定》（2019年修正）第87条规定：

审判人员对单一证据可以从下列方面进行审核认定：

（一）证据是否为原件、原物，复制件、复制品与原件、原物是否相符；

（二）证据与本案事实是否相关；

（三）证据的形式、来源是否符合法律规定；

（四）证据的内容是否真实；

（五）证人或者提供证据的人与当事人有无利害关系。

从其中第3项规定可见，所谓证据的合法性，是指证据的形式和证据的取得方法合乎法律的要求，而不涉及证据的内容。

《最高人民法院关于适用〈中华人民共和国民事诉讼法〉的解释》(2020 年修正)第 106 条明确规定:“对以严重侵害他人合法权益、违反法律禁止性规定或者严重违背公序良俗的方法形成或者获取的证据,不得作为认定案件事实的根据。”

依照程序法关于证据合法性的标准,就把非法的证据、法律不认可的证据、法律上认为不合法的证据,统统排除在外,剩下的是合法的证据。因此法官对证据进行判断的第一步,就是判断证据的合法性。

如前所述,证据的合法性,着重于证据的形式和取得方法,并不涉及其内容之真伪。因此,合法的证据不等于都是真实的,对于剩下的合法证据,还要进一步判断它的真实性。

严格来说,变造、涂改的证据及伪证、假证都是不合法的,但从审查证据的过程来看,先着重于证据的形式是否合法,再审查其内容是否真实,因此区分为判断证据的两个阶段。

合法性判断着重于证据在形式上是否符合法律的要求,真实性判断着重于形式合法的证据的内容是否真实。不真实的证据,当然没有证据能力。因此,这里讲的判断证据的合法性和证据的真实性,都是解决证据的证据能力问题。

法官对证据进行判断的第二步:真实性判断。判断原告、被告双方提出的证据,哪些是真的,哪些是假的。现在的诉讼中,同志们清楚，弄假证的情形时有发生，有的律师收买证人，弄了假证。也有个别法官串通当事人弄假证。我们国家存在假证，制造假证、伪证，收买证人，篡改本来的证据，涂改、变造证据。因此，对于形式合法的证据，法官还要进行判断，判断它是真的还是假的。法庭只采纳案件发生的时候和案件密切相关的真实的证据；后来经过人工变造、伪造、篡改的证据，是不真实的，法庭当然不采纳。

上述《最高人民法院关于民事诉讼证据的若干规定》(2019 年修正)第 87 条第 4 项规定，要求法庭审查“证据的内容是否真实”，即是判断证据的真实性。法庭如何判断证据的真实性，在《最高人民法院关于行政诉讼证据若干问题的规定》中设有原则性规定。

《最高人民法院关于行政诉讼证据若干问题的规定》第 56 条规定：

法庭应当根据案件的具体情况，从以下方面审查证据的真实性：

(一)证据形成的原因；

(二)发现证据时的客观环境；

(三)证据是否为原件、原物，复制件、复制品与原件、原物是否相符；

(四)提供证据的人或者证人与当事人是否具有利害关系；

(五)影响证据真实性的其他因素。

可见,法官判断证据的第二步,是判断证据的真实性,剔除不真实的证据,保留真实的证据。

法官对证据进行判断的第三步:判断证据的内容、意义。经过对证据的真实性判断,剩下的都是真实的证据。但原告、被告的证据经常相反,还存在一个问题,这个证据究竟说明什么呢?当事人拿到法院的物证,表明了什么,是侵犯商标权,还是侵犯名誉权?现在甚至把酒瓶标识拿到法庭上了,这酒瓶标识就是一个证据,原告用来指控被告假冒商标,侵犯他的商标权。因此,法庭对真实的证据还要进行判断,判断它的内容、意义,它在法律上的意义是什么?

例如,当事人的违约诉讼,当中最主要的一个证据就是合同书(原本或者复印件)。合同签订后,双方又签订了变更合同的协议,修改合同的协议,以及合同履行中的电报、传真、信函等,都提交法庭作为证据。这些证据经过真实性判断已经被证明是真的,在真实性上没有什么问题,但证据的内容是什么?某个电报的内容,文字措辞是什么意思?合同书上的某个条款、某段文字是什么意思?往往双方对某个条款、某段文字的理解刚好相反。这就需要法官来判断其内容、意义。最后法庭认为:这段文字、这个条款、这个词句的内容和意义是什么。

一份作为证据的合同书,当事人双方对上面某一个条款有分歧,就要由审理该案的法官认定其内容和意义,我们把它叫合同的解释,即判断一份合同书的某一条款、文字词句的内容、意义。因为当事人双方的理解截然相反,如果法官不通过解释确定合同书某个条款的内容意义,就不能够划分双方的权利义务。不能划分双方的权利义务,就无法判断谁的行为是正当的,从而不能判断谁是谁非,不能确定哪一方构成违约、哪一方不构成违约。在合同纠纷案件中,这当然是非常重要的。

为什么需要对合同进行解释?合同解释的必要性在于,合同书是用语言文字记载当事人的约定,语言文字本身具有多义性和模糊性,并且当事人可能有意无意地使用一些不适当的文字。

有这样一个债务纠纷案件,证据是被告出具的一份欠款字据(欠条),上面记载的欠款金额是6700元。关键是被告在偿还了部分欠款后在该欠条上批了一行字:"还欠款5700元。"原告对此解释说,其含义是"被告还欠原告5700元"。被告认为其已经还了原告5700元,其在欠条上批的那句话的意思是:"我已经偿还了原告5700元,实际上我还欠原告1000元。"这是一个非常典型的案件,问题出在中文词"还"是多义词:作动词用时读"huán",其意义是"偿还、归还";作副词用时读"hái",其意义是"仍然、仍旧"。

关于合同解释的理论,这里只作大概的介绍。合同的解释是什么样的?法官怎么样解释合同,当然有解释的规则。

合同解释的一般规则,按照《民法典》合同编第466条第1款的规定,应当适用《民法典》总则编第142条第1款关于有相对人的意思表示的解释规则,即当事人对合同条款的理解有争议的,应当按照合同所使用的词句、合同的有关条款和目的、交易习惯以及诚实信用原则,确定该条款的真实意思。

格式合同的特殊解释规则,规定在《民法典》合同编第 498 条。该条规定:"对格式条款的理解发生争议的,应当按照通常理解予以解释。对格式条款有两种以上解释的,应当作出不利于提供格式条款一方的解释。格式条款与非格式条款不一致的,应当采用非格式条款。"

我在这里举个比较简单的例子。在一个再审案件中,争议的一个问题是保证人出具的保证书上的这样一句话:"贵处汇入我县木材厂定金 80 万元,我行保证款项安全。"争议的焦点在于,"汇入我县木材厂"这 7 个字的含义。保证人认为,仅指汇入"木材厂在本行的账户"。被保证人(一审原告)则认为,"汇入我县木材厂"的含义,不仅指将定金汇入木材厂在保证人本行的账户,还包括汇入木材厂在其他行的账户,以及汇入木材厂所指定的任何账户。两种理解截然相反,审理本案的法官如不首先确定这 7 个字究竟是什么含义,怎么能够作出判决?因此,法官必须作出自己的解释。

我们看到,二审法官的解释是,"汇入我县木材厂"的含义,应包括汇入木材厂自己的任何一个账户及木材厂所指定的其他账户。而本案事实是,被保证人按照主合同的约定,将定金汇入了木材厂所指定的账户。因此,二审法院判决保证人应承担保证责任。但再审法院作出的解释则不同,它认为"汇入我县木材厂"的含义,仅指汇入木材厂在保证人本行的账户。于是作出再审判决:撤销原判,改判保证人不承担责任。显而易见,二审法院的解释是正确的,再审法院的解释是错误的。

至于二审的解释为什么正确,再审的解释为什么错误,关键在于合同解释的规则。按照前引关于有相对人的意思表示的解释规则,应当首先采文义解释方法,"汇入我县木材厂"的文义是汇入木材厂的账户,包括木材厂在保证人本行的账户和木材厂在其他行的账户;其次采习惯解释方法,还应包括木材厂所指定的其他任何账户;再次,当存在两种不同的解释意见时,应采符合诚实信用原则的解释意见,本案主合同约定定金应当汇入木材厂指定的账户,因此应当认为原告将定金汇入木材厂指定的账户符合保证书"汇入我县木材厂"的文义;最后,本案保证书为保证人预先单方面拟定,属于格式合同,依据前引关于格式条款的解释规则,存在两种不同的解释意见时,应当采纳其中不利于保证人的解释,而再审法院正好采纳了有利于保证人的解释,因此属于错误的解释。

再举一个保证合同的例子。主合同(借款合同)的签订日是1999年6月4日,借款金额100万元,期限3个月,从1999年6月4日起至1999年9月4日止。保证合同(格式合同)第5条规定:"保证人的保证期间为自借款人的借款期限届满之日起两年。"保证人添加了手写的第 16 条:“该担保从担保日开始起为 4 个月,超过时间担保人不承担担保责任。”

按照前引关于格式合同的解释规则,格式条款与非格式条款不一致的,应当以非格式条款为准。对此,一审、二审法院的意见是一致的,均认定应以保证人手写的第 16 条为准。但关于其中所谓“担保日”究竟何指,两级法院的解释截然不同。

中级人民法院一审判决书写道:“保证合同中有关保证期间的约定应以保证人手写的第 16 条为准,该条中的‘担保日’应理解为保证人承担保证责任的起始日,保证人的保证期间应为自 1999 年 9 月 5 日(即主债务履行期届满之日的次日)起至 2000 年 1 月 5 日止。”债权人于 1999 年 9 月 30 日起诉保证人,系在保证期间之内。因此一审判决保证人承担保证责任。

省高级人民法院二审判决书写道:“其保证责任期间应依当事人的约定,自 1999 年 5 月 28 日(即保证合同上保证人签字日)起至 1999 年 9 月 27 日止。债权人于 1999 年 9 月 30 日向保证人主张权利已过诉讼时效,其主张依法不再予以保护。”因此二审改判保证人不承担责任。

两级法院对本案保证人是否承担责任作出截然相反的判决,关键在于对保证合同上所谓“担保日”的含义的解释不同。一审法院解释为保证责任的起始日,即主债务履行期届满日之次日。

二审法院解释为保证合同上的保证人签字日。① 虽然两种解释都符合“担保日”的文义，但按照合同解释规则，应当肯定一审法院的解释。理由就不详细讲了。

合同书所使用的文字不清楚、不准确，有些文字还有漏洞，因此需要解释，这容易理解。其他证据，不是合同书，而是一个物，例如一块牌匾。在侵犯商标权、名誉权的案件中，它只是一块牌匾，也就是一个图案，上面写着几个简单的字，它不像合同书那样复杂，这时是不是也要判断它的内容意义，也要进行解释呢？当然也需要解释。

东北的哈尔滨判了一个案件，这个案件是关于“狗不理包子”的。天津的“狗不理”包子是非常有名的老字号，天津的“狗不理”公司是一家食品公司，它告黑龙江省哈尔滨市的天龙阁饭店，告其侵犯了原告“狗不理”公司的商标权和名称权。首先是侵犯商标，侵犯什么商标呢？天津“狗不理”是注册商标，同时也是原告的企业名称。这个案件里面的事实涉及一个重要证据，就是天龙阁饭店大门上挂的一块牌匾，上面写着“天津狗不理包子”七个大字。就是这样一个案子。

此案一审法院判决原告败诉。原告即天津“狗不理”公司上

① 参见绍兴市中级人民法院(1999)绍中经初字第519号民事判决书、浙江高级人民法院(2000)浙经终字第17号民事判决书。

诉，二审黑龙江省高级人民法院作出判决：撤销原判，改判原告胜诉。这两个判决，同样是黑龙江的，一个市法院，一个省法院，对于同一个案件事实，作出了截然相反的判决。如此相反的两审判决，它的焦点在什么地方呢？在于对这块牌匾、这个物证的解释，对它的意义的不同理解。

一审法院判决书说，虽然天龙阁饭店的牌匾上有“天津狗不理包子”这几个字，但这并不表明它侵犯了原告的商标权和名称权，因为牌匾的内容意义不是宣传本店生产天津的“狗不理”包子，而是宣传“狗不理”包子的第几代传人。因为这牌匾下面还有一行小字：“第几代传人×××。”所以这块牌匾宣传的是什么呢？它宣传的是本店的大厨师是天津“狗不理”包子的第几代传人，旨在表明人的身份。

一审法院认为，牌匾的意义在于表明人的身份，就是第几代传人的身份。饭店挂一块牌匾表明其大师傅是什么身份，这错在什么地方？这是不是构成侵权？这不构成侵权。它不侵犯天津“狗不理”包子公司的商标权和名称权。一审法院对这块牌匾作出了认定，它的内容和意义在于宣传和表明被告天龙阁饭店的大师傅的特殊身份，与法律上的侵犯商标权、名称权挨不上边。正是基于这样的解释，一审法院作出原告败诉的判决。

我们看到，对这个案件二审法院作出了相反的判决：撤销原判，改判原告胜诉。关键在什么地方呢？也在这块牌匾，在于牌匾的意义、内容。二审法院在判决书中说:“该牌匾的意义、内容不在宣传大师傅的身份,而是宣传本店经营的产品是天津狗不理包子。”它的根据是什么呢?

二审法院认为:如果牌匾的意义是宣传第几代传人,“第几代传人×××”就应该是大字,“天津狗不理包子”这几个字至少不应是大字;而在本案牌匾上有三行字,第一行“正宗”两个字是小字,第三行“第几代传人×××”也是小字,唯独中间一行“天津狗不理包子”七个字是大字。如果你要宣传第几代传人,那这几个字就应该是大字,结果牌匾上居中几个大字是:天津狗不理包子。那么一般老百姓远远望去,小字没有看清楚,一下子就看到大字,认定本店经营的是天津“狗不理”包子。所以这块牌匾的内容意义绝不是宣传什么大师傅的特殊身份,而是表明它经营的是天津“狗不理”包子,这当然是典型的侵犯商标权和名称权行为。因此二审法院撤销原判,改判原告胜诉。

从这个案件中,可以说明法院对证据的判断,在判断它的合法性、真实性后还需要判断它的意义、内容,它在法律上是什么意思,它说明了什么,是不是表明了构成侵权或不构成侵权。判断证据的意义内容,不仅对于合同书这样的书面证据需要判断,而且对于物证同样需要判断,即使对于一块牌匾这样的物证,也需要判断,需要进行解释。它的意义内容的判断也不是那样简单的。你看,一审与二审的判决截然相反,说明法官判断证据的内容、意义,非常重要。

讲到上面这个案子，我回想起四川发生的一个有关酒瓶的案子，这个酒瓶标识被作为诉讼中的证据提交到法庭。四川的郎酒公司告郎君酒厂侵权，就是这样的案件：将两个酒瓶标识拿到法庭上作为证据，原告那个酒瓶上是两个字：郎酒；被告的酒瓶上是三个字：郎君酒。因此，被告一边的律师说不构成侵权，原告的律师说构成侵权，焦点在什么地方，就在这个证据。

法庭认为，如果你宣传的是郎君酒，不构成侵权，那么"郎君"两个字应该是同样大小，而被告设计酒瓶标识时，有意把"郎"字设计得很大，把"君"字设计得很小，这个标识的意义就是侵犯了原告的商标权。因此法庭判决被告构成侵权。

因为原告生产的名酒叫"郎酒"，酒瓶上有两个字，"郎"与"酒"字一样大小。被告的酒瓶虽有三个字，但有意将"郎"字设计得很大，字体也和原告的一样，而"君"字就设计得很小，从这个意义上说就是仿冒，就是侵犯别人的商标权。法官为什么会这样解释，这样解释的依据何在？这就是法官所具有的生活经验，就是书上讲的经验法则。法官根据自己的生活经验作出判断，虽然被告的酒瓶上是"郎君酒"三个字，但被告有意将"郎"字设计得很大，并采用与原告同样的字体，把"君"字设计得很小，据此可以判定被告是有意仿冒原告的商标，因此构成侵权行为。可见，对于一个物证，也要作出判断，更不用说对书面证据作出判断。

法官审理案件，对于证据通过对它的合法性、真实性的判断，再判断它的意义、内容，达到认定事实的目的。到这里，法官对证据的判断工作还不算完。为什么？当对证据进行判断，确定证据的意义、内容之后，还剩下一些问题。这就是，在一些案件当中，发现剩下的证据，例如两个证据，其内容、意义截然相反、完全冲突，如果法官把这两个证据都保留，他就没法认定事实，没法作出判决。他只能选择其中一个证据作为认定事实的根据。怎么选择？排除哪一个，保留哪一个？最后还需要判断各个证据的证据力。

法官对证据进行判断的第四步：判断证据的证据力。对于剩下的证据，究竟保留哪些，剔除哪些呢？这就要看各个证据的效力如何。证据法上讲的是证据的证据力。证据力就是证明事实的效力，证据所具有的可以用来证明事实的效力，也可以叫证据的证明力。[①]

在法律上，不同的证据，证据力是不同的。正因为不同的证据，其证据力是不同的、有差别的，才使法官可以通过比较不同证据的证据力，剔除某些证据力较低的证据，保留某些证据力较高的证据。在一个案件的审理中，如果最后留下两个证据，都是合法的、真实的，各自的内容意义都是清清楚楚的，而两个证据的内容意义截然相反，法官只能选择其中一个证据。选择保留哪一个证

① 证据力或证明力，是指证据对于需要认定的事实能否起到证明作用的影响力，亦称证据的证据价值。应注意证据力与证据能力是不同的概念。参见［日］兼子一、竹下守夫：《民事诉讼法》，白绿铉译，法律出版社 1995 年版，第 126 页。

据呢？当然要选择证据力强的那个证据，保留证据力强的那个证据，而把证据力弱的那个证据剔除，即以证据力的强弱作为标准，保留证据力强的证据，否定证据力弱的证据。最后达到证明案件事实的目的。

《最高人民法院关于民事诉讼证据的若干规定》(2019 年修正)第 85 条第 2 款规定："审判人员应当依照法定程序，全面、客观地审核证据，依据法律的规定，遵循法官职业道德，运用逻辑推理和日常生活经验，对证据有无证明力和证明力大小独立进行判断，并公开判断的理由和结果。"

《最高人民法院关于民事诉讼证据的若干规定》(2001 年)第 77 条规定：

人民法院就数个证据对同一事实的证明力，可以依照下列原则认定：

(一)国家机关、社会团体依职权制作的公文书证的证明力一般大于其他书证；

(二)物证、档案、鉴定结论、勘验笔录或者经过公证、登记的书证，其证明力一般大于其他书证、视听资料和证人证言；

(三)原始证据的证明力一般大于传来证据；

(四)直接证据的证明力一般大于间接证据；

(五)证人提供的对与其有亲属或者其他密切关系的当事人

有利的证言，其证明力一般小于其他证人证言。[①]

关于证据的证据力，通常有口头证据与书面证据之分。哪一个证据力较强？相对于口头证据而言，书面证据的证明力强。如果对于案件的某个事实有两个证据，其意义内容截然相反，其中一个是口头证据，一个是书面证据，法官应采用哪一个呢？应采用书面证据，否定口头证据。这里是用它的证据力来作为判断标准，证据的证据力不同：口头证据[②]的证据力较低，书面证据[③]的证据力较高。

① 《最高人民法院关于民事诉讼证据的若干规定》（2019 年修正）虽已删除本条，但其内容不妨作为法官判断各类证据证明力的参考。

② 口头证据即证言。当书面证据与口头证据矛盾时，到底采纳哪一个证据，法律并无预先规定。考虑到人证有很多不稳定和不确实的因素，很难期待它成为完全正确的证据方法。它很容易被询问技巧左右，这是举证人和法官都不容易处理的问题。因此，作为法官必须十分谨慎，特别需要考虑以下几点：证人同所询问的事项或与当事人有无特殊关系；陈述事实的来源；是否受询问方式的影响（有无诱导性询问的痕迹）；陈述的模样和态度有无自相矛盾和含糊其词的地方等。如果法官对这些缺乏留意或审查技巧，经验证明，证人有可能提供最坏的证据。法国等立法例对诉讼标的额高的案件不准用人证，这是原因之一。参见［日］兼子一、竹下守夫：《民事诉讼法》，白绿铉译，法律出版社 1995 年版，第 120 页。我国《民事诉讼法》第 72 条规定，凡是知道案件情况的单位和个人，都有义务出庭作证。第 73 条规定，证人确因健康原因等不能出庭的，经人民法院许可，可以提交书面证言。

③ 通过查阅文书，把在文书中所记载的意思和内容作为证据资料而进行调查的证据，叫作书证。文书，指以文字及其他符号组合表达一定思想性意思的有形物。文书的种类有：其一，公文书和私文书。公务员基于其权限在职务上制作的文书，叫作公文书；此外的叫私文书。其中具有公证权限的公务员（公证员、法院书记官）制作的文书叫作公证证书。其二，处分证书和报告证书。法律行为采书面形式的文书，如判决书、行政处分通知书、票据、遗属、契约书等，叫作处分证书；记载制作人的见闻、日记、判断、感想等的文书，如笔录、户籍簿、收据、商业账簿、诊断书、日记等，叫作报告证书。参见［日］兼子一、竹下守夫：《民事诉讼法》，白绿铉译，法律出版社 1995 年版，第 123 ~ 124 页。

但在书面证据中,还有经公证的书面证据与未经公证的书面证据之分。公证的书面证据,是由公证机关对这个书面证据所记载的事实,依法进行公证,作成一份公证书。因为公证机关是国家法律认定的特殊的机关,这个机关的职能就是证明事实。如果在案件审理中,关于某个事实,涉及两个相反的证据,两个证据都是书面的,但一个是公证的证据,另一个是没有公证的证据,法官应当采纳哪一个呢?当然应当采纳公证的证据,以公证的证据为准,因为公证的证据的证明力要比没有公证的证据的证明力强。

除了公证的证据,我们常见的还有经过登记机关登记的证据,例如房地产诉讼当中,当事人提交到法庭的证据中的产权证,还有房产登记的登记簿。当事人把房产登记机关登记簿的一整页复印下来,由房产登记机关在复印件上盖个章,提交法庭作为证明房屋权属的证据。通常也把房产登记机关颁发的房屋产权证作为证据提交法庭。

登记机关的证据,除房产登记机关以外,还有工商行政管理机关的企业法人登记、营业登记。如果案件涉及当事人有无法人资格,这一事实关系到所签订的合同是否成立,或者有没有此经营范围,是否超出经营范围,这可能影响已成立的合同是否有效。认定这些事实的时候,当事人就把工商行政管理部门的登记簿和登记的证照原件或者复印件作为证据提交法庭。这就是登记机关的证据,这种证据的证明力当然比其他证据要强。

根据《最高人民法院关于民事诉讼证据的若干规定》(2001年)第77条第2项的规定,公证的证据和登记的证据,其证据力比一般证据的证据力要强。但这不是绝对的。法律上关于这类证据的证据力,有一个概念叫"推定的证据力"。什么叫推定的证据力?其意义是,案件审理中如果有公证的证据或者登记的证据,法庭应当直接采纳这类证据,而对于这种证据所记载的事实不必审查,即将这种证据所记载的事实当作真实的事实予以认定。但是,法庭在将这种证据记载的事实当作真实的事实的同时,允许另一方当事人提出相反的证据推翻公证的证据或者登记的证据。

如果另一方当事人提出了相反的证据,足以证明公证的证据或者登记的证据所记载的事实是不真实的,法庭即应采纳另一方提出的相反的证据,而废弃公证的证据或者登记的证据。反之,如果另一方提不出相反的证据,或者提出的相反的证据不足以证明公证的证据或者登记的证据所记载的事实是不真实的,则法庭应采纳该公证的证据或者登记的证据作为证明案件事实的根据。

以登记机关颁发的房屋产权证为例,产权证有时也不能作为证据采纳,这是因为登记机关也会出错。[1] 即使登记没错,也还有

① 《民法典》物权编第217条规定:"不动产权属证书是权利人享有该不动产物权的证明。不动产权属证书记载的事项,应当与不动产登记簿一致;记载不一致的,除有证据证明不动产登记簿确有错误外,以不动产登记簿为准。"依本条规定,产权登记簿的证据力高于产权证,产权登记簿和产权证均不具有绝对的证据力,二者均可被相反的证据推翻,因此属于推定的证据力。

可能登记证据所记载的事实不是真实的，或者说记载的事实与真实的事实不相符。如兄弟俩合伙买一所房屋，各住一半，但房屋登记在老大名下，产权证上只有老大一个人的名字，而房屋实际上是兄弟二人合伙购买的，系共有。兄弟二人在世的时候，没有发生纠纷。但到第二代或第三代的时候，发生了纠纷。这个时候老大的儿子或孙子，因为产权证上是老大的名字，认为房屋当然属于老大所有，要把老二的儿子、孙子驱逐出去，请求法院判决强制老二的儿子、孙子搬出。

这种情况下，涉及产权证，法院如何对待？是按照它所记载的老大一个人的名字就认定房屋所有权呢，还是作出相反的认定？是认定它归老大单独所有呢，还是认定它是二人共有？这样的产权证肯定不是假的，不是通过什么不正当手段弄出来的，也不是登记错误。所以说，法院如果有充分的其他证据证明，当年是兄弟二人合伙买的房子，系共有，只是房屋登记在老大的一个人名下，我们就可以否定那个产权证的证据力，不采纳产权证记载的事实。

这种情况，岂不是说法院可以不采纳登记机关的登记证据吗？这就表明，登记机关的证据在法庭上的证据力不是绝对的，法律上推定登记机关的证据与公证机关的证据所记载的事实是真实的，用法律上的术语叫“推定的”证据力。“推定”是法律上一个技术性的概念，只要看到“推定”，就是表明：应当首先认为它是真实的，同时应允许另一方当事人提出相反的证据来证明它不真实。

如果另一方当事人向法庭举出了充足的证据,证明事实真相和证据上的记载相反,这个时候就推翻这个证据;如果另一方当事人提不出充分的证据,不能否定它的效力,法院就采纳它。对于公证证据和登记证据,法院即应如此对待,首先承认它,然后允许当事人以反证来推翻。如果当事人不能用反证加以推翻,就采纳它,根据它来确定事实。所谓推定的证据力,就是这样的意思。

上面举的房产纠纷的案件,法院在审理时,最后发现该房屋是兄弟二人共有的,不仅是老二后代的主张,他还举出了充分的证据。假设还有老一辈的人在,有他们的证人证言,或者还有老大、老二其他的书面文件,有其他证据表明:他们是合伙买房,老大、老二各出了多少钱,当时谁是中介等,足以证明是合伙买房,实际事实与登记机关的登记不一致。这种情形,就推翻了登记机关的证据,法庭应不采纳它。

这种情形,法院需不需要主动与登记机关联系,让它变更登记,重新发一个共同所有权证?当然不需要。法院没有义务与登记机关联系,让它纠正。法院行使裁判权,在事实认定中不采纳那个房屋产权证就够了。法院作出和登机关登记文件相反的判决,确认系争房屋属于共同所有。当事人自己当然会拿这份判决书去登记机关请求变更登记,而登记机关也有义务根据法院的判决书予以变更。

上面讲到推定的证据力,即依法推定证据的真实性。与此类似的，还有证据内容的推定，在这里一并介绍。

前面讲到对证据内容的判断，这里补充某种情形对证据内容的推定。什么叫证据内容的推定呢？例如，诉讼实务中被告一方常常以诉讼时效期间届满作为抗辩理由，原告则主张存在诉讼时效中断事由，主张自己曾经于某年某月某日发出信函或者电报要求被告履行合同（履行催告）。这种情形，法官要求原告就存在中断事由举证，原告提出的证据是邮局出具的发信或者发电报凭据。

发信或发电报凭据当然是合法的、真实的证据，但这类证据与前面讲到的产权证、合同书等证据不同。产权证和合同书这类证据，法官可以直接判断证据的内容，因为证据的内容就写在证据上。而邮局出具的发信和发报凭据这类证据，证据的内容写在信函或者电报上，作为证据的凭据上只记载原告某年某月某日发过一封挂号信或者一份电报，因此法官不能从该凭据直接判断信函或电报的内容构成或不构成履行催告。

这种情形，法官应当采取从证据推定其内容的方法，即从发信凭据或发报凭据推定挂号信或电报的内容是履行合同的催告，同时允许被告提出反证。假设被告提出了以该信函或电报原件作为反证，证明该信函或电报的内容不是履行催告，例如要求签订另外一个合同的要约，这就推翻了该推定；假设被告只是主张该信函的电报内容不是履行催告而未能举出证据，他不拿出该信函或电报原件,则法庭应按照推定的内容认定事实:原告于某年某月某日向被告发出催告履行的信函或电报。

对这类证据,法官不是直接判断证据的内容(证据所要证明的事实),而是从证据推定该证据所要证明的事实。现在的实务中,有的法官不采用这种推定方法,而是在原告提出发信凭据或发报凭据之后,还要求原告证明信函或电报的内容确实是履行催告,原告当然拿不出该信函或电报原件,于是作出不存在中断事由的认定。显而易见,这样最后得出的判决当然是错误的。关键在于法官没有正确掌握"谁主张,谁举证"的原则。

按照"谁主张,谁举证"这个原则,原告主张存在中断事由,并提出将发信或发报凭据作为证据之后,他已经履行了自己的举证义务,这时举证义务转移到了被告一方,被告应为他否定存在中断事由的主张举证。假设被告拿出了该信函或电报原件而上面的内容的确不是履行催告,这就推翻了原告的证据;假设被告不拿出该信函或电报原件,则原告的证据未被推翻,法官应采纳原告的证据认定事实。

我在这里讲的证据内容的推定,是在不能直接判断证据内容情形的事实认定方法,它的法律根据正是"谁主张,谁举证"这个基本原则。证据内容的推定本属于前面讲的对证据内容的"判断",因为与证据力的推定,同属于"推定",因此在这里补充讲。

法庭上还有可能用另外一种证据，这就是在一个诉讼当中，用另外一个案件的判决书作为证据。在一个诉讼当中，当事人把另外一个相关诉讼中的判决书作为证据提交到法庭，这个判决书就是作为一种证据来使用。我们现在来看它的证据力。判决书的证明力，是绝对的。《最高人民法院关于行政诉讼证据若干问题的规定》第70条规定："生效的人民法院裁判文书或者仲裁机构裁决文书确认的事实，可以作为定案依据。但是如果发现裁判文书或者裁决文书认定的事实有重大问题的，应当中止诉讼，通过法定程序予以纠正后恢复诉讼。"

这是什么意思呢？也就是说，审理本案的法官即使有理由、有证据证明那份作为证据使用的判决书中的判决是错误的，那是一个错判，这个法官也不能把那份判决书丢在一边，他仍必须采纳那份判决书作为证据。为什么？因为判决书作为证据，其证明力是绝对的。因为那是由国家审判机关依审判程序所确认的事实，具有不可否认的证据力，除非通过法律规定的程序撤销了那份判决。例如，经再审程序撤销了原判，才能否定那份判决书的效力。[①]

如果判决没有被撤销，判决书的效力没有被否定，其证据力也当然不能被否定。在诉讼中，有这样的情况：某一案件后来被证明

---

① 《最高人民法院关于行政诉讼证据若干问题的规定》第70条第2句规定，审理本案的法官，如果发现当事人提交到庭作为证据使用的裁判文书认定的事实有重大问题，应当中止本案诉讼，通过法定程序予以纠正后恢复诉讼。问题是：如何通过法定程序去纠正当事人提供到庭作为证据的那个由别的法院作出的生效判决？

是错案，但是错案没有被撤销，那个判决仍然有效，审理本案的法官不能否定作为证据的那份判决书的证据力，[①]除非是按法律规定的程序撤销判决。这就是说，判决书的证据效力是绝对的。

还有一种证据是鉴定结论。[②] 它不是一般人的意见，不是一般的证据，是鉴定机构作出的。鉴定人代表鉴定机构作出鉴定结论，如关于质量的鉴定，关于各种药品的鉴定，等等。例如，20 世纪 90 年代在全国各地报刊上成为热点的邱满囤老鼠药案件，该案争论的事实焦点在什么地方呢？就在于老鼠药中是否含有当事人一方所指出的有害物质，这是关键。如果老鼠药中含有害物质，邱满囤就应当败诉；如果法院最后认定，老鼠药中不含有害物质，邱满囤就应当胜诉。这个关键的事实，是法院作出裁判的最终事实

① 判决书的证据力，源于终局判决的既判力。既判力是指形成确定的终局判决内容的判断的通用力，也称实质性确定力。诉讼是根据国家审判权作出公权性的法律判断，以解决当事人间的纠纷为目的，而终局判决正是这种判断。终局判决是最终解决纠纷的判断，它不仅拘束当事人双方服从该判断的内容，使之不得重复提出同一争执，同时作为国家机关的法院当然也必须尊重国家自己所作出的判断，即使同一事项再次在诉讼中提出，也应以该判断为基础判断当事人间的关系。这种确定判决所表示的判断，不论对当事人还是对法院都有强制性通用力，当事人或者法院均不得主张与确定判决相反的判断，这就是既判力。除判决书外，法庭口头辩论的笔录，亦具有法定的证据力。参见［日］兼子一、竹下守夫：《民事诉讼法》，白绿铉译，法律出版社 1995 年版，第 156 页。

② 鉴定人是为了补充法官的判断能力并作为判断的参考而征求属于特别学识经验的专门知识和意见的调查证据方法，叫作鉴定人。鉴定人必须是第三者，并有资格的限制，且当事人可以申请鉴定人回避。鉴定人与证人的区别为：证人只陈述自己经历过的事实，如果基于经历过的事实陈述其意见和感想则没有证言的性质；鉴定人不是陈述自己经历的事实，而是根据有关法规和专门的知识作出自己的判断，即鉴定结论。参见［日］兼子一、竹下守夫：《民事诉讼法》，白绿铉译，法律出版社 1995 年版，第 121 页。

依据,是本案事实认定中的关键事实。

该案诉讼中,出现了一个什么情况呢？不是未提出鉴定结论,而是提出的鉴定结论不止一个。一个鉴定机构作出的鉴定结论与另一个鉴定机构作出的鉴定结论是相反的,出现了不同的鉴定机构作出的鉴定结论不一致的情形。因此在这样一个案件当中,出现了两个以上的对同一事实的不同的鉴定结论。现在的问题是,当审判中出现两个以上的鉴定结论,并且它们又正好相反时,法官应当采纳哪一个鉴定结论？

前提是它们的合法性没有什么可质疑的,真实性没有什么可质疑的,都是真实的、合法的,它们的内容意义也没有什么可质疑的,都很明确。它们的内容意义,就是对这个事实的肯定或否定。再看证据的等级,它们的证据力、证明力上有什么不同？都是书面证据,并且是一种特殊的书面证据——由专门的鉴定机构作出的鉴定结论。这时,在一个案件中对同一事实有两个以上的鉴定结论,应采纳哪一个,以哪一个为事实认定的依据呢？这个问题法律上有规定没有？没有规定。这里把我提出的判断标准介绍给大家。

首先,区分鉴定机构的性质,它是专业的还是非专业的。鉴定机构有专业鉴定机构与非专业鉴定机构:如果对于本案这样一类事实,是专门进行鉴定,就是专业的鉴定机构;如果除了鉴定本案这类事实,还鉴定其他很多不同种类事实,如一般的产品质量鉴定机构,则是非专业的。那本案的药品鉴定机构就是专业的,药品鉴定机构的鉴定结论的证据力,应当高于一般的质量鉴定机构的鉴定结论的证据力。如果这个药品鉴定机构对西药、中药什么药品都鉴定,而另一个鉴定机构专门鉴定本案涉及的西药甚至某一种西药,则前者为非专业的鉴定机构,后者为专业鉴定机构。对于专业的与非专业的鉴定机构所提出的鉴定结论,应当以专业的鉴定机构提出的鉴定结论为准。

其次,如果两个鉴定结论都是由专业的鉴定机构提出的,则应当进一步区分鉴定机构是法定的还是非法定的。鉴定机构有的是法律法规指定的,如商检机关,这就是法定的,如对产品质量的鉴定机构,还有些是行业主管部门甚至行业协会设立的,在国外,消费者协会也设立自己的鉴定机构,这些鉴定机构不是法律法规指定的,我们称为非法定的。如果两个鉴定结论不一致,其中一个是非法定的机构作出的,另一个是法定的机构作出的,则法官应当采纳法定的鉴定机构作出的鉴定结论,以法定机构的检验结论为准。①

再次,如果两个鉴定机构都是法定的,而检验结果不一致,应当采纳哪一个?应以它的级别高低来判断。假如一个是县级鉴定机构鉴定的,一个是省级鉴定机构鉴定的,则应当以级别高的省级鉴定机构的鉴定结论为准;假如一个是省级的,一个是中央的,则

① 《最高人民法院关于行政诉讼证据若干问题的规定》第 63 条第 4 项规定,“法定鉴定部门的鉴定结论优于其他鉴定部门的鉴定结论”。

应以中央的鉴定机构的意见为准，这就是对于同是法定的鉴定机构的结论，以机构之级别的高低来判断，以级别高的鉴定机构的鉴定结论为准。

最后，还有一种情况，两个鉴定机构级别是一样的，它们属于同一级别的，都是法定的，都是专业的，其鉴定结论不同。法庭应怎么办？如果出现这种情形，则应以审理案件的本法庭指定的鉴定机构所作出的鉴定结论为准。关于鉴定结论的证明力，两个鉴定机构作出的鉴定结论相反，应以哪一个为准，现在法律没有明文规定，我提出的判断标准是通过判断鉴定机构的性质，专业的与非专业的，法定的与非法定的，级别的高低，同级别的以本法庭指定为准。[①] 最终只采纳其中一个用来证明本案事实。

刚才讲的是法官裁判案件时通过程序法所规定的证明手段来认定事实。这个证明手段就是证据，通过证据来认定事实，法官对证据进行判断，确实非常重要。我们平常说，让事实说话，让证据说话，究其实质，事实本身、证据本身并不能自己说话，实际上是法官通过对证据的判断，最后达到对事实的认定。不是证据自己说话，不是证据自己证明事实，而是法官通过对证据的判断，排除一

① 《最高人民法院关于行政诉讼证据若干问题的规定》第62条规定："对被告在行政程序中采纳的鉴定结论，原告或者第三人提出证据证明有下列情形之一的，人民法院不予采纳：(一)鉴定人不具备鉴定资格；(二)鉴定程序严重违法；(三)鉴定结论错误、不明确或者内容不完整。"其中，(一)和(二)是证据的合法性问题，(三)属于证据的真实性问题。

些证据、采纳一些证据，最后使证据“说话”，从而认定案件事实。

可见，关键在于法官判断证据，这是法官的精神活动，法官的主观作用。法官在审理案件中认定事实，不是纯客观的过程，其中包含法官的主观作用。法官自身的道德品质和法律素养，起着关键的作用。

法官认定事实，所要追求的目标当然是案件事实的真实。现在我们回过头来看，法院审理案件，认定事实最后所追求的真实究竟是不是客观存在，是不是我们哲学上所说的绝对真实。对证据进行判断的是法官。法官是人，法官对证据的判断是法官的精神活动、思维活动，因此，对事实的认定最终取决于法官的精神活动，这个真实不同于哲学上所说的客观真实、绝对真实、真理、客观性，这个真实不是绝对的，它带有相对性。对于稍复杂一点的案件，法官即便对证据经过判断，得出了事实认定，就能保证其认定的事实是百分之百的真实吗？很难说。

同志们亲身经历过，在审理案件多年的实践中，有时候与法官在一起交谈，他会说，对某几个案件他敢拍胸脯说百分之百没有错，他这样说是对他的事实认定过程的确信，是有充分的自信。法官认定事实采纳了原告的证据，他相信原告说的是真的，被告说的是假的，他就采纳原告的证据，认定原告所陈述的事实就是真的。法官在有些案件，特别是一些比较简单的案件中，可以拍着胸脯说“百分之百”，这也常见，对一些简单的或发生时间较近的案件，可能做到。

但是确有一些案件，法官作出了判决，他自己私下里也说：这个事实认定，不敢说百分之百真实，原告说的，被告说的，都有理，究竟哪一个是真实的呢？法官最后虽然作出了判决，他只是承认、只是相信原告说的真实的可能性较大，但没有达到百分之百的确信程度。判决不是按客观真实，只是认为原告说的真实性大，被告所说很可能是假的。因此他的判决是根据一种可能性，如通常说的"八九不离十"。由此可见，法官对事实的认定，其真实性是相对的，不是绝对的。

这里举一个例子，就是啤酒瓶爆炸，把受害人的一只眼睛炸瞎了。法官审理这样的案件，当然通过证据判断来认定事实。怎么认定？原告提出的证据是和他在一起喝酒的人的证言，这个证据合不合法呢？当然是合法的，但它的效力有疑问。[①] 被告说这几个证人是原告的亲戚朋友，和原告有直接的利害关系，他们提出的证据还不偏向原告吗？因此，被告的律师在法庭上对其证据力提出了质疑。按照人之常情，谁喝酒都是和自己的亲友在一起喝，谁和陌生人喝酒，大街上随便拉一个人来就同他干杯呢？这不可能，

---

① 《最高人民法院关于民事诉讼证据的若干规定》(法释〔2001〕33号，已被修改)第69条第2项规定，"与一方当事人或者其代理人有利害关系的证人出具的证言"不能单独作为认定案件事实的依据。《最高人民法院关于行政诉讼证据若干问题的规定》第63条第7项规定："其他证人证言优于与当事人有亲属关系或者其他密切关系的证人提供的对该当事人有利的证言。"

不合情理。因此,要求原告提出亲戚朋友以外的人的证言,通常不可能。对这类证据,法官能不能采纳?是否因为一块喝酒的证人是原告的亲戚朋友,就以有利害关系为由否定这个证据呢?因为一块喝酒的人是原告的小舅子、兄弟,对他们的证据就不采纳吗?不采纳当然也不是没有理由。问题是,如果不采纳,又以什么证据认定事实呢?

这类案件中,法庭还是采纳了原告的小舅子、兄弟提供的证言,即使他们有利害关系。因为法官考虑到在社会生活中,喝酒都是与亲戚朋友在一起喝的,要另外找证人,通常不可能,如果这样要求则对原告太苛刻。因为兄弟、朋友在一起喝酒,他们的证据在真实性上受到质疑,但法官相信这些证据,认为其真实的可能性较大。对证明啤酒瓶在桌子上爆炸,原告的小舅子、兄弟是证人。被告说我们生产的啤酒一般不可能出现这种情况,我们有严格的控制,这个啤酒瓶爆炸很可能就是你们喝酒时撞在桌子上爆炸了。当然,如果被告真的举出了证明啤酒瓶是被撞在桌子上爆炸的证据,则法庭应当采纳该证据。但被告如果只是表示怀疑而举不出证据,法庭就只能采纳与原告一起喝酒的人的证言。

除原告的小舅子、兄弟这两个证人外,还有什么证据呢?还有原告提出的医院的证据。这个消费者受伤以后马上被送到医院,医院的急诊室马上进行处理,眼睛炸瞎了,马上进行清洗、消毒、上药、包扎等。医院的证据就是病历本上医生的记录。医生问原告是怎么造成的,原告就说刚才喝啤酒,啤酒瓶爆炸,把眼睛炸瞎了。医生将受害人自己的陈述记录在医院病历上,这个病历被当事人拿出来作为证据。这个证据在法庭上提出来,被告的律师会不会提出相反的意见,怀疑这个证据呢?

被告方律师当然会提出反驳,他说这个证据是原告本人自己的口述,虽是医院病历记录上的东西,但是原告自己说的,怎么能用原告自己的话来证明这个事实呢?这是不是有矛盾和不合理的地方?一个人受伤后,编造一个谎话,记录下来,就用这个证据来证明。被告提出这个疑问。

那么法官怎么对待这个证据呢?在这个审理啤酒瓶爆炸的案件中,法官最后采纳了这个证据。他是基于这样的判断:一个人受伤以后,要编造一个谎言,例如他是放鞭炮把眼睛炸瞎的,他为了找个人给他付医疗费,到医院急诊室进行治疗时,就编造一套假话,说是喝某某牌子的啤酒,啤酒瓶突然自己爆炸,把他眼睛炸瞎的。

这种可能性不是绝对没有。但是按照人之常情,一个人发生了这样紧急的、突然的伤害,一个眼球突然被炸坏了,血流满面,一下子被送到医院急诊室,进行抢救,进行紧急的处理,这个人不太可能马上编造一套谎话,不太可能想到转嫁责任,让一个无关的啤酒厂家来当替罪羊承担赔偿责任。虽然法官不敢说这种事绝对没有,但按常情常理,这种可能性很小。发生这种事情时,他首先想到的是治疗,是自己的眼睛保得住、保不住。因此法官判断,病历本上的记录,真实的可能性较大。于是法官采纳了这个证据。因此本案中,法官通过一起喝酒的人,小舅子、兄弟的证据,然后根据急诊室处理的病历上的记录,认定啤酒瓶是在桌子上自己爆炸的,把原告眼睛炸瞎了,认定原告眼睛的伤害是因被告生产的啤酒瓶爆炸造成的。这就是本案的事实认定。

我们从这个案件来看,审理这个案件的法官最后确信,原告所说的事实是真实的。这个法官判断证据的过程,能不能说是百分之百真实呢?你问审理本案的这个法官,这个法官会告诉你,他根据的是有很大可能性的真实,不是严格的事实真实。因此他说,他不敢说百分之百的真实,但他敢说百分之七八十的真实。按照人之常情,他相信,原告的受害过程是这样的:啤酒瓶是在桌上爆炸的,造成了原告的眼睛伤害,因果关系就是这样的。

因此,我们看到,法官对证据的判断过程依靠法官的确信,这种确信并不是都达到百分之百,有的时候只有百分之七八十,是一种可能性,而不是客观性。由此我们可以说,法官审理案件最后认定事实的真实性不等同于哲学上的客观真实。

从哲学上讲,客观世界是可以认识的,客观真实是绝对的,一个人可以尽他的努力去认识这个事实,他做不到还有下一代,人类一代代地延续,最终可以认识客观真实,可以最大限度地接近客观真理。这是从哲学上讲的。但我们的法官裁判案件,我们口口声声讲的“以事实为根据”,所讲的事实当然应是真实的事实,但不是哲学意义上的真实。法律关于案件的审理有时间的限定,也有人的限制。一个案子,由合议庭的三个法官审理,不能把所有的法官找来共同地讨论。即使征求专家意见,也是找很少的几个人。还有独任制审判庭,就是一个法官。

法律上规定的判断证据的整个过程需通过法官的努力来认定,事物是复杂的,有些案件非常重大,但经过若干时间后,证人找不到了,关键的物证找不到了,有时要通过间接的证据证明。还有一些案件,非常直接、非常宝贵的证据没有,在这样的案件中,只好根据一些别人可挑剔的证据,例如有利害关系的人作出的证言,甚至受害人本人在某个场合做出的陈述,如急诊时的陈述。因此,法官对事实的认定,法官对事实的确信不是都达到百分之百,法院查明案件事实,当然以追求真实性为目的,但这个真实性不是绝对的,它带有相对性。

在这个过程中,法官的作用是决定性的,别人说的不算数,法官通过证据的判断来认定事实,在理论上叫作法官的内心确信。我们这里讲的是法官内心确信的程度,有的时候,法官百分之百自信,自信心非常强,确信度较高;有的时候法官的确信度仅达到百分之七八十,确信度较低,这种情况,认定的案件事实的相对性就大些。

法官的内心确信,又叫自由心证。自由心证在我国改革开放前的法学理论中一再受到批判，甚至到 20 世纪 80 年代初还有人批判自由心证，认为其是资产阶级的法学理论，是唯心主义的。因为，马克思主义是讲客观真实，法官审理案件所查明的事实必须是客观真实，而资产阶级法学理论将事实认定归结为法官的自由心证，按照这种理论，事实认定完全取决于法官的自由，法官说是真的就是真的，说是假的就是假的，还有什么真实性可言？这难道还不叫唯心主义吗？实际上，这种观点是将自由心证理解为任意性，完全歪曲了这个理论。

自由心证或法官的内心确信，是指法官通过对证据的判断达到认定事实的过程。这里的“自由”并不是“任意”，绝对不是说一个法官可以“自由”（“任意”）地进行判断。说的是一个“自由的法官”所进行的判断。这是什么意思呢？就是说这个法官是独立的、自由的，是在不受法律外因素影响、不受外力干预的情况下，通过对各种证据的判断来认定事实。这就叫自由心证！

反之，什么叫不自由的法官？法官在判断证据时受到他人的影响，受到法律外因素的干预。例如，一个批示、一个条子、一个电话，还有大家所深恶痛绝的地方保护主义，在这种情况下，就是不自由的法官。

这种不自由的法官对案件事实的认定，不可能达到起码的真实，他不仅不可能客观、公正地进行证据判断，正确地认定事实，而且还会不正当地适用法律。这种不自由的法官作出的认定，对证据的判断,问题是非常大的。他可能在判断过程中,把有效的证据排除了,把无效的证据保留;把合法的证据排除了,把不合法的证据保留;把证据力高的证据排除了,把证据力低的证据保留。还有在对证据的内容意义的判断中,作出错误的理解和解释。

由此可见,法律理论上所说的自由心证,不是说法官可以自由地、任意地认定事实,而是指一个独立的、自由的、不受法律外因素影响的法官通过对证据的判断达到认定案件事实。当然,这样的法官还有其他方面的素质,他必须是忠于法律的,具有相当的法律素养,法官的人格、品格应当是高尚的。这些是自由心证的前提。一个忠于法律、有相当法律素养的人格高尚的法官,在不受外界影响、干预的情况下,通过对证据的判断达到认定事实。法谚云,"法官的人格和理性是正义的保障",就是这个意思。以上是关于事实认定的简要概括。

四、事实认定的方法

(一)举证责任的分配与转换

举证责任的分配和转换,是最重要的方法。谁主张谁举证,《民事诉讼法》上有规定,但举证责任分配不是法律规定的,而是由审判庭掌握的。《民事诉讼法》第 65 条第 2 款规定,"人民法院根据当事人的主张和案件审理情况,确定当事人应当提供的证据及其期限"。条文所谓"确定当事人应当提供的证据",就是分配举证责任。分配举证责任的根据，所谓“根据当事人的主张和案件审理情况”，包括证据资料在当事人之间的占有和分布情况。为什么要审判庭法官分配举证责任？因为不同的案件，当事人之间的证据资料和信息的占有和分布不相同。例如医疗损害案件，大量的证据资料保存在医院，患者手里甚至连病历本都没有。又如与银行、保险公司之间的诉讼案件，有关信息资料在银行、保险公司手里。因为各种案件，信息资料在当事人之间的分布是不平衡的，绝对不能硬性要求谁主张谁举证，必须由法庭根据本案需要认定的事实及有关证据资料和信息在当事人之间的占有、分布情况，以决定谁承担举证责任。

我这里举个简单的例子：是否已经付款这样的事实，举证责任应该由谁负担？应当由主张已经付款的一方承担举证责任。如果是现金付款，付款方手里有对方的收据；如果是通过银行付款，付款方手里有银行汇款的凭条。你不能将举证责任分配给收款方，收款方主张自己没有收到货款，他举不了证，因为证明付款的证据资料不在他的手里。主张已经付款的一方拿出了银行的汇款凭条，凭条上有付款金额、日期和收款方的账号，账号的中间几个数字打了叉叉。如果被告承认收到了这笔汇款，法庭即可认定这笔货款确已支付的事实，认定的证据有两个：一个证据是原告举出的银行汇款凭条；另一个证据是对方（被告）的自认。假如对方（被告）看到原告举出的银行汇款凭条，仍然不认可收到这笔借款，坚持说没有收到,或者说收到的不是该笔借款,即被告对于(原告举出的)银行转款汇款凭条主张异议,法庭当然要求异议方(被告)对自己的异议承担举证责任。于是证明是否已经付款这个事实的举证责任,就由原告方(付款方)转移到被告方,这就叫举证责任的转换。①

如何认定是否交货的事实,因主张交货一方手里有对方出具的收货凭证,因此应当将举证责任分配给主张交货的一方。他将对方出具的收货凭证作为证据提交法庭,即完成了自己的举证责任。如果对方不予认可(主张异议),对方说上面签名的人不是其单位的。现实中确有这样的当事人,硬说签名的人不是其单位的人,坚持否认收到货物的事实。法庭应当责令异议方就自己的异议举证。有的法官不懂得举证责任转换,仍说原告(主张交货方)举证不充分。有这样的案件:原告(供货方)说己方(所交)的灯具现在都安装在被告承建的大桥上,但法庭认为举证不够。直到原告到千里之外的农村找到在收货凭证上签名的、当时为被告方承建的大桥安装灯具的农民工,法庭才认定交货的事实。其实,原告举出收货凭证,法庭就应当认为其举证责任已经完成。被告方对

① 鉴于现行金融管理制度规定大额金钱支付必须通过银行汇付、禁止现金支付,凡是按照规定必须通过银行汇付的金钱支付,应当要求主张付款方提交银行汇款凭条作为证据;主张付款方仅提出收款方签名的收条(收据)而收款方对此不予认可(主张并未实际收到该金额)的,法庭应当要求主张付款方提交银行汇款凭条,而不能仅凭主张付款方提交的(收款方签名的)该收条认定付款事实。

该收货凭证主张异议,法庭应当责令被告对此承担举证责任,要求被告举证证明收货凭证上签名的人既不是被告单位的员工也不是被告方委托(或者雇用)的在大桥上安装灯具的人。概言之,法庭通过分配举证责任和转换举证责任,以达成查明事实、认定事实的目的。举证责任分配和举证责任转换,是法庭认定事实最重要、最基本的方法。

(二)经验法则

"经验法则"是境外教科书上的术语,我国最高人民法院采用的对应术语,叫"日常生活经验推定"。日常生活经验推定,就是经验法则。亦即按照日常生活经验,从已知某项事实,推定另一项事实的存在。例如,早起推开窗户见地面有水,便知道晚上下过雨。地面有水是亲见的事实,晚上是否下雨我们没有亲见,是按照日常生活经验推定的事实。裁判实践中,法庭依据经验法则认定(不要求当事人举证)的是两类事实。

第一类是显而易见的事实。就像看见地面有雨水就知道晚上下过雨一样,无须当事人举证,而由法庭依据日常生活经验直接认定。过去发生了好些案件,如剖腹产过程中将手术钳留在产妇腹腔内;误将患者好的肾脏切除,坏的肾脏却留下了;做阴茎包皮切除手术将系带切断了;心脏起搏器导线断了,残端留在心脏里面;等等。这些案件还需要举证证明医院、医务人员有过错吗？存在过错是显而易见的。法庭不应当要求原告举证,也不应允许被告反证,而应当依据日常生活经验认定被告具有过错。

第二类是难以举证的事实,如精神损害事实。精神的恐惧、生理的痛苦,是难以举证的。应当由法庭依据日常生活经验认定。20 世纪 80 年代北京的法院审理过一个 17 岁的少女和家人吃火锅,因燃具爆炸造成毁容的案件。法院判决被告支付一笔精神损害赔偿金。判决书上说这样的伤害(毁容),给受害人造成严重的生理和精神痛苦。法庭并没有要求当事人举证,就这样作了认定。我在别的讲座中讲过我国台湾地区法院判的消费者吃冰激凌咬到玻璃碎片的案件,判决书认定原告口腔遭受的损害(伤口大小、约需多少天才能痊愈)是依据医院出具的证据,而认定因此给原告造成的精神痛苦和恐惧(担心玻璃碎片划破肠子、脏器而须开刀取出,因此吃不下饭、睡不好觉),并未依据什么证据,而是根据经验法则直接认定。精神损害、精神恐惧、精神和生理痛苦,是很难举证证明的,法庭应当根据日常生活经验(经验法则)直接认定。

(三)过错推定

鉴于我国《民法典》合同编采用严格责任原则,故仅在侵权责任案件中需要认定是否存在过错。《民法典》侵权责任编在规定过错责任原则的同时,为了减轻原告举证负担和举证困难,对于若干案型明文规定了过错推定。例如,关于动物伤害的第 1245 条,关于建筑物上面的砖瓦脱落致人损害的第 1253 条,关于堆放物倒塌致人损害的第 1255 条,等等。法律直接规定为过错推定的案型，法庭不要求受害人（原告）举证证明加害人（被告）有过错，而是依法推定加害人（被告）有过错，同时允许被告举证证明自己没有过错。这实际上是举证责任倒置。如果被告举出反证证明了自己无过错，过错推定即被被告的反证推翻，因此法庭应当认定被告不具有过错；反之，如果被告举不出反证或者举出的反证不足以证明自己无过错，法庭即应认定被告具有过错。

（四）过错客观化

关于实行过错责任原则的案型，立法上为了减轻受害人（原告）举证证明加害人（被告）过错的困难和负担，除规定采用过错推定方法之外，还规定了过错客观化的方法。《民法典》仅对医疗损害案件采用过错客观化方法。鉴于医疗和医疗损害的特殊性，患者很难举证证明医院和医务人员有过错。怎么认定医院有过错？在原《侵权责任法》（已失效）制定之前，《最高人民法院关于民事诉讼证据的若干规定》曾经规定举证责任倒置，要求医院举证证明自己无过错。原《侵权责任法》制定的时候，考虑到医疗和医疗损害案件的特殊性，不仅患者难以证明医院、医生有过错，而且在好多情形，医院、医生也难以证明自己没有过错。因此关于医疗损害案型，原《侵权责任法》没有采用举证责任倒置（推定）方法，而是采用了过错客观化方法。

什么叫过错客观化方法？即立法针对具体案型明文规定判断过错的（客观）标准，符合此判断标准，法庭即认定医院方面存在过错。《民法典》侵权责任编第 1219 条规定,医院没有得到患者近亲属的明确同意,就动手术(如果治好了不会有问题,如果治坏了),未取得明确同意就是具有过错。第 1221 条规定,未履行与当时的医疗水平相应的诊疗义务,就是过错。例如注射青霉素,按照与现今的医疗水平相应的诊疗义务,必须先做皮试,医生没有做皮试,就把青霉素推进去导致患者休克乃至死亡,没有先做皮试就是过错。使用过敏的药物会损害肾脏,与现今医疗水平相应的诊疗义务是先要对患者进行询问和告知。医生没有事先询问、告知就用药造成患者肾脏损害,没有事先询问和告知就是过错。这样的案型,与当时的医疗水平相应的诊疗义务是什么,具有一般生活经验的人都知道,无须向专家咨询。但有一些比较特殊的案件,与当时的医疗水平相应的诊疗义务是什么,必须向专家咨询才知道。

有这样的案件:交通事故造成伤者腹腔内大出血,送到医院急诊室,急诊大夫立即决定动手术,很快办完各种手续,将患者送至手术室进行手术。这个时候出了意外,前一台手术超过预定时间、没有完成,医务人员就把伤者丢在手术室门外的走廊上,半小时后伤者因腹部大出血而死去。在本案这种(前一台手术未完成)特殊情况下,当时的诊疗水平所要求的诊疗义务是什么,法官不知道、一般人也不知道。法庭应当咨询权威的胸外科专家,如北京 301 医院胸外科大夫。胸外科大夫会告诉你,遇到这种情况应该怎么办——就在走廊上由具有一定专业知识和经验的医生实施激光微创手术,用激光手术刀将腹腔内出血的血管扎住,使之不再出血就行了。这样过一个小时、两个小时,伤者都不至于有生命危险。法庭经咨询知道了与当时医疗水平相应的诊疗义务,以之作为判断标准,而本案被告未履行这样的诊疗义务,因此认定其具有过错。这就叫过错客观化。

顺便指出,根据《民法典》侵权责任编第 1222 条的规定,有违反法律、法规、规章等有关诊疗的规定,隐匿或者拒绝提供病历资料,遗失、伪造、隐藏、篡改病历等三项情形之一的,法庭就应当认定被告(医院)具有过错。不可拘泥于条文"推定"一语,而误认为本条属于过错推定。这里的"推定"属于不允许以反证推翻的推定,相当于"视为"。故本条也属于过错客观化的规定。

(五)"善意"的推定

民法所谓"善意"是指"不知道",所谓"恶意"是指"知道或者应当知道"。按照社会生活经验,"不知道"是难以通过证据加以证明的,而"知道"则是可以通过举证加以证明的。因此,诉讼中法庭不要求主张自己属于善意的当事人举证证明自己属于善意,而直接"推定"其为善意。例如,法庭判断法定代表人超越权限订立的担保合同是否有效,受担保的债权人(原告)主张自己属于善意相对人,法庭即应推定其为善意相对人而不要求其举证证明自己属于善意。这种情形,如担保人(被告)对此提出异议(主张原告属于恶意相对人),法庭即应责令其对此承担举证责任(证明原告于订立担保合同时知道或者应当知道担保人的法定代表人超越权限)。假如担保人(被告)举出证据证明原告订立担保合同时知道或者应当知道被告的法定代表人超越权限,则法庭对原告的善意推定被被告的反证推翻,法庭应当认定原告属于恶意相对人,并确认担保合同无效;假如被告不能举证或者举出的证据不足以证明原告订立担保合同时知道或者应当知道被告的法定代表人超越权限,则法庭即依据善意推定规则认定原告属于善意相对人,并确认担保合同有效。

顺便指出,按照"谁主张,谁举证"的一般原则,应当由主张者举证证明自己所主张的事实之存在,如主张不可抗力、时效期间经过、存在某种习惯等,均应当由主张者承担举证责任。唯有主张自己属于"善意"(善意相对人、善意第三人)为例外,法庭不要求主张者对于自己属于善意承担举证责任,而采用"善意推定"的法理规则。[①]《民法典》关于善意相对人的规定,见第 61 条第 3 款、第 65 条、第 85 条、第 170 条第 2 款、第 171 条第 3 款;关于善意第三人的规定,见第 545 条第 2 款。

(六)产品质量的"视为合格"

如何认定产品的质量合格不合格?如买受人以产品质量不合格起诉出卖人的案件。遇到这类质量纠纷案件,我们往往想到质

① "善意推定"是大陆法系各国民法所公认的法理规则。明文规定"善意推定"的立法例,仅见于《瑞士民法典》第 3 条:"(1)法律规定某种法律效果以善意为要件者,应推定其为善意;(2)未尽依该情形应有之注意者,不得援用善意推定。"

量鉴定。但质量鉴定不能解决一切质量纠纷案件。例如,木地板安装使用好多年之后,很难鉴定合格不合格。特别值得注意的是,裁判实践中以质量不合格为由提起的案件或者抗辩,不见得都是质量有问题,许多情形是原告自己违约,他付不出价款,而以质量不合格作为诉由或者抗辩理由,以达到赖账的目的。因此立法上有一项非常重要的制度,叫"视为质量合格"。这个制度规定在《民法典》合同编第621条。如果买卖合同约定了检验期,买受人应当在检验期间进行检验并向出卖人发出质量异议通知,检验期间内买受人没有向出卖人发出质量异议通知,或者在质量检验期间届满后才向出卖人发出质量异议通知的,法律规定"视为质量合格";如果合同未约定检验期间,买受人应当在接受产品后的合理期间内进行检验并发出质量异议通知,自收到标的物之日起两年内未发出质量异议通知的,法律规定"视为质量合格"。因此,法庭审理质量纠纷案件,必须先审查合同是否约定检验期间及买受人是否在检验期间内(未约定检验期间的在两年内)发出质量异议通知,未在检验期间内或者两年内发出质量异议通知的,一律依据法律规定视为质量合格。

"视为"和"推定",是两个重要的技术性概念。"推定"是允许相对方以相反的证据加以推翻的(《民法典》第1222条是其例外);"视为"是不允许相对方以反证予以推翻的,"视为"就是法律直接认定。

（七）认定职务行为的“外观理论”

下面讲职务行为（范围和权限）如何认定。《民法典》总则编第62条规定，法定代表人执行职务造成他人损害的，由法人承担责任。这就是法定代表人的侵权行为。如何判断法定代表人造成他人损害的行为，是否属于“因执行职务”所为？应当按照民法所谓“外观理论”的法理进行判断。按照“外观理论”的法理，所谓“执行职务”，不仅指法定代表人执行法人章程所规定或法人权力机构所委托之职务，以及执行该职务所必需之行为，还应包括职务上予以机会之行为，以及与执行职务之时间和处所有密切关系之行为，而在客观上足以使一般人认为与其执行职务有关者，即使该行为实际上是为行为人（法定代表人）自己的利益、非为法人的利益，亦无不同。[①]

举一个简单的例子：公司董事长平常总是自己驾车上班甚至到市里开会，一般人只要看见该董事长的车就会认为是“执行职务”。假如某天该董事长驾车发生交通事故致人受伤，法庭即应按照一般人的认识认定该损害是“因执行职务”所致，而不去调查他

① 日本大审院昭和十五年（1940年）5月10日有关Y信用金库职员A本无制作承认书的权限却发行了在定期存款上设定质权的承认书案件的判决（判决全集7辑第699页）最先采用“外观理论”：“被使用者的行为在外观上与执行职务具有同一外观时，不论被使用者是否是为自己而为之，对此造成（他人）损害的，不妨碍认定为执行职务给第三人造成的损失。”参见［日］圆谷峻：《判例形成的日本新侵权行为法》，赵莉译，法律出版社2008年版，第290页。

那天开车出行究竟是不是为了执行职务,并且不采纳法人提出的证明该董事长系驾车办私事(如送家人到机场)而发生事故的证据,因此判决由法人承担侵权责任。这就是所谓“外观理论”。

我国台湾地区“最高法院”最先采用“外观理论”的判决,是2007 年台上字第 2532 号判决。“所谓执行职务,不仅指法人章程规定或者法人机关委托之职务,及其执行行为,还应包括职务上予以机会之行为,及与执行职务的时间、处所有密切关系之行为,而在客观上足以使一般人认为与其执行职务有关者,即使该行为实际上是为行为人(代表人)自己的利益、非为法人的利益,亦无不可。”①

须注意“外观理论”也有其限制。假如该次事故不是发生在董事长通常驾车上下班的途中,也不是发生在通常驾车到市里甚至省里开会的途中,而是发生在去张家界、武夷山等旅游景区的途中,就不能依据“外观理论”认定为“因执行职务”所致损害。补充一点,所谓“外观理论”的法理,不仅是判断法定代表人的侵权行为是否系“因执行职务”的标准,亦是判断用人单位工作人员的侵权行为是否系“因执行工作任务”的标准(《民法典》侵权责任编第1191 条)。

① 陈忠五编:《民法》,台北,新学林出版股份有限公司 2008 年版,第 120 页。

五、法官如何处理法律问题

(一)法律适用

先讲法律适用之所谓“法律”。此所谓“法律”,不限于全国人大及其常委会制定的法律,还应该包括国务院依据行政立法权制定的行政法规,但不包括地方性法规和规章(部门规章及地方人民政府规章)。这样理解还不够,还应当注意法律规定(条文)的类型区分。

法律、行政法规的规定(条文)分为五种类型:(1)“原则性规定”,如《民法典》总则编第3～9条关于民法基本原则的规定、第11条关于法律适用原则的规定、第130条关于权利自由行使原则的规定、第132条关于禁止权利滥用原则的规定;(2)“概括性规定”,如《民法典》总则编第60条关于法人独立承担责任的规定、第104条关于非法人组织的出资人或者设立人承担无限责任的规定、第111条关于个人信息受法律保护的规定、第109条关于一般人格权的规定、第143条关于民事法律行为有效要件的规定,物权编第209条关于不动产物权登记生效主义的规定、第214条不动产物权变动生效时间的规定、第311条关于善意取得制度的规定等;(3)“定义性规定”,如《民法典》总则编第57条关于法人定义的规定、第76条关于营利法人定义的规定、第87条关于非营利法人定义的规定、第114条关于物权定义的规定、第115条关于物的定义的规定、第133条关于民事法律行为定义的规定等;(4)“辅助性规定”，如《民法典》总则编第 15 条关于出生时间、死亡时间认定的规定、第 64 条关于申请变更登记的规定，第十章关于期间计算的规定，以及物权编关于不动产登记的规定（第 210～212 条，第 216～221 条）等；（5）“法律具体规定”，即关于民事法律行为成立、不成立、生效、不生效、可撤销、解除的规定，以及关于民事主体享有权利、承担义务和责任的规定。

“法律适用”之所谓“法律”，非指法律、行政法规的一切规定（条文），而仅指其中可以作为裁判依据的法律规定（条文），即“裁判规范”，主要是：第（5）类“法律具体规定”、第（1）类“原则性规定”中的诚信原则（第 7 条）和禁止权利滥用原则（第 132 条）；[①]第（2）类“概括性规定”，如关于非法人组织的出资人或者设立人承担无限责任的规定（第 104 条）、关于一般人格权的规定（第 109 条）、关于个人信息受法律保护的规定（第 111 条）、关于民事法律行为有效要件的规定（第 143 条），以及物权编关于不动产物权登记生效主义的规定（第 209 条、第 214 条）、关于善意取得制度的规定（第 311 条）等。此外的法律规定，如除诚信原则和禁止权利滥用原则之外的基本原则规定、定义性规定和辅助性规定，均不具有

① 按照民法原理和外国立法例，公序良俗原则亦可作为裁判依据，但因《民法典》专设第 153 条第 2 款规定“违背公序良俗的民事法律行为无效”，故法庭以“违背公序良俗”为由认定民事法律行为（合同）无效，应当依据第 153 条第 2 款关于“违背公序良俗的民事法律行为无效”的规定，而不得依据第 8 条关于公序良俗原则的规定。

裁判规范的性质，不能作为裁判的根据（非法律适用之所谓“法律”）。[①]

再讲法律适用之所谓“适用”。此所谓“适用”，是指法官用某个法律规范作为裁判本案的法律根据并据以作出本案判决（的操作）。民法解释学上相对应的概念叫“涵摄”（subsumieren），即将本案事实“涵摄”于既有法律规范之下以得出本案判决。易言之，即以某个法律规范作为大前提，以本案事实作为小前提，依形式逻辑推理得出本案判决（见前文“法官裁判的逻辑”）。

法律适用有三种：一是狭义的法律适用，即前文所谓“涵摄”，将本案事实“涵摄”于某个法律规范之下。因本案事实本在该法律规范适用范围之内，法官理当用该法律规范裁判其适用范围之内的本案。这是最常见的法律适用。二是“参照适用”（我国台湾地区及大陆法系称为“准用”），即立法者明示授权法官用某个法律规范裁判本不在其适用范围（甚至立法目的范围）之内的（与其适用范围内的案件相）类似案件。例如，《民法典》合同编第464条第2款规定，有关身份关系的协议，可以根据其性质“参照适用本编规定”。三是类推适用，指在没有立法者授权的情形，法官用某个法律规范裁判本不在其适用范围（甚至立法目的范围）之内的（与其适用范围内的案件相）类似案件。换言之，本案在法律上

① 广义的法律适用还应当包括没有法律规定的情形适用习惯、司法解释、指导性案例、法理。这里省略不谈。

没有规定,也不能从习惯、司法解释或者指导性案例中获得裁判依据时,基于法官不得以缺乏法律根据为由拒绝裁判案件的原则(原理),从现行法律中找到其适用范围内案型与本案具有类似性的法律规范,即用该法律规范作为裁判本案的法律依据。[①]

现在回过头来讲狭义法律适用,此为裁判实务中最常见的法律适用,简称"法律适用"或者"适用"。鉴于裁判实务的通常情形,法庭审理的案件在现行法上往往有不止一个法律规范,法庭选择适用其中哪一个法律规范,须遵循一定的法律适用规则。《民法典》总则编第 11 条规定的特别法优先适用原则,是选择适用法律规范的最常用的规则。但须特别注意,法律适用的规则并非仅仅一个特别法优先适用原则。特别法优先适用原则,只是两个或者多个法律规范相互之间存在一般与特殊的逻辑关系情形的适用规则。不存在一般与特殊的逻辑关系的情形,当然有别的法律适用规则。下面讲法律适用的规则,实务中也称为选用法律规范的原则。

1. 特别法优先适用原则

所谓特别法优先适用原则,指法庭审理的案件(待决案件)在法律上有两个(或两个以上)法律规范的情形,如果该两个(或两

① 例如,上海一中院 2016 终字 4642 号民事判决,就民办学校举办者的知情权,类推适用《公司法》第 33 条关于股东知情权的规定。

个以上)法律规范之间存在一般与特殊的逻辑关系,则应当优先适用属于特殊规则的法律规范,而不适用属于一般规则的法律规范。属于一般规则的法律规范,称为“一般法”;属于特殊规则的法律规范,称为“特别法”。在法律适用上,以特别法优先于一般法适用为原则。即对于待决案件有特别法时,应适用特别法,而不适用一般法;只在无特别法时才适用一般法,一般法起补充特别法的作用。

一般法与特别法的划分有多种标准。以适用之地域划分,则适用于一切地域的法律为一般法,而仅适用于特定地域的法律为特别法。如《民法典》继承编的规定为一般法,而民族自治地方关于继承的特殊规定为特别法。以所适用之主体划分,则适用于一切民事主体的法律规定为一般法,而仅适用于特殊主体的规定为特别法。如《民法典》侵权责任编关于产品责任的规定为一般法,而《食品安全法》第九章关于食品生产经营者、食品检验机构等特别主体侵权责任的规定为特别法。以法律规定的事项为标准,则关于一般民事关系的规定为一般法,而关于特殊民事关系的规定为特别法。如《民法典》总则编为一般法,《票据法》《海商法》为特别法。但须注意,一般法与特别法的关系是相对的。例如,《保险法》关于保险合同的规定,相对于《民法典》合同编通则的规定而言,是特别法;但相对于仅规定海上运输保险合同的《海商法》而言,《保险法》规定一切保险合同关系,又属于一般法,而《海商法》关于海上运输保险合同的规定为特别法。补充一点,不可拘泥于

"其他法律"一语,误认为此项原则仅处理两个法律("本法"与"其他法律")之间的适用关系,而应当将"其他法律"理解为"其他法律规范",与此相应将"本法"理解为"本法规定的法律规范"。

概言之,特别法优先适用原则,系基于待决案件在两个法律规范的适用范围之内,而两个法律规范相互之间构成一般法与特别法的逻辑关系。

裁判实务中依特别法优先适用原则选择待决案件所应当适用的法律规范,应当遵循下面的具体规则:其一,《民法典》与《民法典》之外的民事单行法对于待决案件均有规定,《民法典》的规定为一般法,单行法的规定为特别法,应当优先适用单行法的规定。其二,《民法典》(或者别的法律)的总则和分则对于待决案件均有规定,总则的规定为一般法,分则的规定为特别法,应当优先适用分则的规定。其三,法律之中两个法律条文对于待决案件均有规定,如该两个法律条文相互之间构成一般法与特别法的逻辑关系,则应当优先适用属于特别法的法律条文。其四,(规定待决案件的一个)法律条文包含两款(及以上)规定,如果前款规定与后款规定之间构成一般法与特别法的逻辑关系,则应当优先适用后款规定。但须注意一个法律条文的两款之间不构成一般法与特别法的逻辑关系(如构成并立关系)的情形不少。其五,规定待决案件的法律条文仅一款而可分为"前段""后段",则"前段"为一般法(一般规定),"后段"为特别法(特别规定),应当优先适用"后段"规定。其六,规定待决案件的法律条文末句(或句末)为“但书”规定,则“但书”规定之前为一般法(原则规定),“但书”规定为特别法(例外规定),应当优先适用“但书”规定。

2. 请求权竞合情形的法律适用

现代民法所谓“请求权竞合”,指侵权责任请求权与违约责任请求权的竞合。即法律明文规定,于待决案件事实既符合侵权责任的构成要件,又符合违约责任的构成要件时,发生侵权责任请求权与违约责任请求权的竞合,当事人可以选择依据《民法典》合同编行使违约责任请求权,或者依据侵权责任编行使侵权责任请求权。

《民法典》第 186 条规定:“因当事人一方的违约行为,损害对方人身权益、财产权益的,受损害方有权选择请求其承担违约责任或者侵权责任。”按照此规定,原告(受损害方)请求被告承担损害赔偿的案件,究竟适用侵权责任编(侵权责任)的规范还是适用合同编(违约责任)的规范,应当由原告选择决定,原告起诉状未明确选择的,法庭应当予以释明,告知其在侵权责任规范与违约责任规范之间选择其一。经法庭释明后原告仍然不作选择的,应当驳回起诉。须注意,属于请求权竞合情形的待决案件,原告一旦作出选择(选择侵权责任规范或者违约责任规范),无论是否获得胜诉判决,均不得再依据另一法律规范起诉。换言之,请求权竞合情形,如原告选择侵权责任请求权,则违约责任请求权归于消灭;反之,相同。

3. 规范重合情形的法律适用

所谓“规范重合”,指待决案件事实符合两个或者多个法律规范的适用范围,而该两个或者多个法律规范之间不存在一般法与特别法的逻辑关系,也不构成权利竞合关系。“规范重合”情形,在民法上很常见。例如,购买的标的物属于赝品的情形,符合瑕疵担保责任法律规范(《民法典》第 582 条)、欺诈的撤销权规范(《民法典》第 148 条)、重大误解的撤销权规范(《民法典》第 147 条)、产品瑕疵不能实现合同目的的法定解除权规范(《民法典》第 610 条)等的适用范围,而这些法律规范之间既不具有一般法与特别法的逻辑关系,也不构成权利竞合关系,而属于“规范重合”。

须注意,规范重合情形的法律适用规则是:原告可选择其中任一法律规范作为起诉的法律依据,如果获得法院支持(获得胜诉判决),当然不得再依据(构成规范重合的)别的法律规范另案起诉;但如果未获得法院支持(未获得胜诉判决),则尚可依据(构成规范重合的)另一法律规范另案起诉。前面的例子,买受人如依据《民法典》第 582 条起诉追究出卖人瑕疵担保责任未获得法院支持,尚可依据第 148 条关于欺诈的规定起诉请求撤销买卖合同;如欺诈的撤销权行使之诉仍未获得法院支持,则不妨再依据第 147 条关于重大误解的规定提起撤销权行使之诉;如果仍然未获得法院支持,则还可以依据第 610 条关于产品瑕疵不能实现合同目的的规定提起法定解除权行使之诉。

(二)法律适用的前提:找法

现在讲法官如何处理法律问题。法官裁判案件,查清事实之后,就要进入第二个问题,即法律问题。什么时候处理法律问题?我们每个同志在日常审理案件当中,在查明案件事实之后,马上就搬出最高人民法院编的审判手册,有民事审判手册、房地产审判手册,还有中华人民共和国法律大全,干什么?就是要找本案应当适用哪一个条文。通过查审判手册,翻法规大全,查一查关于本案在法律上有没有规定,查一查法律上哪一个条文适用于裁判本案。

这个活动在法解释学上用一个很形象的词表示,就叫"找法"。其含义是要从现行法上找到一个法律条文,用来裁判当前的案件。前面说到裁判案件的逻辑过程,要有一个法律规则作为逻辑推论的大前提,即在案件事实认定以后,要寻找用来裁判本案的这个法律规则。平常说以事实为根据、以法律为准绳,现在就是要找到这个"准绳"。就如裁缝师傅量体裁衣一样,他用尺子,那个尺子不就是"准绳"吗?他的尺子是挂在肩膀上的,随时就这么一量。法官裁判案件呢,他那个"尺子"没有挂在肩膀上,到哪里去找?要到法规大全、审判手册中去找。道理完全一样,他找的法律条文不就是一把"尺子"吗?这就叫"找法"。法官处理法律问题是从找法开始。"找法"一词非常形象,就是从现行的法律规则中找到可以用来裁判本案的那一个法律规则,即用来进行逻辑推论的那个大前提。这个工作叫"找法"。

（三）找法的结果：三种可能性

找法的结果，有三种可能性：一是有；二是无；三是不确定概念。第一种是“有”。一翻审判工作手册，或者法规大全，一下就翻到了，《民法典》或者民事单行法有关于本案的规定，有适用于裁判本案的法律规则，这是第一种可能性。第二种是“无”，即法官翻遍了审判手册和法规大全，也找不到关于本案的规定，没有适用于裁判本案的法律规则。因为现实生活千奇百怪，发生了一些案件，法官翻遍了法规大全，翻遍了审判手册也找不到关于本案的规定，没有适于裁判本案的法律规则，不仅现行法上没有规定，甚至连最高人民法院的批复、解答之类也没有，这是第二种可能性。第三种是“不确定概念”。现在先讲第三种可能性。

不确定概念。法官找法的结果，关于本案并不是没有法律规定，法律规定还是有的，但是那个法律规定属于不确定的概念。什么叫不确定概念？我们可以先举关于“显失公平”的规定为例。《民法典》总则编第 151 条规定，“一方利用对方处于危困状态、缺乏判断能力等情形，致使民事法律行为成立时显失公平的，受损害方有权请求人民法院或者仲裁机构予以撤销”。问题是，显失公平有没有一个客观的判断标准？显失公平有没有构成要件？没有。既然没有一个客观的判断标准，也没有明确的构成要件，那本案事实是不是“显失公平”呢？是不是应当适用关于显失公平的规定呢？

案件审理中，一方当事人说已构成“显失公平”，另一方当事人说不构成“显失公平”。那究竟什么是显失公平？100 元买的东西再以 150 元卖出，叫不叫显失公平？卖了 200 元叫不叫显失公平？现在报纸上经常看到类似这样的报道：一双皮鞋，标价 27 元，没人买；老板在“27”后面增加一个“0”，变成 270 元，很快鞋就被别人买走了。这个买主最后能不能到法院起诉，主张依据关于显失公平的规定撤销合同呢？有一些标价几百元的商品没人买，把标价改成几千元、几万元，却卖掉了。市场交易非常复杂，如果发生了这种案件，法官能不能直接判定本案已构成显失公平，或者不构成显失公平？

问题是，显失公平这个法律概念不可能有一个确定的标准，不可能为显失公平规定明确的构成要件。它属于没有客观的、确定的判断标准的概念。关键在于公平有没有标准？公平这个概念人人挂在嘴上，究竟什么叫公平，什么叫不公平，什么叫显失公平？能不能确定一个判断标准或者构成要件？不能。这样的概念，就叫不确定概念。

又如“合理期限”，法律上常见这样的规定。《民法典》合同编第 563 条第 1 款第 3 项规定，当事人一方迟延履行主要债务，经催告后“在合理期限内仍未履行”的，对方当事人有解除权。第 590 条规定，当事人一方因不可抗力不能履行合同的，应当及时通知对方，并“应当在合理期限内提供证明”。什么叫“合理期限”？合理期限究竟是多长？是 1 个月、2 个月，还是 1 周、2 周？它也属于不确定概念。

再如“正当理由”。《民法典》合同编第 570 条规定，“债权人无正当理由拒绝受领”的，债务人可以将标的物提存。什么叫“正当理由”？什么叫“不正当理由”？并没有明确的标准。还有“不合理的危险”。《产品质量法》第46条前半句规定，“本法所称缺陷，是指产品存在危及人身、他人财产安全的不合理的危险”。本条是用一个不确定概念“不合理的危险”来定义缺陷的概念。几乎可以说，这等于没有定义，和没有定义差别不大。它用“不合理的危险”概念来定义“缺陷”概念。什么叫“不合理的危险”？什么叫“合理的危险”？哪里有什么标准！

现在发生了一个案件：游泳池旁边地面很滑，有人一下子摔倒了，骨头断了，花了几千块钱，到法院起诉，要求赔偿。法院认为，走在路上摔跤，如果不危险的话，一般是不会发生的，特别是游泳池边上的地，如果加上点雪，更容易摔跤。问题是，这个危险是合理的，还是不合理的？法官如果不说本案原告在被告的游泳池边摔跤那个危险是合理的危险还是不合理的危险，就没法判决。

还有爆竹炸伤眼睛的案件：小孩放鞭炮，眼睛被炸瞎了，受害人到法院去起诉，要求生产厂家赔偿。现在的问题是，鞭炮点燃了，如果不爆炸，那谁买这个鞭炮？鞭炮本身就是要炸的，不就是要听这个响吗？但是要听这个响，那就有危险，就会炸伤人，鞭炮本身是有危险的。问题是这个危险属于合理的危险还是不合理的危险。发生了这种案件，法官不表态怎么行呢？

例如，中国生产的鞭炮20世纪80年代在外国发生炸伤人的案件,受害人起诉要求赔偿,就涉及这个问题。鞭炮如果一点危险也没有,装的炸药少点,一点不响,就没人买了。要炸得响,炸药就要填得多一点,这样就有危险,危险的合理与不合理并没有明确的标准,很难把握。

还有一个案件:一个人喝酒醉死了,他妻子和孩子向法院起诉,要求追究生产厂家的侵权责任,理由是酒具有不合理的危险。对这类法律规定,法官如果不结合本案事实表态,公平还是不公平,已构成显失公平或者不构成显失公平,他就没法判决;他如果不说明本案的这种情况是否超过了合理的期限,就无法判决;他不说本案的事实属于正当理由或者不属于正当理由,他不表态,判决就下不了;他不说本案的危险是合理的还是不合理的,他就没法判决。可见,如果法官找到了法律规则,属于这类不确定概念,法官就非得结合本案事实表态不可,这类表态就是结合本案事实对不确定概念加以具体化。这样的工作,在法学方法论上称为不确定概念的价值补充。

北京发生过这样一个案件:日本丰田汽车公司生产的一种汽车,在驾驶员和方向盘之间有一个安全保险装置,一遇到紧急刹车,该装置就启动充气,变成一个大气囊,一下子把驾驶员牢牢地固定在座位上,这样即使发生剧烈的碰撞、翻车,驾驶员也不会受伤。当时这种汽车价格当然很高,北京有一个老板进口了一辆这样的汽车,有一天该老板驾车行驶在清华大学南面的公路上,时速六七十公里,忽然一下撞到了清华大学的石墙上,把石墙撞了一个大洞,汽车的车身进去了1/3,这个老板一下撞到方向盘上,伤得比较奇怪,把鼻子撞伤了。最后医院作出了鉴定:嗅觉丧失。这种伤害对他来说太遗憾了,今后吃什么山珍海味,都闻不到香味,这个损害多严重!他于是起诉丰田汽车公司要求赔偿。

在查明事实之后,法官就应该表态:本案汽车以六七十公里的时速撞到一堵石墙上,把石墙撞了一个3米的大洞,在这种情况下,汽车安全保险装置居然没有发挥作用,显然已经构成不合理的危险。法官如果不说这样一句,他怎么判决?法官审理这个案件,说明本案的事实已经构成不合理的危险或者没有构成不合理的危险,这个表态就是对不确定概念的具体化,即不确定概念的价值补充。

现在回过头来讲第一种可能性——找法的结果有法律规定。在多数情况下,它不只有一个法律规定,而是有多个法律规定。例如,《民法典》总则编有规定,合同编也有规定,某个民事特别法还有规定。对于同一个事实,法律上往往有若干个规定。

以人身伤害的损害赔偿为例,《民法典》侵权责任编第1179条有规定,《消费者权益保护法》第49条*也有规定,《产品质量法》

---

* 1993年颁布的《消费者权益保护法》第41条已于2013年作出修改,原来的第41、42条被合并为第49条,内容修改为:"经营者提供商品或者服务,造成消费者或者其他受害人人身伤害的,应当赔偿医疗费、护理费、交通费等为治疗和康复支出的合理费用,以及因误工减少的收入。造成残疾的,还应当赔偿残疾生活辅助具费和残疾赔偿金。造成死亡的,还应当赔偿丧葬费和死亡赔偿金。"

第44条还有规定。关于人身伤害的损害赔偿,就找到三个法律规定,法官一下子把这三个规定都引在判决书上面,说“根据《民法典》侵权责任法编第1179条、《消费者权益保护法》第49条、《产品质量法》第44条判决如下”,可不可以呢?如果这三个规定内容完全一致,那当然不是不可以。但问题是,它们规定的内容不一致。这就有一个问题,如果把三个规定都引用在判决书上,别人就要挑毛病了,三个规定并不一致,作为判决本案的准绳,法官究竟依据的是哪一条?所以法官在多个法律规定之中最后必须选一个。多个规定是矛盾的、冲突的,只能选择一个。这个工作并不容易,必须遵循民法适用的原则。也就是说,在有几个法律规定的情况下,应以哪一个为准,应适用哪一个条文,应当按照民法适用的原则来处理。

如果两个规定一个属于普通法规定,一个属于特别法规定,那就优先适用特别法的规定,这叫特别法优先于普通法的适用原则;如果两个规定,一个是强行性规定,另一个是任意性规定,则应优先适用强行性规定,这叫强行法优先于任意法的适用原则;如果两个规定,一个是一般规定,另一个是例外的规定(如说某某除外或者某某不在此限),则应优先适用例外规定,这叫例外规定排除一般规定的适用原则;如果一个属于原则性条文,一个属于具体规定,则应优先适用具体规定,只在无具体规定时才能适用原则性条文(如诚实信用原则)。当找法的结果有多个法律规定时,法官应按照这些原则,即民法适用的原则,从多个规定中选择其中一个来裁判本案(见“法律适用”部分)。

例如,前面说到的啤酒瓶爆炸伤人的案件,属于人身损害赔偿,法官找到《民法典》侵权责任编第 1179 条、《消费者权益保护法》第 49 条这两个条文,究竟应该用哪一条呢? 法官在判决书上讲了这样一段话:关于本案的法律适用,人身损害赔偿问题在《民法典》侵权责任编第 1179 条、《消费者权益保护法》第 49 条有规定,但是根据本案的事实,原告是消费者,他作为消费者在饮用啤酒时,啤酒瓶自动爆炸造成人身伤害,因此依据法律适用原则中的特别法优先于一般法的原则(《民法典》总则编第 11 条),本案应当适用《消费者权益保护法》第 49 条,而不适用《民法典》侵权责任编第 1179 条。法官在此案中,关于法律适用讲了这段话,就是从多个规定中选择一个规定,因为本案事实是消费者在使用产品后造成损害,应适用《消费者权益保护法》第 49 条。虽然《民法典》侵权责任编第 1179 条也是人身损害赔偿的规定,但它是一般法的规定,而《消费者权益保护法》第 49 条的规定属于特别法的规定。按照民法适用原则,特别法优于一般法,因此,审理本案的法官认为,应适用特别法,即《消费者权益保护法》第 49 条。

关于特别法优先适用的原则,《民法典》总则编第 11 条已经作了规定:“其他法律对民事关系有特别规定的,依照其规定。”一个合同案件,《民法典》合同编有规定,其他法律也有规定,应该适用哪一个规定呢？应该适用其他法律的规定。合同编是规定一切民事合同关系的,属于一般法;其他法律,如《保险法》,只规定保险合同关系,保险合同是合同关系中的一种特殊的合同关系,因此《保险法》的规定属于特别法。如果审理保险合同纠纷案件,《民法典》合同编有规定,《保险法》有规定,按照《民法典》总则编第 11 条规定的法律适用规则,就应该优先适用《保险法》的规定。

须注意的是,所谓一般法和特别法是相对的概念,《保险法》相对于《民法典》合同编是特别法,应该优先于合同编适用,但它相对于《海商法》关于海上运输保险的规定又属于一般法。《保险法》规定所有的保险合同关系,《海商法》规定其中的海上运输保险合同关系,因此在审理一个海上运输保险合同纠纷案件时,《保险法》是一般法,《海商法》是特别法,应该优先适用《海商法》的规定。这里说的是特别法优先适用,并不是说一般法就不能适用,在特别法没有规定、靠特别法解决不了问题时(如合同的成立、有无欺诈胁迫、权利移转、履行等),还是要退回来适用《民法典》总则编或者合同编的规定。

还有一个特别重要的问题,就是特别法优先适用这个规则,有一个前提条件——只有在同类性质的法律规定之间才发生一般法与特别法的关系,才发生特别法优先适用问题。过去的教材没有特别指出这一点,导致过去一段时间内,法院对于医疗损害赔偿案件,适用了原《医疗事故处理办法》(已失效)第 18 条,其判决结果往往有失公正。法院误认为原《医疗事故处理办法》第 18 条是原《民法通则》和原《合同法》的特别法,因此优先适用原《医疗事故处理办法》第 18 条,判决一次性经济补偿 4000 元。受害人当然不服。

问题在于,原《医疗事故处理办法》第 18 条不是民事法规,而是行政法规,它与原《民法通则》、原《合同法》不构成特别法与普通法的关系。为什么?我们看原《医疗事故处理办法》第 18 条所使用的概念——一次性经济补偿,这不是民事法律上的损害赔偿、赔偿损害概念;原《民法通则》和原《合同法》上的损害赔偿的原则,是损害多少,赔偿多少。原《医疗事故处理办法》第 18 条规定,一次性经济补偿的标准由各地方政府制定,据了解一般是 3000 元、4000 元,经济发达的地方最高也就 1 万元。作为民事责任的损害赔偿金额是由法院决定,原《医疗事故处理办法》中的一次性经济补偿金额由卫生行政部门决定。这样一对比不难看出原《医疗事故处理办法》第 18 条的性质不是民事法规,而是彻头彻尾的行政法规,不是原《民法通则》和原《合同法》的特别法。当时法院审理医疗损害赔偿案件,不应当适用该规定,而应该按照受害人的选择适用原《侵权责任法》的规定追究侵权责任,或者适用原《合同法》的规定追究违约责任。①

过去有同志会提出疑问：你讲法院审理医疗损害赔偿案件不应适用《医疗事故处理办法》，因为它属于行政法规，但我们审理交通事故损害赔偿案件为什么可以适用《道路交通事故处理办法》（已失效）？这就涉及我国法律上所谓行政法规的含义。按照现在的叫法，凡是国务院依据宪法授予的行政立法权限所制定的

① 此前，这类案件被称为医疗事故案件或医疗事故损害赔偿案件，将是否构成"医疗事故"作为被告是否承担损害赔偿责任的条件，是不正确的。"医疗事故"是医疗行政上的用语，是对医院或医师追究行政责任的根据。因此，《医疗事故处理办法》对"医疗事故"的构成，作了严格限定，必须是"因医务人员诊疗护理过失，直接造成病员死亡、残废、组织器官损伤导致功能障碍"，才属于"医疗事故"。虽有诊疗护理过失，而损害后果未达到死亡、残废和功能性障碍，不构成"医疗事故"。严格限定"医疗事故"的构成条件，据以追究责任医院或责任医师的行政责任，是合理的和适当的。但不能将"医疗事故"作为判断医院或医师是否承担民事责任的根据。按照《民法典》侵权责任编第1218条的规定，医院对受损害的患者承担侵权责任的条件是：因过错造成患者人身遭受损害，而不论损害后果是否严重。按照《民法典》合同编的规定，医院或医师对受损害的患者承担违约责任的构成条件是：因医院或医生的违约行为造成患者人身或财产遭受损害，同样不论损害后果是否严重。2002年2月20日国务院第55次常务会议通过《医疗事故处理条例》，自2002年9月1日起施行，原《医疗事故处理办法》同时废止。《医疗事故处理条例》将一次性经济补偿改为医疗事故的损害赔偿，并规定了赔偿金的计算标准，同时对医疗事故鉴定制度作了修改。《医疗事故处理条例》把医疗损害侵权责任从民法的调整范围中抽出去，纳入了行政法规的调整范围，用行政法上的医疗事故概念取代侵权责任构成要件。承担赔偿责任须以构成医疗事故为条件，医疗事故鉴定程序成为法院裁判的前置程序，受害患者能否获得损害赔偿，不是取决于审判庭而是取决于医学会下设的医疗事故鉴定委员会。即使经鉴定构成医疗事故，按照《医疗事故处理条例》规定标准计算的赔偿金额也比一般民事损害赔偿金低很多。国务院制定《医疗事故处理条例》的立法目的，可能是想要缓和医患关系，但结果适得其反。有鉴于此，原《侵权责任法》（2009年12月26日通过，自2010年7月1日起施行；2021年1月1日随《民法典》的生效而废止）专设第七章规定医疗损害责任，把医疗损害赔偿重新纳入民法侵权责任的范围，同时废止《医疗事故处理条例》关于医疗事故损害赔偿的全部规则。

法规,都叫行政法规。这是从立法机关的立法权限来说的。但是,国务院制定的行政法规,从法规性质上看,可以分为不同的类型:第一类是典型的行政性的法规,如原《医疗事故处理办法》。第二类是典型的民事法规,如原《国内航空运输旅客身体损害赔偿暂行规定》①。第三类是两种性质的规定都有,如原《道路交通事故处理办法》②,其中一部分是行政管理性的规定,另一部分是民事损害赔偿的规定。法院审理交通事故损害赔偿案件,所适用的是其中的民事法规部分。

这讲的是找法结果有多个规定时怎么办。最后,法官从多个规则中确定一个规则,用来适用于本案。当然,如果只有一个法律规定,那就非常好办。例如,我在开头举的到储蓄所取款多得 9000 元的例子,找法的结果在当时就只有原《民法通则》第 92 条一个规定(现为《民法典》总则编第 122 条,此外还有合同编第 985 ~ 988 条)。找法的结果即使有多个规定,最后也要回到一个规定。那么,只有一个规定,是不是就可以马上进行逻辑推论得出判决?不是。不是说找到一个规定马上就引出来“根据第几条第几款判决如下……”绝不是这么简单。

---

① 《国内航空运输旅客身体损害赔偿暂行规定》(1989 年 2 月 20 日发布,1993 年 11 月 29 日修改,2006 年 3 月 28 日废止),现已被《国内航空运输承运人赔偿责任限额规定》(2006 年 1 月 29 日经国务院批准,2006 年 3 月 28 日施行)取代。

② 《道路交通事故处理办法》(1991 年 9 月 22 日发布,1992 年 1 月 1 日起施行,2004 年 5 月 1 日废止)。现今人民法院裁判交通事故责任案件,应当适用《道路交通安全法》的有关规定;《道路交通安全法》没有规定的,应当适用《民法典》侵权责任编第五章的规定。

虽然只有一个规定，还需要解决下列问题：这个法律条文是什么意思呢？它的适用范围有多大？本案是否在它的适用范围之内？它的构成要件是什么，法律后果是什么？这些问题不解决，怎么判决？要不，别人就要批评法官法律适用不当。可见，虽然有了法律条文，若不确定其适用范围，不阐明法律条文的意义，不确定其构成要件和法律后果，我们怎么能够下判决？即使作出判决，这个判决也经不起推敲。

有同志说，你们看判决书，在本案事实查明后，我们马上引用第几条第几款，紧接着就是“判决如下”，我们并没有讲什么道理。现在的判决书，绝大多数确实是这样，可以说是不讲道理。但是，判决书上不讲道理，并不等于在实际上没有讲道理。这个道理讲在私下。我们的合议庭在干什么？三个法官休庭讨论案件的时候讨论的是什么？不就是讨论这些问题吗？

合议庭的庭长到审判委员会去汇报案件，讲些什么道理呢？他先汇报认定的事实；然后关于法律适用，他汇报法律上对本案有哪些规定，本案应该适用哪一个规定，这个条文的适用范围是否包括本案这种情况，有几个构成要件，法律后果是什么等。审判委员会讨论案件时，汇报的法官讲的那套道理，也就是对应适用的法律条文，确定它的适用范围、内容、意义，明确其构成要件、效果。这个工作，在法学方法论上叫法律解释。

现在一般的判决书内容非常简单，没有讲这些道理，只讲根据第几条第几款“判决如下”。但是现在也出现了一些比较复杂的案件，法官在判决书上不得已要讲很多道理。我前面举的啤酒瓶爆炸的案件，法官就应当适用《民法典》侵权责任编第1179条还是《消费者权益保护法》第49条，讲了一套道理，然后对于《消费者权益保护法》第49条，还要讲道理。《消费者权益保护法》第49条所说的“残疾赔偿金”是什么意思？“赔偿金”的含义是清楚的，“残疾”的含义也是清楚的，但是“残疾”和“赔偿金”两个概念加在一起就不清楚了。

残疾赔偿金是对受害人受伤致残所减少收入即经济损失的赔偿，还是对他受伤残疾后精神遭受的痛苦即精神损害的补偿？不只中国的法官有疑问，我到日本在早稻田大学讲到中国法律中的残疾赔偿金时，一位日本教授就站起来提问，说按照他的理解，中国法律上的残疾赔偿金是指逸失利益。什么是逸失利益？就是从受害人受伤之时起，一直到他应退休的年龄，他本来可以挣到的总收入扣除他的生活费等必要开销，就是他因受伤致残所减少的收入，叫逸失利益。

但是《消费者权益保护法》第49条所规定的残疾赔偿金，究竟指的是逸失利益还是精神损害赔偿呢？这就在残疾赔偿金的意义上发生了分歧。啤酒瓶爆炸案中，受害人提出要求得到一笔精神损害的赔偿。一个人年纪轻轻就失去了一只眼，在精神上造成多大的痛苦？如果他还未结婚，他找对象就遇到困难；他要升学，求学也遇到困难；他要求职，现在招聘单位都要面试，肯定会遭遇困难。所以个人的求学、求职等将遭遇极大的困难。因此，他精神上受到的巨大痛苦，是难以形容的，所以被害人要求精神损害赔偿。如果要求精神损害赔偿，那就在逸失利益之外，精神损害赔偿与逸失利益，是不同的。[①] 现在你作为审理本案的法官，不说清楚残疾赔偿

① 《消费者权益保护法》(1993年10月31日通过，自1994年1月1日起施行；2009年8月27日修正；2013年10月25日第二次修正，2014年3月15日实施)第49条规定，造成受害人残疾的，应支付“残疾赔偿金”；造成受害人死亡的，应支付“死亡赔偿金”。所谓“死亡赔偿金”，性质上是对死者遗属的精神损害赔偿，这在我国学术界无争议。其法律根据是原《民法通则》第9条关于自然人的权利能力始于出生终于死亡的规定。所谓“残疾赔偿金”，究竟属于对残疾者的精神损害赔偿，抑或属于对残疾者“逸失利益”之赔偿，学术界有分歧，而以主张属于精神损害赔偿为多数说。《最高人民法院关于确定民事侵权精神损害赔偿责任若干问题的解释》(法释〔2001〕7号)第9条规定：“精神损害抚慰金包括以下方式：(一)致人残疾的，为残疾赔偿金；(二)致人死亡的，为死亡赔偿金；(三)其他损害情形为精神抚慰金。”此项解释，将死亡赔偿金和残疾赔偿金定性为精神损害赔偿。其政策目的在于抚慰残疾者本人或者死者遗属，理应由法庭针对个案自由裁量决定赔偿金数额。但值得注意的是，《最高人民法院关于审理人身损害赔偿案件适用法律若干问题的解释》(法释〔2003〕20号)为残疾赔偿金和死亡赔偿规定了计算方法。其第25条第1款规定：“残疾赔偿金根据受害人丧失劳动能力程度或者伤残等级，按照受诉法院所在地上一年度城镇居民人均可支配收入或者农村居民人均纯收入标准，自定残之日起按二十年计算。但六十周岁以上的，年龄每增加一岁减少一年；七十五周岁以上的，按五年计算。”第29条规定：“死亡赔偿金按照受诉法院所在地上一年度城镇居民人均可支配收入或者农村居民人均纯收入标准，按二十年计算。但六十周岁以上的，年龄每增加一岁减少一年；七十五周岁以上的，按五年计算。”这采用了发达国家和地区法院裁判实践中计算逸失利益赔偿的方法。我国的死亡赔偿金和残疾赔偿金，虽然在性质上属于精神损害赔偿，却又采用了计算逸失利益赔偿的方法，因此既不能与发达国家和地区的精神损害赔偿(慰谢金、抚慰金)画等号，也不能与发达国家和地区的逸失利益赔偿画等号。质言之，我国法律上的残疾赔偿金和死亡赔偿金，在对死者遗属或者残疾者本人进行精神抚慰的同时，兼有赔偿残疾者或者死者遗属逸失利益的政策目的和功能。制定原《侵权责任法》时，立法机关肯定人民法院裁判实践和解释立场，在第16条规定了残疾赔偿金和死亡赔偿金，并考虑到残疾赔偿金和死亡赔偿金同时具有逸失利益赔偿的功能，故删去“被扶养人生活费”一项。因此，原《侵权责任法》生效之后，凡是判决了死亡赔偿金或者残疾赔偿金，均不应再判决“被扶养人生活费”。本书关于1993年《消费者权益保护法》第41条(2013年修改后的第49条)“残疾赔偿金”概念的分析，依据的是2003年《最高人民法院关于审理人身损害赔偿案件适用法律若干问题的解释》公布之前的实践，请读者留意。

金是什么意思,怎么能糊里糊涂地下判决呢?所以说,即使找到一个法律条文,法官还需要做很多工作,要确定它的适用范围、意义、内容、构成要件、法律效果等,这个工作是不可缺少的,这在民法解释学上叫狭义法律解释。

这是讲有法律规定,还需要进行法律解释。不进行法律解释,就不能进行判决。不进行解释,审判委员会就难以通过。即使这些道理在判决书上没有写明,法官在向审判委员会汇报时也要讲,所以说法律解释这个工作,不管从判决书上是否看得出来,实际上是回避不了的,是在进行的。

下面再讲第二种可能性,即找法的结果是,关于本案没有法律规定。查遍了审判手册和法规大全,没有找到任何一个法律条文是针对本案的规定。案件发生了,案件事实查清了,却发现没有法律规则,这怎么裁判呢?关于审判工作的基本原则我们一再强调:以事实为根据,以法律为准绳。前面讲到法官裁判的逻辑公式,必须要有法律规则作为逻辑推论的大前提。现在案件事实认定了,而“准绳”却找不到,逻辑推论的小前提有了,却没有大前提,这个案件怎么判决?没有法律规则,就没有裁判的大前提,法官可不可以说,鉴于本案事实,法律没有规定,因此驳回起诉?可不可以这样做呢?这个问题,在我国正式的法律中,没有表态,没有规定法官可不可以以法律没有规定为由驳回起诉。但这个问题在各国法律中多有明文规定,这就是:法官不得以没有法律规定为由拒绝裁判案件。这个原则是各国法律规定的,如果哪一个法官胆敢以法律没有规定为由,拒绝裁判案件、驳回起诉,这个法官就构成了渎职罪。

这样一来,现代法律要求法官裁判案件必须以法律为准绳,即以法律规则作为逻辑推论的大前提,而在实践中遇到案件在法律上没有规定时,又不允许法官以没有法律规定为由拒绝裁判、驳回起诉,岂不使法官处在一个进退两难的境地,他应该怎么办?有的同志说,这很简单,不就是请示立法机关吗,让立法机关制定一个规则。但是,即使我们逐级地请示,通过最高人民法院请示到立法机关,立法机关能不能马上给我们制定出一个规则来,以便我们裁判本案?当然不可能。立法机关,如果指全国人大,一年才开一次大会;如果指全国人大常委会,一年开六次常委会也是固定的。不可能为一个案件临时召集紧急会议来制定一个规则,这做不到。实际上,立法机关从来也没有给哪一个案件制定过一个规则。法院的审判制度也限定了我们,案件审理有时间的限制,不允许我们等待。因此,这个时候唯一的出路,就是由审理本案的法官为这个法律没有规定的案件创设一个规则,用自己创设的规则裁判本案。

这个没有法律规则的情况,在法解释学上,叫法律漏洞。法律有漏洞,犹如我们住的房子有漏洞,平常一下雨就"哗哗"漏水,必须请泥瓦匠将房顶上的漏洞填补起来,否则我们没法居住。法律上的漏洞,道理相同,也要有人将漏洞填补起来,不填补起来,那个案件就裁判不了。靠谁去填补呢？房子漏了靠泥瓦匠去填补，法律漏洞的填补，一个办法是向立法机关请示创造一个新的规则，但客观条件限制不可能做到，而案件又不能老等着，非判决不可，因此唯一的办法就是由法官自己来创设规则，由审理本案的法官自己填补法律漏洞。

有的同志说，你讲的也太超出我们现在的实际了，你这不是在鼓吹法官造法吗？现在不是有不少人批评法官造法吗？他们指责说，你们超越了审判权限，你们在制定规则、创设规则，这不就是法官造法吗？法官的职责是裁判案件，创设规则是立法机关的职责、立法机关的权限，法院创设规则，行使了立法机关的权限。[①] 这不就是法官立法吗？

他们所批评的法官造法是否存在，我们暂不管它。现在需要澄清的一个问题是，法官的职责当然是裁判案件而不是创设规则，但现在出现了法律未作规定的案件，既然受理了这个案件，又不允许以没有法律规定为由拒绝裁判，要求非裁判不可，且不允许稀里糊涂地瞎判，要求“以事实为根据，以法律为准绳”，以法律为准绳，就意味着必须遵循裁判的逻辑，必须要有一个法律规则作为逻辑推论的大前提。既然法律出现漏洞而立法机关不可能及时制定

① 第九届人大第三次会议审议立法法草案时，一些代表批评法院超越权限，如西南政法大学教授赵学清说：目前有些司法解释是在给法律“查缺补漏”、补充立法，已超越了它的权限。司法解释应当对现行法律的具体操作运用作出解释，而不是其他。参见《中国立法迈入科学规范化时代》，载《北京晚报》2000年3月22日，第17版。

一个规则,你说应该怎么办?岂不唯有法官自己创设规则一途。

现在的社会生活极为纷繁复杂,我国又处于制度变革时期,出现法律漏洞的情况是常见的。出现了法律漏洞,靠法官发挥他的能动性创设一个规则,先裁判了这个案件再说。这首先是出于不得已。其次,这也是现代各国共同的趋势。20 世纪以来,各国法院都遇到过这种情况,都是这样做的。原因是社会生活太复杂,产生了一些千奇百怪的新型案件。《法国民法典》两千多条,《德国民法典》两千多条,能说他们的法律不完善吗?他们那里还会出现这样的问题吗?照样出现。社会生活是非常复杂的,会出现一些新型案件,是法律所没有规定的,因此出现法律漏洞,发生规则不足,不得已借助法官创设规则,以填补法律漏洞。

20 世纪以来民法有了巨大的发展,产生了许多新的规则、新的制度,这些新规则、新制度大多是由法官创设的。社会生活的复杂化,势必发生许多法律上没有规定的案件。这在各国都一样。例如,我国前些年出现的一些案例,以前听都没听说过,如侵害死人的名誉,最高人民法院发了一个解释文件,死人的名誉这类案件刚解决,后来又出现了侵害死人姓名的案件。这些案件类型,以前想到过吗?现在不仅有侵害死人姓名的案件,还有侵害财产名称的案件。有这样的案子:一幢大厦,由甲公司卖给了乙公司,乙公司卖给了丙公司,丙公司一下子把大厦的名称改了。甲公司就向法院起诉,指控丙公司侵犯了其对大厦的命名权,称其卖大厦只转让了大厦的所有权,大厦的命名权没有转让。审理本案的法官对这个案件哪里想到过!

现在还有更奇怪的案件,侵害财产的外观的案件。法律规定自然人有肖像权,一个人的肖像,例如我是什么样子,你拍我的照片,要拿去发表,不得到我的同意,我就要根据《民法典》的规定告你侵犯我的肖像权。现在的问题是一个财产的外观形象。你要推销房地产,你的广告上把旁边我的财产作为背景照了,然后把你的房子叠映在上面,到处散发,我就向法院起诉,指控你侵犯了我的财产的外观形象。这岂不等于说某财产有肖像权吗?这类案件,法律上哪里有规定?可见法律漏洞是难免的、常见的,遇到这些案件,法官要解决,则发生以什么为规则的问题。唯一的办法,不得已的办法,就是由法官创设规则。这在法学方法论上叫漏洞补充。

(四)狭义法律解释与广义法律解释

关于法官查明事实后进行找法的三种可能性,向大家作了简单的介绍,这三种情况都离不开法官的工作。第一种情况是法官要对找到的条文进行法律解释;第二种情况是没有法律规则,法律出现了漏洞,要由法官创设一个规则,这种创设规则的工作叫作漏洞补充;第三种情况是遇到不确定概念,要由法官结合本案事实把它具体化,叫不确定概念的价值补充。

现在看来,法官处理法律问题并不是那么简单,依三段论公式,以法律规则为大前提,本案事实为小前提,一下子就得出推论“判决如下”。仔细一分析,不是那么容易,法官还要做很多工作。所以说现在当法官有小学、中学文化不行,还要求有大专文凭,当了法官之后,还要进法官培训班、高级法官培训班,现在成立了国家法官学院,要通过这些教育提高法官素质,使法官掌握各种法律知识和理论,特别是解释适用法律的方法和理论。为什么?就是因为法官的工作不简单,是高度专业化、科学化的工作。不是说有了“以事实为根据,以法律为准绳”这个原则,有了裁判逻辑三段论公式,一下子就能得出判决。

现在作一个小结。找法的结果有三种可能性、三种情况:其一,有法律条文,则需要确定其适用范围,明确其内容意义,区分其构成要件与法律效果,这一套工作叫狭义的法律解释;其二,没有法律规定,这种情况叫作法律漏洞,需要法官自己创设一个规则,创设规则当然要依据一些方法和理论,这一套工作叫法律漏洞补充;其三,虽有法律规定,但属于不确定概念,需要结合本案事实将不确定概念具体化,这一套工作叫不确定概念的价值补充。这三种工作加在一起叫广义的法律解释。所以,平常所说的法律解释,如果没有特别说明,就包括这三种工作,这是广义的法律解释;而其中第一种叫作狭义的法律解释。

六、法律解释的意义

下面讲法律解释的意义。法律解释对法官裁判案件、处理法律问题是非常重要的,不进行解释就不能进行法律的适用,不能进行裁判。民法解释学认为,法律都要进行解释,法律不经解释不能适用。有些法律条文,已经规定得非常清楚具体,是否也要进行解释呢?例如,我在一开始讲到的原《民法通则》第 92 条(现为《民法典》总则编第 122 条)关于不当得利的规定:没有合法根据,取得不当利益,造成他人损失的,应当将取得的不当利益返还受损失的人。这个条文多清楚、多具体!是否还需要解释?

对于这个条文,你要确定它的构成要件是几个——三个:其一,没有合法根据;其二,取得不当利益;其三,造成他人损失。同时具备这三个要件,就构成不当得利。还要确定它的法律效果,这就是不当得利人应当将取得的不当利益返还受损害的人。这个法律效果就是使受损失的一方享有一个请求权,据此他可以请求法院判决强制不当得利人返还不当利益,即返还不当得利的请求权,这就是该条的法律效果。这不就是对原《民法通则》第 92 条进行解释吗?可见,即使非常具体、明确和简单的法律规定,也要进行解释,不经过正确的解释,你就无法正确地适用它。因此,现代民法解释学上得出一个规律:法律不经解释不能适用。

我们批评法院的某个判决,说它正确或错误,无论学者批评一个判决,或上级法院审查下级法院的某个判决,撤销它或维持它,凭什么？无非两个理由：一个理由是关于事实认定，另一个理由是关于法律适用。常见的批评某个案件判错了，或者上级法院撤销下级法院的某个判决，总是说：事实认定有误，适用法律不当。就根据这两条，下级法院的判决一下就被撤销了，然后改判。前面所说的天津“狗不理”包子的案件，二审法院在判决中认为：一审法院判决事实认定有误。仅事实认定有误这一条，就给改判了。如果只说适用法律不当，即使事实认定正确，也是一个错误的判决。上级法院审核下级法院的判决，就是审查一审法院判决的事实认定和法律适用这两项。对下级法院的判决，如果上级法院认为事实认定正确，法律适用适当，它就必然维持原判。

我们再说当事人。当事人得到判决以后，他提出上诉，上诉状怎么写？首先是指出一审判决事实认定有误，然后再说适用法律不当。如果只是第一句，“事实认定有误”，这就足以构成改判的理由。上诉人只要抓住一审法院判决两条当中的一条，他就有理由相信二审法院会改判，这个上诉就成立。如果他看一审判决，对事实认定部分挑不出问题，他就回避这一条，不提事实认定正确或不正确，而只挑法律适用这一条。当事人在上诉时，其上诉状针对的是一审法院的判决，这与一审时不一样。

一审原告的起诉状针对的是被告，被告的答辩状针对的是原告。一审审理中法官坐在中间，像个仲裁人一样，由当事人双方进行质证、辩论，最后法官说了算，法官作出裁决，法官不偏向任何一方，有点像“坐山观虎斗”，让双方当事人互相辩论。但一审判决一旦作出，情形就不一样了，一审法官因作出判决，一下就换了位置，变成坐在受审查的位置上。在二审的时候，针对的是一审的判决：上诉人说一审判决事实认定有误，适用法律不当；被上诉人就要维护一审的判决，说一审判决事实认定如何正确，适用法律如何恰当；而由二审法官进行判断，所审查的是一审判决书，是一审法官的事实认定和法律适用的正确性如何。

法律适用关键在于法律解释，法律解释不正确，最后必然导致法律适用不当。所以说，法律解释直接关系法律适用的正确性，其意义是非常重大的。现代民法解释学认为，法官处理法律问题，可以归结为法律解释，法律问题说穿了是一个解释问题，即法律问题的本质是解释问题。法律摆在那里，谁都可以解释，看谁的解释正确、高明。因此，法官裁判案件，判决适用法律正确或者不正确，实际上最终体现为对法律的解释正确或者不正确。

一个法官的水平高低，当然在认定事实、判断证据时是重要的，但最关键的是他掌握法律解释的这套规则、方法和理论如何。我们知道，差不多各地法院都有一两位小有名气的法官，号称“办案能手”或者“小诸葛”，以及法院系统评选出来的“审判专家”，仔细一分析，这些人高明在什么地方？他们不是高明在记忆力强，记得多少法律条文，甚至也不是高明在读过的书比别人多。而在于他对同样的法律条文所作的解释比别人正确，他的解释比别人高明。同样的事实认定,在这个事实认定的基础上,在适用法律上显出水平高低。

那个法律条文谁都看得见,法律条文的文字词句谁都懂,而他讲出来的道理却和别人不一样,因此,他最后得出的法律适用不同。这难道不足以表明,这个号称“小诸葛”或者“办案能手”的法官,这个被最高人民法院授予“审判专家”称号的法官,他和别人的差别在于他解释法律的能力,他关于法律解释适用的方法、规则和理论掌握得比较好,并且能比较自觉地运用。这就是我们所说的法律解释的重要性。民法解释学解决什么问题呢?就是教法官怎么样解释法律、运用法律。民法解释学就是研究法律解释的规则、方法和理论的学问。这是法律解释的意义。

现在还要回过头来说法律解释的必要性。假设立法者对法律规定得非常完备,对法律条文规定得非常具体,其适用范围、构成要件、法律效果都明确具体。如果每个条文都像原《民法通则》关于不当得利的规定那样,那还会发生这些问题吗?还需要进行解释吗?也许就不需要解释了,有人会这样认为。因为按照立法的目的,把规则制定得非常完整、清楚、具体,使法律像同志们所说的那样具有很强的可操作性,是否还需要法律解释呢?现在法解释学认为,即使这样也还需要解释。

为什么还需要解释?法律之所以需要解释,有这样的理由:第一个理由是法律的本性。法律的本性是什么?法律是立法者用语言文字写出来的,由语言文字表述出来的行为规则。法律解释,着重对成文法的解释,成文法不像习惯法,习惯法是口头的,成文法是由立法机关制定的法律文本,法律条文是用语言文字表述出来的。为什么需要解释呢,就是因为语言文字有它的特点,它有多义性和模糊性。

我们在日常生活中常发现,同一个词,你理解的是这个意思,我理解的是那个意思。因为语言文字有多义性,在不同的地方,同一个概念,指的是不同的事物。语言还具有模糊性,有些时候它的含义清楚,有时就不清楚,例如前面所讲的"残疾赔偿金"。什么是残疾赔偿金,日本学者说"残疾赔偿金"是指赔偿"逸失利益",中国学者说"残疾赔偿金"是指"精神损害赔偿"。又如"产品"一词,《产品质量法》讲产品,原《民法通则》第 122 条*也讲产品,产品有缺陷,造成他人人身、财产损害,应由产品生产者、销售者承担赔偿责任。这叫无过错责任,当然对受害人有利。是否适用《产品质量法》追究生产者的无过错责任,关键在"产品"这个概念。

我们整天说产品,家用电器毫无疑问是产品,食品、药品也都是产品。信息是不是产品。例如,书籍上记载的信息有错误造成损害,能否适用《产品质量法》,追究无过错责任?天津曾有 70 名中专学生向法院起诉高教出版社,说该社出版的一本经济法教材

---

* 现行《民法典》关于产品责任的规定,可参见侵权责任编第四章。

错误百出，要求赔偿损害。法院对这个案件，适不适用《产品质量法》呢？是适用《产品质量法》第 41 条，或者原《民法通则》第 122 条，还是适用原《民法通则》第 106 条第 2 款关于侵权行为的一般规定？

书籍当然是产品，但这个案件指的不是书籍本身有什么缺陷，而是书籍上所记载的信息有错误。国外有这样的案件，一本关于化学实验的教材，上面记载的某个化学实验公式有错误，当按照它进行化学实验时，一下子发生剧烈爆炸，造成人身、财产严重损害。因为书籍上记载的信息有错误造成损害，应由谁承担责任？承担什么样的责任？是否适用《产品质量法》？关键在于信息是不是产品。这就产生了疑问。

还有民法上的产品，就是物。民法上讲的物是什么？物是财产。刑法上盗窃财物罪，不就是盗窃物吗？如果盗窃的是信息（如技术秘密），可不可以判盗窃罪？电是不是产品，偷电是否构成盗窃罪？还有这样的案件：供电公司通过电路将电输入居民家中，天上打雷把变压器击穿了，一下子高压、超高压电流进入居民家庭的线路，将整个住宅区所有家庭的彩电、冰箱、音响全部烧毁，受害人向法院起诉，要求按照《产品质量法》第 41 条的规定，追究无过错责任。法官就要解决这个问题，电是不是产品？电是在《产品质量法》第 41 条的产品概念之内还是之外？

由此可见，法律上的概念，乍看起来非常清楚，仔细一分析都带有模糊性。这是由法律使用的语言具有模糊性所决定的。之所以需要对法律进行解释,法官工作之所以那么复杂,就是因为法律是由语言文字所表述的,语言文字具有多义性和模糊性。这就决定了法官非解释法律不可,什么条文都要解释,这是第一个理由。

第二个理由是社会生活的复杂性。社会生活的复杂性是难以想象的。前面已经讲到的死人的名誉,过去什么时候想到过?一个人死了就算了,所谓人死灯灭。现在为死人的名誉发生了纠纷,侵害死者名誉的案件出现了,然后侵害死人的姓名的案件也出现了,再然后侵害财产的“命名权”的案件出现了,侵害财产的外观形象,即财产的“肖像权”的案件也出现了。这都是因为现实生活极端复杂造成的。法官受理了这些案件,查法律规定,法律没规定,怎么裁判?他非进行解释不可,或者有法律漏洞,或者有不确定概念,需要解释,需要补充漏洞,需要将不确定概念具体化。总之,需要广义的法律解释。

你也许会说,如果立法者尽量选用准确性的语言,避免使用模糊性的语言,不就能够将法律条文规定得非常准确吗?如果立法者不使用一些含义模糊的语言,例如“不合理危险”,而是明确规定什么是合理危险,什么是不合理危险,这不就可以方便适用而不需要解释了吗?但问题是立法者做得到吗?什么是合理期限,什么是不合理期限,规定一个标准,假如规定 1 周或者 10 天的期限是合理的,难道多一天或者少一天就不合理?规定得了这个标准吗?

正如前一时期,各地“反暴利”的呼声很高,不少人呼吁制定反暴利法,即由法律明确规定一个标准,明确规定一个盈利的百分比,如 30%,不超过 30% 就不叫暴利,超过 30%(如 31%、30.1%)就叫暴利,这行吗?那 29.9% 怎么办呢?立法者可不可以规定这个标准?他不敢规定。因为现实生活太复杂了。再说,还有像不合理危险这类概念,那个危险程度能够用数字或者百分比来表示吗?要求立法者明确规定什么叫合理危险,什么叫不合理危险,这显然做不到。可见,法律中使用模糊性的语言是不得已的,正因为无法作出明确具体的规定,不得已才采用了模糊的概念。

退一步说,即使能够做到,即使规定了非常明确、确定、具体的概念,是否就不发生问题,就不需要进行解释?你看《消费者权益保护法》,关于消费者和经营者实际上都作了明确的规定,什么是消费者,按照该法第 2 条的规定,“为生活消费需要购买、使用商品或者接受服务”的人就是消费者。什么是经营者,按照该法第 3 条的规定,“为消费者提供其生产、销售的商品或者提供服务”的主体就是经营者。规定得何等明确、具体!当时的立法思想,是采二分法:或者是经营者,或者是消费者,二者必居其一。殊不知《消费者权益保护法》(1993 年)刚生效不久,就出现了所谓“知假买假”,出现了王海买假的案件,你说这类案件的原告是消费者还是经营者？这类案件是否应当适用当时的《消费者权益保护法》第49条*？

现实生活不仅极端复杂，而且在不断发展变化。起草《经济合同法》时还是计划经济体制，哪知过了几年，国家决定向市场经济转轨。在市场经济条件下，适用在计划经济条件下制定的《经济合同法》就会遇到问题。例如，当事人签订合同超越了经营范围，直到20世纪80年代中后期法院还几乎一律认定合同无效，而进入90年代法院内部就发生了分歧，一种意见认为对于超越经营范围的经济合同不应一律认定为无效，应当区别情况，有的应当认定为有效。[①] 为什么？因为现在是市场经济。社会生活不仅复杂，而且不断变化，不断产生各种新的问题。

原《民法通则》通过时，我们还没有证券市场，还没有期货市场，现在证券市场、期货市场、金融市场都有了。证券市场、期货市场发生的那些案件，如因证券公司的电脑突然发生故障致股民遭受损失的案件，期货公司强行平仓引发的案件，证券回购的案件，

* 《消费者权益保护法》(1993年)第49条已于2013年修正时改为第55条第1款，修正后的内容为："经营者提供商品或者服务有欺诈行为的，应当按照消费者的要求增加赔偿其受到的损失，增加赔偿的金额为消费者购买商品的价款或者接受服务的费用的三倍；增加赔偿的金额不足五百元的，为五百元。法律另有规定的，依照其规定。"

① 原《最高人民法院关于适用〈中华人民共和国合同法〉若干问题的解释(一)》(已失效)第10条规定："当事人超越经营范围订立合同，人民法院不因此认定合同无效。但违反国家限制经营、特许经营以及法律、行政法规禁止经营规定的除外。"

股民告交易所的案件，以及所谓大额存单案件、假存单案件等，当时制定《民法通则》的立法者想得到吗？我们的法官想得到吗？哪里想得到！因为社会生活极端复杂，并不断变化，不断发生各种各样的新型案件，这就是法律解释的必要性。

关于法律解释的必要性，就简单说到这里，下面讲法律解释的可能性。法律解释不仅是必要的，而且是可能的，法律解释有它的可能性。为什么要进行法律解释，这是讲它的必要性；但只有必要性，没有可能性还不行。法律解释的可能性，首先是私法的本性。民法是私法，正是私法的本质决定了可以进行解释，因为它是当事人之间的民事关系。并且私法关系通常只涉及当事人之间的利益（如合同、侵权行为），通常与国家的整体利益（如国防、外交、军事等）没有直接的联系，一般和社会公共利益、国家主权、社会治安秩序没有直接的联系。

既然是这样，只涉及当事人的利益，这种情况下，本应由立法机关制定的规则，因立法者来不及制定，就由审理案件的法官先制定一个规则，先将案件裁判了，将纠纷解决了再说，这样做一般没有什么害处。不仅没有什么害处，而且有利于及时解决纷争，维护社会经济生活的正常秩序。不过是涉及当事人利益，原告、被告的利益，问题解决的结果不就是对当事人双方之间的利害关系作某种调整吗？一般与国家重大利益没有直接关系，这一点决定了可以允许法官通过解释增加法律的灵活性，甚至通过解释创设规则，这对国家整体利益只会有好处，没有大的坏处。通过解释及时解决了当事人间的纠纷，如果判决生效，当事人就必须服从，这就稳定了社会经济秩序，对国家只有好处，没有什么坏处。

它不像公法关系，例如宪法，涉及国家的重大利益（如国体政体、国防外交），这些问题必须由立法机关一一规定，哪能允许他人插手。又如刑法，涉及国家的治安秩序、社会的公共秩序，动辄关系当事人的生命、自由，一判死刑，就把生命给剥夺了，即使后来查明是冤案予以纠正平反，但人死不能复生，因此刑法太重要了。即使不是国家利益，而是一个人的生命、自由，比如把你关了10年、15年后放出来，说你无罪，但青春一去不复返，你这个人的一辈子就完了。因此，对刑法上的规则应非常慎重，不允许法官随便发挥能动性，不允许作弹性解释，更不用说随便创设一个规则。我们讲刑法，有罪刑法定主义，法无明文不为罪，刑法规定不允许有弹性，不允许法官发挥能动作用去创设一个新规则把人判了罪，这是刑法的本质决定的。

民法是私人之间的关系，私人之间的利害关系，主要是财产利益，张三、李四打官司在法庭上针锋相对，有点“两国交兵”的意味，但最终法官作出裁判张三赔偿李四或者李四赔偿张三，也就解决了。说穿了还不就是金钱，与当事人的生命、自由无关，不至于把谁关进监狱，更不至于把哪一个给杀了。不就是支付一笔金钱吗？判决执行了，赔偿金支付了，最后如果查明判决是错的，经再审撤销原判,还可以执行回转,还可以重新纠正过来,因为只是财产问题。因此,私法的本性决定了私法涉及的是当事人之间的关系,主要是财产问题。对这样的案件,允许法官有较大的自由裁量权,允许法官有较大的主观能动性,允许他去解决一些法律没有规定的问题,这有什么坏处呢?没有坏处,只会有好处。

立法者没有制定规则,法官要解决案件,就像打仗一样,发生了一些法律未规定的新类型的案件,谁在前面打头阵?法官在前面,立法者在后面。立法者难道不可以站到前面对新型案件制定一个规则吗?不行。条件不允许。再说立法者一时也拿不出办法来。为什么一些新型案件请示了立法机关,立法机关也不给个规则?因为给不了那个规则。他想,这种新型案件该怎么办呢,最好由法院先解决了再说。这是私法的本性决定了法律解释的可能性。

另外,法律解释的可能性还在于法官本身。法官不是机器,法官有他的能动性。法官生活在社会当中,有高度的法律素养,有对法律正义的追求,忠于法律,与当事人一般没有什么利害关系,即使让他创设规则,也不至于有什么坏处。因此,由他创设一个规则来裁判这个案件,完全做得到,法官有这个能力。裁判本身的性质决定,法官对于所受理的案件非裁判不可。对于同类案件,别的法官将会怎么判,我管不了,对于这个案件我就这样判,我认为应该这样判,如果上诉审维持原判,我这个判决就发生了法律效力,当事人必须执行。这就决定了法官能够发挥他的能动性，通过对法律的弹性解释，甚至创设法律所没有的规则，解决现实生活中各种各样的复杂案件和新型案件。可见，法律解释的可能性来自裁判本身的性质，来自法官所具有的能动性。

由此产生另外一个问题。有些时候对于法律没有规定的案件，法官通过法律解释创设了新的规则，这就是法律解释的创造性。法律解释具有创造性，这在现代的民法解释学中得到普遍的承认。既然有进行解释的必要性与可能性，法官在通过法律解释裁判案件的过程中，就有可能创造一些规则，变更一些规则。我们看到，20 世纪以来，法国的法院、德国的法院，针对极端复杂的社会生活中各种各样的新型案件，创设了多少新的法律规则！例如，缔约过失责任、附随义务、情势变更原则，等等。

我们国家的情形也是如此。原《民法通则》只规定了显失公平，1992 年最高人民法院针对湖北省的一个购销合同案件，创设了情势变更的规则。① 还有关于侵害死者的名誉，1993 年最高人民法院发布了一个解释意见，死者的名誉遭受损害，他的近亲属有

① 此项裁判规则后来被规定在 2009 年《最高人民法院关于适用〈中华人民共和国合同法〉若干问题的解释（二）》（已失效）第 26 条，该条规定："合同成立以后客观情况发生了当事人在订立合同时无法预见的、非不可抗力造成的不属于商业风险的重大变化，继续履行合同对于一方当事人明显不公平或者不能实现合同目的，当事人请求人民法院变更或者解除合同的，人民法院应当根据公平原则，并结合案件的实际情况确定是否变更或者解除。"

诉权。[①] 这些规则不是现行法上规定的，不是立法机关制定的，而是通过法律解释创设的。所以法律解释具有创造性，并非学者的臆想，而是实实在在的事实。具体的事例在下面讲课过程中，还会详细讲。

所谓法律解释的创造性，法官通过解释创设规则，这就是前面说的法官造法。按照传统的法律理论，特别是大陆法系的法律理论，是不允许法官造法的。但是，现在放眼世界，且不说英美法系，大陆法系的德国、法国、日本等国，在现行法之外也创设了好多新的规则。我们中国不也在现行法之外创设了好多新的规则吗？这些规则是谁创设的？是法官在日常的裁判活动中所创设的。这不就是法官造法吗？有些学者批评法院：你们这是在创设规则，是法官造法。我要告诉同志们，当你遇到这种批评时，可以理直气壮地回答他：不错，这就是法官造法。紧接着，你要告诉他，所谓法官造法是不得已的。前面已经讲了，现实生活中发生了法律没有规定的案件，不解决不行，不得已才创设规则。

我还要告诉同志们，这不是真正意义上的法官造法。所谓造法，就是立法。立法是什么呢？是创设规则。立法机关创设规则，如制定合同法，叫立法。立法机关创设规则时，它是针对什么呢？

---

① 《最高人民法院关于审理名誉权案件若干问题的解答》（已失效）第五问："问：死者名誉受到损害，哪些人可以作为原告提起民事诉讼？答：死者名誉受到损害的，其近亲属有权向人民法院起诉。近亲属包括：配偶、父母、子女、兄弟姐妹、祖父母、外祖父母、孙子女、外孙子女。"

是针对社会上的一般关系,制定适用于某一类社会关系的规则,这才叫立法。法官在裁判案件的过程中,通过法律解释创设了某个规则,这是不是严格的立法呢？不是。它只是一个判决。因为,法官通过解释虽说创设了一个规则,但不是针对社会上一般的关系,不是要制定一个适用于某一类社会关系的法律规则,而是针对所受理的待决案件即本案,法官只是针对本案作出一个判决。法官在审判案件时,对于同类案件,在其他法院会作出什么样的裁判,针对这样一类案件应当制定什么规则,他不管,他也管不了。他唯一要管的,唯一管得了的,就是他所受理的这个具体的案件。其结果,只是作出了一个判决。

虽说在这个判决中创设了一个原先所没有的规则,但它毕竟不同于立法:立法针对的是社会的一般关系,创设的规则具有普遍的法律效力,任何地方、任何当事人之间的同一类关系,都必须遵循;任何地方、任何法院、任何法官裁判同一类的案件,都必须遵循,它具有普遍的效力,在性质上属于法律法规。法官通过解释得出的是不是一个具有普遍的法律效力的规则？不是,它只是一个判决。它的效力仅及于双方当事人,仅对原告、被告双方有效。至于同一类的案件在其他地方、其他法院、其他法官将会怎么判,我管不着。因此,法官通过解释所创设的规则实际上只是一个判决,它的效力仅及于双方当事人。这个判决如果在《最高人民法院公报》上发表出来,那就成为一个判例规则。

《最高人民法院公报》上刊登了很多判决，目的是供参考，当然有指导的意思。各级法院的法官在审理同一类案件时，可拿公报上刊登的判决来参考。是不是说各级法院必须按照公报上刊登的判决执行呢？公报没有说，最高人民法院也不敢作这样的规定。它只是为各级法院审理同类案件提供参考，至多可以说要求各级法院予以参照。参照的含义，不是说必须这样办。参照的结果，即如果你认为公报上那个判决是合理的，就可以依照它那个规则裁判你的这个案件；如果你认为不合理，则当然可以不按照它那个规则裁判。

《最高人民法院公报》上刊登的判例，各级法院都要认真对待，如遇到同类案件时要予以参考，不能不看公报上的判例，或者对于公报上刊登的判例不理不睬，不讲道理地作出相反判决。如果作出与公报上的判例相反的判决，则法官一定要说出一定理由来。假设那个法官作出与公报上的判例相反的判决而没有讲理由，仅此一条，二审法院就可以撤销这个判决。如果他讲了一定理由，二审法院就不能仅仅根据与公报上的判例相反这一条撤销这个判决，而应当审查他讲的理由在法理上是否成立。要说判例的作用，仅此而已，你能说它有普遍的法律效力吗？不能说。只是要求各地法院参照，或者在作出相反判决时，要说出一定道理罢了。

因此，这样的判例规则的前途有两个。一个是各级法院审理同类案件时都予以参照,并依同一规则裁判,因为它行之有效,将来立法机关制定法律或修改法律时,就会把这个判例规则立法化。现在制定民事法律,都很重视裁判实践创设的判例规则,对最高人民法院发布的判例进行研究,认为合理的、可行的,就会把它规定在法律上,使裁判规则上升为法律规则。原《合同法》第 53 条(现在的《民法典》合同编第 506 条第 1 款)规定免除人身伤害责任的免责条款无效,就是采纳了天津市原塘沽区法院审理"工伤概不负责"案所创设的判例规则。原《侵权责任法》第 20 条(现在的《民法典》侵权责任编第 1182 条)规定,对侵害人身权益导致财产损害的案件,可以按照侵权人所获利益赔偿,采纳了河北省的法院审理的王某霞肖像权受侵害案所创设的判例规则。

但绝不是所有的判例规则都行之有效,都上升为法律。有些判例刊登在公报上,各级法院参照的结果是认为它不合理,不按照它裁判,它就被废弃了。判例规则的另一个前途就是各级法院不予采用,最终被废弃。最高人民法院的民事审判庭创设过多少规则,有些规则被证明是成功的,其中有的已被立法采纳,有的今后可能被立法采纳。也有许多被证明是不成功的,其中许多已经被废弃了。一个是成功,最后上升为法律;另一个是不成功,最终被废弃。这两种情况,就是法官创设的规则的两种可能性。因此,应当说,它并不是真正的法官造法。它不是真正的立法,充其量只能说是立法的尝试。①

对于现实生活中的新情况、新发生的案件，立法者来不及去制定规则，或者立法机关拿不准应该如何规定，于是有意让法官去创设一个规则先尝试一下。现在起草法律过程中，常遇到这种情况。我参加起草合同法，和立法机关、法院的同志在一起讨论修改法律草案时，对于拿不准的、看不准的，或者无法作出具体规定的，或者无法统一意见的，总是说我们暂时不规定吧！暂时不规定是什么意思？不就是让法院去解决，让法院去尝试吗？如果尝试成功，最后再来研究，将那个判例规则上升为法律条文。既然是尝试，当然有不成功的可能，即那个判例规则被证明是不成功的，将它废弃了，再进行尝试。因此，当别人批评“法官造法”时，我们首先回答说，这“法官造法”是不得已的。接着，我们要进一步说明，这并不是真正的法官造法，只不过是进行“造法的尝试”罢了，这是它的本质。

七、法律解释的分类

同志们在学法理学时，书上都讲到“立法解释”“司法解释”这些概念。有的同志已经注意到，法理学教材上讲的法律解释，与我这里讲的法律解释不一致。在我们的教材上，特别是法理学教材

① 我国台湾地区著名学者黄茂荣认为，法律漏洞之补充的性质，“只是造法的一种尝试”。参见黄茂荣：《法学方法与现代民法》，台湾大学法学丛书(32)，1993 年增订 3 版，第 394 页。

上，所讲的法律解释是所谓的“立法解释”“司法解释”“学理解释”。在我们旧的民法教材上也这样讲。它并没有讲到裁判案件的法官所进行的解释。

1997 年 1 月，在清华大学召开了一个法律解释问题研讨会，这个研讨会的主题就是法律解释问题。这个会议开了两天，非常热烈。到了会议行将结束的时候，大家终于发现，会上的发言，发表的论文，所说的法律解释是不一致的。从国外回来的学者及我国香港特区的学者讲的法律解释与内地学者讲的法律解释截然不同。内地学者讲的解释是立法解释和司法解释。从国外回来的学者与我国香港特区的学者，他们讲的法律解释是指裁判案件的法官所作的解释，与内地多数学者讲的立法解释、司法解释完全不同。主办者邀请我参加了这个会议，我讲的也是审理案件的法官针对本案所作的解释，而根本就没有讲立法解释，其中稍微涉及最高人民法院所作的司法解释。

这个会上为什么有这样明显的不一致呢？这是因为，在国外的法学著作中，以及在我国香港特区和台湾地区的法学著作中，讲法律解释，并不讲我们所谓的立法解释，也不讲我们所谓的司法解释，它讲的仅仅是法官在审理案件过程中所作的解释。在他们看来，立法解释这是不用说的，既然立法机关拥有立法权，它根据立法权制定法律法规，如果法律法规有不明确的地方，它当然可以作一点解释，并且立法机关对法律所作的这种解释与立法并无本质上的区别,这是理所当然的事情,没有专门讲的必要。

所谓司法解释,即最高人民法院通过发布解释文件,对法律法规所作的解释。最高人民法院既然是最高审判机关,由它对所要执行的法律法规作一点解释,这也是理所当然的,没有特别作为一门学问、作为一门专门的法律学科加以研究的价值。在他们看来,最为重要的,有必要作为一门专门的法律学科进行研究、进行讲授的,是法官在裁判案件过程中所作的解释。因此,我们看到,国外的法学著作不讲立法解释、司法解释这样的概念,觉得这是一个很奇怪的问题。我国过去的教材,因受苏联的影响,只讲立法解释、司法解释,而忽略了最重要的裁判解释。

“文化大革命”之前,大学法学教材中有一本叫“国家与法的理论”,据我所知,它的名称和内容都是源自苏联的,里面就只讲立法解释和司法解释,没有裁判解释。为什么只讲立法解释、司法解释而不讲裁判解释?我认为,其主要原因是担心讲裁判解释的结果,势必承认法官的能动作用,导致法官通过解释创设规则,导致法官“越权”。

我们通常讲法律解释,不仅有我在这里讲的法律解释,还有我们的法理学书上讲的立法解释、司法解释,当然也有学理解释。因此,有必要在这里对这几个概念作一点区分。依解释者的身份不同,可将法律解释分成四种:立法解释、司法解释、裁判解释和学说解释。它们的差别是明显的。

(一) 立法解释

1. 立法解释的解释者

立法解释的解释者是立法者、立法机关自己。

2. 立法解释的根据

立法机关根据什么权限来进行解释？它不需要根据什么专门的权限，它拥有立法权，根据立法权就够了。既然法律是立法机关制定的，如果有必要，再由立法机关对它所制定的法律作一点解释，这不是理所当然的吗？就如同某个作者写了一本书，然后这个作者对他写的这本书发表一些意见，讲当时他为什么这样写，其中某句话是什么意思等，这都是理所当然的。因此，我们说立法解释，不需要什么特别的权限，直接依据立法权就足够了。立法者根据立法权对自己所制定的法律加以解释，这就是立法解释。

在我们国家还有这样一种情况，特别是 20 世纪 80 年代制定的一些民商事法律法规，在法律的最后有一个解释权条款：本法的解释权由某某机关行使。这里举一个实施细则的例子。1988 年 6 月 3 日国务院发布的《企业法人登记管理条例》（已修订）第 38 条所规定的“本条例由国家工商行政管理局负责解释”即是解释权条款。国家工商行政管理局依据国务院授予的解释权，于同年 11 月 3 日发布《企业法人登记管理条例施行细则》（已修订）。显而易见，该施行细则就具有立法解释的性质。立法解释的根据是立法权,以及从立法权所分出的解释权。某个行政法规由某个部委起草,由国务院批准发布,当然是国务院的立法权产生了这个法规,这个法规所规定的解释权条款又将解释权授予负责起草的那个部委行使。立法者把立法权中的解释权授予某个国家机关行使,也属于立法解释。

3. 立法解释的针对性

立法解释的针对性,即解释者针对什么关系进行解释。是针对社会上一般性的关系,这一点很重要。再以前述《企业法人登记管理条例施行细则》为例,该施行细则具有立法解释的性质,它针对的是什么关系呢?它针对的不是某个具体的企业法人登记管理关系,而是针对社会生活中一般的企业法人登记管理关系。

4. 立法解释的效力

立法解释是解释者根据立法权或者立法者授予的解释权,对法律所作的解释,它的效力如何?因为立法解释是针对一般的社会关系,因此它当然具有普遍的效力。仍以《企业法人登记管理条例施行细则》为例,凡属于《企业法人登记管理条例》第2条规定范围的企业,无论其所有制性质,中资或外资,有限责任或无限责任,其企业法人登记管理关系,必须适用该实施细则对条例所作的解释。因此,我们说,立法解释具有普遍的效力,相当于法律的效力。它的效力和法律的效力并无本质的差别。

5. 立法解释的性质

立法解释的性质是什么？立法解释，既然是根据立法权或者立法者的授权，针对社会上一般的关系所作的解释，其解释具有普遍的效力，它实质上是立法机关依据立法权，针对一般的关系制定的法律规则。因此，立法解释本质上属于立法。他那个解释文件也就是法律法规。

（二）司法解释

我所说的司法解释是指我国最高人民法院所作的解释。我所说的司法机关，仅指法院。我国《宪法》规定的是审判机关，并未提到司法机关。《宪法》第 128 条规定人民法院是国家的审判机关；第 132 条规定最高人民法院是最高审判机关。但我国《香港特别行政区基本法》使用了司法机关这个概念，第 80 条规定香港特别行政区各级法院是香港特别行政区的司法机关，行使香港特别行政区的审判权。可见，司法机关和审判机关是相同的概念，都是指法院。因此，司法解释是指最高审判机关即最高人民法院所作的解释。

1. 司法解释的解释者

司法解释的解释者当然是最高人民法院。最高人民法院是最高审判机关，它对于各级人民法院在适用法律法规当中实际产生的或者可能产生的疑问，对于法律法规当中需要解释的地方，为了法律法规的正确适用,为了维护法律的统一性,作出一些解释,这不也是理所当然的吗?因此,最高人民法院经常解释法律法规并发布了不少解释文件(见下文"司法解释的针对性"部分)。

2. 司法解释的根据

最高人民法院进行解释的依据是什么呢?它就依据司法权。说得准确一点,它的根据是最高审判权。《宪法》规定由法院行使审判权,而最高人民法院是最高审判机关,它就依据这个最高审判权进行法律解释。根据最高审判权对法律法规进行解释,不需要另外有什么解释权。

3. 司法解释的针对性

最高人民法院作出的解释,其针对性是什么?是针对一般性的社会关系。例如,《最高人民法院关于贯彻执行〈中华人民共和国民法通则〉若干问题的意见(修改稿)》(1990),《最高人民法院关于适用〈中华人民共和国合同法〉若干问题的解释(一)》(法释〔1999〕19号)*,《最高人民法院关于确定民事侵权精神损害赔偿责任若干问题的解释》(法释〔2001〕7号)**,《最高人民法院关于审理人身损害赔偿案件适用法律若干问题的解释》(法释〔2003〕

* 已失效。

** 已被修改。

20 号)[*],《最高人民法院关于适用〈中华人民共和国合同法〉若干问题的解释(二)》(法释〔2009〕5 号)[**],《最高人民法院关于审理旅游纠纷案件适用法律若干问题的规定》(法释〔2010〕13 号)[***],《最高人民法院关于审理房屋登记案件若干问题的规定》(法释〔2010〕15 号),《最高人民法院关于审理买卖合同纠纷案件适用法律问题的解释》(法释〔2012〕8 号)[****]。这些都是针对一般的关系,不是针对某个特定的关系,不是针对某个具体案件。只要属于该类关系,就要适用。[①]

4. 司法解释的效力

司法解释,既然是最高人民法院依据最高审判权,针对某一类社会关系,对法律法规所作的解释,当然要求各级人民法院在审判属于该类型社会关系的案件时必须遵循。因此,司法解释具有普遍的效力。它实际是针对一般关系的应普遍适用的裁判规则,这与法律规则是相同的,差别仅在规则的制定者和所根据的权限性质。我们也可以说,司法解释相当于法律。例如,《最高人民法院

* 已被修改。

** 已失效。

*** 已被修改。

**** 已被修改。

① 值得注意的是,最高人民法院的司法解释中,有针对某个具体的案件所作的解释,通常称为“批复”。例如,已经废止的《最高人民法院关于侵犯受教育权案的批复》(法释〔2001〕25 号)。

关于审理名誉权案件若干问题的解释》(法释〔1998〕26 号)*,哪一个法院在裁判该类型案件时可以不遵照执行、敢不遵照执行呢?各级法院都要遵照执行。实际是把它当作法律对待的。我们可以说,司法解释具有普遍的效力,或者说具有相当于法律的效力。如果哪一个法院审理属于该类型的案件,不遵照最高人民法院针对该类型关系的司法解释,这本身就构成适用法律不当,构成上诉理由。

5. 司法解释的性质

司法解释的性质是什么?既然司法解释具有相当于法律的普遍效力,它与法律法规具有共同的本质,即具有普遍效力的行为规则。它与法律法规的差别只是制定者不同,它不是立法机关制定的,而是最高人民法院制定的,最高人民法院没有立法权,它的根据是最高审判权。因此,我们说,司法解释有准立法的性质。民法上经常用到"准"字。说司法解释具有准立法的性质,首先就是说它不是立法,其次是说它在具有普遍拘束力的行为规则这一点上与法律相同,可以将它当作法律对待。这就叫具有准立法的性质。

民法上的"准"字有两层含义:第一,"不是",如说司法解释是"准立法",其第一层意义是:司法解释不是立法。因为规则制定者不是立法机关,没有立法权,但它是针对一般关系制定的具有普

* 已失效。

遍效力的行为规则，有相当于法律的效力。第二，“可将其当作是”，如说司法解释是“准立法”，其第二层意义是：虽说司法解释不是立法，但基于某种法律政策上的理由，可将司法解释当作法律法规一样对待。换言之，在某种意义上，司法解释相当于立法。这就是“准”在法律上的含义。因此，我们说司法解释有准立法的性质。

（三）裁判解释

前面已经讲了，民法解释学或者法学方法论所说的解释，是指裁判解释和学说解释。这里先讲裁判解释。

1. 裁判解释的解释者

裁判解释的解释者是谁呢？当然是审理本案的法官，在普通程序中是合议庭的三位法官，在简易程序中是独任法官。

2. 裁判解释的根据

裁判解释的根据是什么？审理案件的法官对法律法规进行解释，其根据是他对本案的裁判权。他裁判这个案件，不对法律进行解释就无法裁判，因此他直接根据对本案的裁判权就够了。这是理所当然的。他受理了本案，原告把案件起诉到法院，审理本案的法官有对本案的裁判权，根据此裁判权，当然可以对法律法规进行解释，因为不解释就不能裁判。裁判解释的根据是对本案的裁判权，无须另外再有什么解释权。

3. 裁判解释的针对性

裁判解释针对什么，是不是针对一般的关系？不是。它仅仅针对本案，即法官所受理的这一个待决案件。亦即裁判解释只是针对一个具体的案件，而不是某一类案件或者某一类关系。我只针对我所审理的这个案件进行解释，我审理这个案件，我对这个案件取得了裁判权，因为不解释就难以判决，因此我必须解释，我进行解释时只结合本案的事实，只针对本案。至于同类案件在别的法院起诉，别的法官怎样解释、怎样判决，我管不着，也不必管。我只管原告、被告双方起诉到本庭的这个案件，我就针对它进行解释，这一点非常重要，这就是民法解释学上所谓法律解释的特征中最重要的一个特征，叫"个案针对性"。民法解释学或者法学方法论上所讲的法律解释，与我国目前的法理学教科书上所讲的立法解释、司法解释之间最关键的区别，就在于"个案针对性"：立法解释和司法解释都是针对一般的关系，不具有"个案针对性"；裁判解释是针对法官所审理的具体案件，具有"个案针对性"。

4. 裁判解释的效力

既然裁判解释是受理本案的法官针对本案事实所作出的解释，它当然没有普遍的效力。它的效力仅及于原告、被告，它仅对原告、被告有效。无论原告、被告双方对法官这个解释赞同与否，无论原告、被告双方是否心服，这个解释以判决的形式强行生效，原告、被告双方即使心中不服也必须执行。你不执行，就强制你执行，强制划拨你的银行账户，强制拍卖你的财产，即裁判解释的效力不以案件原告、被告双方当事人的意志为转移，裁判解释一旦发生效力，原告、被告双方就必须服从。但是，它那个效力仅及于本案当事人。裁判解释对本案当事人以外的其他的人，并无拘束力。即使与本案事实完全相同的其他同类案件，也不受那个解释的拘束。它对同类型的其他案件没有拘束力，只对本案原告、被告双方有拘束力。这是因为，裁判解释的解释者是法官，他只对所审理的本案具有裁判权。

5. 裁判解释的性质

裁判解释的性质是什么呢？既然裁判解释的解释者是审理本案的法官，解释的根据是对本案的裁判权，那个解释仅对本案当事人有效，那它的性质，实际上不就是一个判决吗？实际上，法官解释的结果形成了对本案的判决，解释包含在判决之中，解释也因判决的生效而获得效力，因此我们可以说，裁判解释的性质也就是一个判决。法官进行裁判解释是在判决当中，他并不是脱离对本案的判决，单独制定一个什么解释文件。这一点很重要，也是与所谓立法解释、司法解释的区别所在。立法解释和司法解释都会制定一个解释性文件，而裁判解释只是一个判决，没有什么解释性文件。这个判决如果在《最高人民法院公报》上发表，如果那个解释创设了一个规则，被别的法院参照执行，最后可能形成一个判例规则。并不是说它超越了立法权，是什么法官造法，至多只能说是一个立法尝试。裁判解释即使被《最高人民法院公报》刊登，其最终命运仍不确定，有可能尝试不成功而被废弃，也有可能尝试成功，这就是我们所讲的判例规则，最终可能被立法者吸收到法律中，上升为正式的法律。

我在课上所讲的法律解释，主要是裁判解释、法官的解释，但我有时也举一些最高人民法院的司法解释中的例子。实际上，最高人民法院的解释有两种类型：一种是针对一般性的关系，有普遍效力的，具有准立法的性质；另一种是针对下级法院请示的某个具体案件所作出的解释，这是一种特殊情况。后一种解释有它的历史背景，我国历史传统形成了这类解释，而在当前情况下，这类解释不是没有其存在的理由。国家这么大，社会情况这么复杂，法官队伍这么庞大，水平又参差不齐，遇到一些新的、复杂的案件，法官拿不定主意，逐级请示到最高人民法院，最高人民法院对所请示的具体案件作出一个解释，最后使那个具体案件得到一个适当的判决，及时解决了当事人之间的争议。这是这类解释存在的积极意义、好的一面。

从另一方面来看，一个基层法院受理了这个案件，逐级请示，一直请示到最高人民法院，最高人民法院作出了解释、表明了立场，如果当事人上诉，二审法院将怎么办呢？二审法院还能够改过来吗？不可能改过来。如果当事人对二审判决不服提起再审，再审法院将怎么办呢？再审可能改过来吗？也不可能改过来。哪一级法院敢纠正最高人民法院的批复呢?最高人民法院针对下级法院请示的案件作出的批复,哪一级法院敢改?如果最高人民法院自己不纠正,高级人民法院敢把它改过来吗?中级人民法院敢把它改掉吗?如果不能改,那我们的审判程序、审级制度还有什么意义?一审已经捅到最高人民法院了,或者一审法院与二审法院,甚至与再审法院都已经通了气,那当事人的上诉权和申诉权,还有什么用?所以说,这种最高人民法院针对下级法院请示的具体案件表态的做法,尽管有其产生和存在的理由,但不能不看到它的违法性。

这种解释不合法,不符合《宪法》《人民法院组织法》《民事诉讼法》,这是它不好的一面。前面讲到有好的方面,针对现实情况也起了一定的作用,解决了部分法官素质不高的问题。但绝不能无视其违法性,恐怕是越早废止越好。我们应当断然废止这种逐级请示具体案件和上级法院针对下级法院所请示的具体案件表态的做法!花大力气提高法官队伍的素质,把法官素质提高了,法官独立审判,针对自己所审理的案件解释法律、作出判决,即使他那个解释把握性不大,他行使了他的权力,履行了他的职责,尽了他的能力,他依法作出了判决,然后让二审法院、再审法院去审查。

一审法官作出的解释,即使创设了一个规则,判决还没有生效,还有二审程序。经二审法院的审查认为合理、适当,维持了原判,它才生效;二审法院认为不合理、不合法的就推翻原判,这符合程序法。因此,我的意见是最高人民法院不得针对具体案件解释,不得针对下级法院请示的具体案件表态,最高人民法院只针对一般性的关系进行解释,这样就把司法解释和裁判解释的界限划清楚了,维护了法律的严肃性。①

另外,无论司法解释还是立法解释,解释中所用的一些方法、规则和理论,与裁判解释和学说解释是相同的。区别在于解释者、解释的根据,然后是针对性和解释的效力。在解释的方法、规则和理论上可以说没有区别。这是需要说明的。

(四)学说解释

最后还有一种解释,叫学说解释或者学理解释,这在教科书中也讲到。我在讲课当中所举的例子,大多数是法官作的解释,也有一部分是学者作的解释。学者作的解释,就叫学理解释或学说解释。学说解释和裁判解释,是民法解释学所讲的法律解释。

1. 学说解释的解释者

学说解释的解释者是法学者。

2. 学说解释的根据

法学者进行学说解释,他依据什么权力呢?他不根据什么权

① 令人欣慰的是,现在最高人民法院已经不再针对下级法院请示的具体案件发表解释意见。

力,法学者是布衣,是老百姓,没有什么权限可言。他不是立法者,没有立法权;他不是最高人民法院,没有司法权;他也不是法官,不能对原告、被告双方的什么案件进行审判,没有裁判权。他什么权限也没有,只不过是进行学术研究罢了。法学者解释法律,是从事学术研究,从事法学专业的需要,不需要有什么权限。

3. 学说解释的针对性

法学者解释法律的针对性何在?是针对假设的或者曾经实际发生的案件。法学者在讲课当中,在著作、论文当中,为了对法律法规进行讲解,或者解说某个法律规则,他假设一个案件,有时他也把现实生活中曾经发生过的一些案件拿来作为实例,结合这样的实例对法律进行解释。他进行解释时所针对的主要是他假设的案件或者曾经发生过的案件。所以在针对具体案件这一点上,学说解释和裁判解释是完全一样的。裁判解释是针对法官所审理的本案这一具体案件,学理解释也是针对一个具体案件,只不过它是假设的罢了。因此,学说解释也具有个案针对性这个重要特征。

4. 学说解释的效力

学说解释有没有什么效力呢?可以说,学说解释毫无效力可言。一个法学者,针对一个假设的案件发表的解释意见没有什么拘束力。即使所针对的是一个曾经发生的案件,他那个解释也没有什么效力。即使在他那个解释中得出与那个实际发生案件的判决不同的解释意见,那个案件的判决也并不因此丧失效力。因此教科书上说,学说解释没有什么效力。既然如此,法学者为什么要进行解释呢?他进行解释有什么用呢?有用。

法学者之所以要进行解释,是因为考虑到法学本身太枯燥,尤其民法是由相互间有严密逻辑关系的许多概念、原则和制度构成的,不容易理解,不容易懂,法学者讲课的时候、写书的时候,如果举些案件作为实例,就可以使他讲的课、写的著作显得生动,容易理解、容易懂。他结合所举的案件解释法律条文,也起一个示范作用。他的解释意见对学生、读者来说是一个示范,不仅使学生和读者容易理解,还使其学会怎么样解释适用法律。同时,学说解释不仅给学生和读者作示范,它还有一个作用,即为法官提供参考。

法官是法学院培养出来的,总是老师教出来的,法官在审理案件过程中,如果对所审理的某一个案件应该如何适用法律有疑问,他很自然地要回忆甚至翻一翻当年所学的教材,或者翻一翻手边的著作,查一下是否有哪一位法学教授曾经针对类似的案件发表过解释意见。他如果找到了某一位教授对他正在审理的这类案件发表过解释适用的意见,他就看看这个意见合不合理,如果他认为合理,他就拿这个解释意见作为他裁判该案的参考。这就是学说解释起到了为法官提供参考的作用。

学说解释的作用,一个是给学生作示范,另一个是为法官提供参考,这是指的一般情况。在我们国家现在的裁判实务中,法院对于所审理的案件应当如何解释适用法律有疑问,或者存在不同意见时,常邀请几位学者开个讨论会,每一个学者都针对这个案件,发表他的解释意见。这种情形,学者的解释意见不就是为法官提供参考吗?如果多数学者的意见是一致的,那么法院理所当然就采纳了这个意见,按照这个意见判决该案。

学者的解释意见,属于学说解释,前面谈到学说解释没有法律效力,但因为被法官采纳作为裁判依据,就在实际上取得了效力。当然,这种情形学说解释所取得的效力,是被法官采纳作为判决依据的结果,不是说它本身就具有这个效力,因此我们可以说,这种情形的学说解释有间接的效力。现在无论在英美法系国家,还是在大陆法系国家,法官采纳学说解释作为裁判依据,可以说是常见的情况,由此可见学者所作的学说解释,虽然没有什么直接的效力,但在现实生活中发挥着很大的作用。不仅我国是这样,发达国家也是这样。这说的是学说解释。民法解释学上讲法律解释,着重讲的是学说解释和裁判解释。我在下面将要讲到的许多例子是法官作出的解释,也有一部分是学者作出的解释。

最后还要简单地讲一个问题,这就是民法解释学在民法学中的地位。我在前面已经谈到,从罗马法时期一直到 19 世纪,民法解释学这个概念与民法学这个概念是完全相同的,没有一个专门研究和讲授解释适用法律的方法的学科。这是因为,自罗马法以来，只有少数民法学者才研究法律解释的方法和理论。但是到了20世纪，特别是第二次世界大战以后，法律解释的方法问题越来越受到重视，最终从民法学中分离出来成为一门专门的学科，在德国叫作法学方法论，在我国台湾地区也叫法学方法论，在日本仍旧叫民法解释学。

过去，只有民法学者研究法律解释的方法和理论，因此历史上的法解释学就是民法解释学。现在，各个法律学科都开始重视和研究解释适用的方法，除民法解释学之外，宪法学者也讲宪法解释学，刑法学者也讲刑法解释学。因此，现代的法解释学，除民法解释学之外，还有刑法解释学、宪法解释学、行政法解释学。但是，其中最典型的、最主要的是民法解释学。民法解释学为其他的法解释学提供了基本的方法、基本的规则和基本的理论。

下面对现代民法学也作一个简单的概括。我们一说到民法学，请同志们回忆你们学的那个民法教科书，回忆民法教科书的主要内容，其主要内容是：关于民法的概念、原则、制度和理论的体系。这是民法学最主要的内容。民法学的第二部分内容，是关于法律的解释适用的方法、规则和理论。这部分在民法学上占的分量较小。民法学还有第三部分内容，就是作者针对假设的或实有的案例发表的解释意见。当讲到一个民法制度或者一个条文时，往往要举一个例子，然后结合法律进行解释，这个案例应当适用哪一个条文，应该怎么判决等，这是民法学的第三部分内容。

民法学的第一部分内容告诉我们，我国民法有什么概念、什么规则、什么制度，法官裁判案件要找一个法律规则，作为三段论逻辑推论的大前提，我们到什么地方去找呢？我们去翻法规大全、审判工作手册等。但这些概念、原则、制度经过学者整理，按照一定的顺序写在民法教科书上了，因此，法官或学生学这部分内容，就是掌握我国民法的法源。

“法源”这个概念的含义是“法律的存在形式”，就是存在哪些法律规则，这也叫法源论。有的民法教材未用“法源”的概念，而是发明了另外一个概念，叫法律的表现形式，是同样的意思。我们通过法学院本科的学习，掌握了我国民法有哪些概念、规则、制度和理论，为将来从事法律职业奠定基础。这部分内容非常重要，是关于民法的基础知识。在民法学上，这部分内容叫作“法源论”。

第二部分是告诉我们怎样进行法律思维，怎样裁判案件，怎样解释适用法律的方法、规则和理论。因此叫“方法论”。第三部分是作者为了给学生示范，为了给法官提供参考，针对假设的、曾经发生过的案件发表的解释意见，叫“解释论”。前面讲到，这属于学理解释，是作者运用民法的解释适用方法，亲自实践一下，某个案件应该怎样裁判，这个解释论起示范的作用、参考的作用。①

在民法学上,第一部分内容最多,第二部分内容最少,第三部分内容也少。从罗马法以来,民法学者在著作中讲解释适用方法的很少,自古以来只有少数民法学者在研究这套理论,因此方法论这部分在民法学上分量很少。

20 世纪以来,由于社会生活的复杂化和民法思想的转变,研究法律解释适用的方法的人多起来了,方法论越来越受到重视。德国不少学者出版这方面内容的著作,例如,很著名的民法学者拉伦茨出版的一本专著叫《法学方法论》,我国台湾地区的学者杨仁

① 法学论文,根据内容和目的分为两类:立法论和解释论。立法论讨论法律的"应然",解释论讨论法律的"实然"。论文批评某个法律、某个制度,建议修改某个法律、某个制度,建议创设新的制度、制定某项新的法律,属于"立法论";论文结合实有的或假设的案件,讨论应当根据某个法律、某个条文进行裁判,讨论某个条文的适用范围、构成要件、法律效果,以及某个法律概念、用语的含义,是否存在不当和漏洞及弥补漏洞的方法和依据,属于"解释论"。撰写属于立法论的文章,可以不受任何条条框框的局限,不受现行法的局限,各尽其智、畅所欲言,可以旁征博引、评古论今。评判属于立法论的文章的优劣,不是看文章的见解、建议是否符合现行法,是否可能为立法机关所接受,而是看文章的见解、立论是否有理有据,是否符合法理,是否符合我国国情和法律进步发展的趋势。撰写解释论的文章,必须尊重现行法,受现行法的约束,致力于对现行法具体法律条文、制度的准确理解、解释和正确适用,即使经过写作者的研究发现某个具体条文、制度存在不足、不当乃至失误,写作者的任务也只能是在不违反相应的现行法立法政策目的的前提下,运用种种解释方法,对该具体条文、制度予以弥补、补救以实现其规范目的,而不是进行批判或进行修改。特别要说明,除撰写法条评释、判解研究等属于解释论的论文外,法官平常履行职责,包括会见双方当事人、主持庭审、合议案件、撰写结案报告、撰写判决书和裁定书,以及向上级汇报案件乃至参加审判委员会审议案件,都是在从事解释论工作。可见,解释论是法官的本职、本行,法官素质和水平高低,主要体现在从事解释论工作的能力和水准。

寿出版的著作也叫《法学方法论》，日本学者的同类著作叫《民法解释学》。我仿照日本学者，称为民法解释学。

根据现代法学的发展，法学方法论或者民法解释学逐渐从民法学中分离出来，成为一门独立的法学学科，一门很重要的实用科学。但在民法教材中仍应作为一章，使学生了解一些基本的法律解释方法。作为法官，就要专门学习民法解释学。民法解释学不是一般的知识，它是关于方法的知识，特别是告诉法官应怎样解释适用法律、怎样裁判案件的知识。法官要适应现在中央提出的“提高法官素质”的要求，适应现代化的市场经济，适应发展的千变万化的复杂的社会关系对裁判提出的要求，关键就在于学习和掌握好民法解释学。

第二讲　法律解释方法

现在讲具体的方法。前面讲到找法的三种结果,相应地有三种方法:狭义的法律解释方法、法律漏洞补充方法和不确定概念的价值补充方法。广义的法律解释,包括这三种方法。这里讲的法律解释方法,是狭义的法律解释方法。

所谓法律解释方法,是指在找到现行法上有一个可以适用于本案的法律条文之后,为了确定这个法律条文的内容意义、适用范围、构成要件、法律效果等,所采用的各种方法。需要说明的是,不同的学者关于法律解释方法的分类有所不同,而随着民法解释学的发展,法律解释方法的种类有增加的趋势。这里按照我对法律解释方法的分类,现代民法解释学的法律解释方法,分为四个类型,共十种方法。

四个类型是:文义解释、论理解释、比较法解释和社会学解释。其中论理解释包括七种方法:体系解释、立法解释、扩张解释、限缩解释、当然解释、目的解释和合宪性解释。加上各自成为一个类型的文义解释、比较法解释和社会学解释,总共是十种解释方法。

一、文义解释

第一种方法叫文义解释。什么是文义解释?文义解释,是指按照法律条文所使用的文字词句的文义,对法律条文进行理解、解释的方法。也就是说,你要先把法律条文所使用的文字词句的意思弄清楚,这个文字词句是什么含义、什么意思?把这个弄清楚了,在这个前提下,再确定法律条文的意思、适用范围和构成要件等,这样解释法律,就叫文义解释方法。

文义解释的根据是什么?文义解释的根据就在于,法律是由语言文字写成的。如果你连法律所使用的文字词句的文义都没弄懂,你怎么能够正确理解这个法律条文的含义呢?怎么能对这个法律条文作出正确的解释呢?这就是文义解释的根据。

民法解释学上有一条规则,解释法律必须由文义解释入手。也就是说,无论谁,无论解释什么法律,都必须先采用文义解释方法。民法解释学还强调,解释法律,应当尊重法律条文的文义。也就是说,解释法律,应当根据法律条文的文义,不应脱离法律条文的文义任意解释。按照民法解释学,进行文义解释时,一般应按照法律条文所使用词语的通常意义解释,但如果该词语在法律上具有特殊意义,与通常意义不同,则应当按照该词语在法律上的特殊意义解释。

文义解释的根据很简单,关键是举例,我现在给大家举一些例子。

前面已经提到过偷电算不算盗窃的例子。过去有一段时间我国偷电问题也普遍存在,一个人从公共电路上接一根电线绕过他那个电表,结果他家里天天晚上灯火通明,什么电视、音响、冰箱啊,没有停过,但是每月一查电表,字数很少,只交很少的电费。结果一栋居民楼中每次收电费的时候,收上来的钱和实际耗费的电量差别很大,怎么办?让所有的住户平均分摊,结果老实人吃亏,多数人吃亏,从而怨声载道。

日本也有这种情况,日本的法院判过一个偷电的案件。一个人因偷电被起诉到法院,这是作为刑事案件起诉的,法院开庭审理,最后以盗窃财物罪判决。这个判决一下,在日本引起轰动,大家说这个判决不对。为什么不对?日本《刑法》有罪刑法定原则,根据这个原则,法律规定为犯罪的行为才能判有罪,法律没有规定为犯罪的行为不能判有罪。本案判决依据的是日本《刑法》上的盗窃财物罪。大家批评那个判决不对,难道偷电不算盗窃?这就涉及文义解释。

要确定盗窃财物罪的适用范围,就要弄清法律上"物"的概念。盗窃财物罪的适用范围是"财物",即具有财产价值之"物"。因此,要先弄清楚什么是"物"。日本《刑法》规定了盗窃财物罪,①

① 日本《刑法》第235条规定,窃取他人财物者,犯盗窃罪,处10年以下的惩役或者50万日元以下的罚金。

却没有规定物的定义。但日本民法规定了物的定义。《日本民法典》第 85 条规定:本法所说的物,是指有体物。什么叫有体物?民法学者作了解释:所谓有体物,指占据一定空间,人的五官能够感觉其存在的物质,包括固体、液体和气体。就是可以看得见、摸得着,或者看得见,或者摸得着的,人的感官能够感觉到它的存在的物质,才叫有体物,如桌椅、板凳、衣服等。可以问是长的还是扁的,是方的还是圆的,它有多重,或者有多大,这才叫有体物。

偷电这个案件中,被告是否构成盗窃财物罪,关键在于:电是不是有体物。电看得见吗?我们看见天上的闪电,我们看见的是光,没有看见电。我们用电灯,我们看见的是电发出的光,我们并没有看见电。可见,电是看不见的。电是方的,还是圆的呢?电是没有形的。电摸得着吗?谁去摸摸试试?所以说,它不是我们平常说的,拿得起来、看得见的东西,它是一种无形的物质。在物理学上,它当然是一种物;但是在法学上,在法律上,所谓物指有体物,电不是有体物。因此,学者批评这个判决,因为电不属于物,它在盗窃罪的适用范围之外。

因为刑法采取罪刑法定主义,法律上规定的盗窃财物罪不包括偷电。所以说这个判决不对。学者的批评所采取的解释方法,就是文义解释方法:先解释盗窃罪的适用范围,然后结合偷电这个案件来衡量,看是在盗窃罪的适用范围之内还是之外,紧扣着财物的"物"这个名词在法律上的含义进行解释。这个解释对不对呢?

对。为什么说对？因为正确运用了文义解释方法。因为这个判决受到批评，日本的立法者在明治四十年（1907年）的《刑法》中，在第36章盗窃罪及强盗罪中，增加了一个条文，即第245条："关于本章之罪，电气视为财物。"

为什么要用"视为"，这就涉及法律上的"视为"这个技术性的用语，它和前面讲到的"准""推定"是类似的。"视为"的含义是：法律规定A视为B，第一层意思是，这前面的A不是后面的B；第二层意思是，基于法律政策的考虑，把前面的A当作后面的B对待。"视为"就是这样的含义。将电气视为财物，其第一层含义是，电气不是财物；第二层含义是，基于法律政策的考虑，把电气当作财物对待。这样一来，你偷电，就构成盗窃财物罪。

日本的立法者采用了法律上的技术性用语"视为"来解决这个问题，这是出于立法政策的考虑。如果说，偷电不算犯罪，那还得了吗？如果不是犯罪，岂不是鼓励大家偷电吗？基于这样的立法政策考虑，对偷电一定要判罪，但怎么判罪呢？原来按照盗窃财物罪判决，不行，因为电不是财物，现在采取了技术性措施，把电气视为财物，这样偷电就进入了盗窃财物罪的适用范围。现在日本按照《刑法》判决偷电构成盗窃财物罪就没有问题了。

话说回来，在我们国家，对于偷电行为可不可以判决盗窃财物罪呢？我国《刑法》上也有盗窃财物罪（第264条），它的对象是什么？是公私财物。我国《刑法》关于物没有定义，原《民法通则》也没有定义。原《物权法》(已失效)第 2 条第 2 款规定:“本法所称物,包括不动产和动产。”鉴于“不动产和动产”属于“有体物”的分类,可知原《物权法》所称物,是指有体物。按照民法学者一致的解释,我国民法上所说的物,是指有体物。但民法教材上说了物指有体物之后,增加了一句:包括人力可以支配的自然力。

根据社会经济和科技发展的要求,我国民法学者在解释物的概念时,原则上坚持有体物概念,同时将一些人力可以支配的自然力,也包括在物的概念之内。人力可以支配的自然力是指电、热、声、光。什么叫“人力可以支配的”?在供电线路上的电,就是处在人力支配之下的自然力。在学理解释上,把电当作物对待。因此,如果我国现在裁判偷电的案件,我们判盗窃财物罪,是完全可以的。但是,这是按照学说解释,现行《刑法》并没有规定。将来最好在规定侵犯财产罪的分则第五章,增加一条规定:“电力视为物。”

刚刚讲关于这个案件的文义解释,顺便说到“视为”。下面再讲一个错标产地的案例。

这是 20 世纪 90 年代中期新闻媒体讨论得比较热烈的一个话题:错标产地应否双倍赔偿?这是因为天津法院判了一个案件,北京法院判了一个案件。这两个案件事实基本相同,都是商店在商品价格标签上把产地写错了,消费者买了这个产品以后,到法院起诉,要求按照《消费者权益保护法》(1993 年)第 49 条判决双倍赔偿*。结果，两个案件的判决都不适用当时的《消费者权益保护法》第 49 条，驳回了原告要求双倍赔偿的请求。这两个案子判决下达，新闻界就找有关专家、学者、立法机关的人士采访，来探讨这两个案件，判得对还是判得不对。

最后报上刊登了截然相反的两种意见。一种意见认为：凡是错标产地，不管是有意的还是无意的，是故意的还是过失的，应一律认定为欺诈行为，适用《消费者权益保护法》（1993 年）第 49 条，判决双倍赔偿；另一种意见认为：对错标产地要作区分，只有故意的错标产地才构成欺诈，才应适用《消费者权益保护法》（1993 年）第 49 条，非故意的错标产地不构成欺诈，不应适用《消费者权益保护法》（1993 年）第 49 条。

针对北京和天津法院的两个判决，报纸就刊登了所谓专家的意见，包括学者、法官、律师和立法机关的人士，当然还有商店方面和消费者方面也发表了意见。归纳起来，就是上面两种意见。第一种意见，以法制工作委员会民法室的巡视员何山为代表，认为凡是错标产地都是欺诈，应一律适用《消费者权益保护法》（1993 年）第 49 条。某个地方法院研究室的一位干部也表示赞成何山的意见，凡是错标产地，不管是故意的还是过失的，一律构成欺诈。北京某个律师事务所的一位律师也表态赞成第一种意见，认为只要

* 2013 年修正后的第 55 条第 1 款将双倍赔偿改为四倍赔偿，不足 500 元的按 500 元计算。

是错标产地,就构成欺诈。第二种意见是谁的呢?是我的意见。当然还有别人赞同这个意见。认为对错标产地,一定要加以区分,只有其中故意的错标产地才构成欺诈。第二种意见,就是采用了文义解释的方法。

《消费者权益保护法》(1993 年)第 49 条规定:"经营者提供商品或者服务有欺诈行为的,应当按照消费者的要求增加赔偿其受到的损失,增加赔偿的金额为消费者购买商品的价款或者接受服务的费用的一倍。"按照这一规定,经营者有欺诈行为的,消费者除退货外,还可以另外得到一倍的赔偿,这就是平常所谓的双倍赔偿。民法解释学告诉我们,任何人解释任何法律,都必须首先采用文义解释方法。因此我们解释《消费者权益保护法》(1993 年)第 49 条应当先采用文义解释方法。采用文义解释方法,就是要尊重第 49 条所使用文字词句的文义,要根据第 49 条所使用的文字词句的文义,解释第 49 条的内容意义、构成要件和适用范围等。

第 49 条的关键文字是"欺诈行为",尤其是"欺诈"这个概念。我们必须先弄清楚"欺诈"的文义,"欺诈"在日常用语中是什么含义,在法律上是什么含义。按照一般人的理解,在日常用语当中,"欺诈"就是故意骗人,就是故意捏造事实使他人上当。"欺诈行为"在法律上是什么含义?《消费者权益保护法》(1993 年)第 49 条使用了"欺诈行为"概念,但该法却没有为"欺诈行为"下定义。因为《消费者权益保护法》(1993 年)第 49 条在性质上属于民法的特别法，既然《消费者权益保护法》对"欺诈行为"没有定义，我们就应该按照民法上的"欺诈行为"进行解释。民法解释学也是这样要求的，即同一法律或者不同的法律使用同一概念时，原则上应作同一解释。

民法上的欺诈行为概念，规定在原《民法通则》第58条。按照该条第1款第3项的规定，一方以欺诈的手段，使对方在违背真实意思的情况下所为的法律行为无效。* 我们看到，原《民法通则》也是只规定了欺诈的法律效果，即欺诈的法律行为无效，而没有规定什么是"欺诈"，没有给"欺诈"下定义。于是我们就应当参考民法学者和法院对"欺诈"的解释。

先看学者给欺诈行为下的定义。已故著名学者佟柔教授主编的《中国民法学·民法总则》第238页关于"欺诈的法律行为"写道："这是指当事人一方故意制造虚假或歪曲的事实，或者故意隐匿事实真相，使表意人陷入错误而作出意思表示的行为。"并指出欺诈行为的构成要件之一是"欺诈人须有欺诈的故意"。按照这一解释，"欺诈行为"须以"欺诈的故意"为构成要件，无"欺诈的故意"，即无所谓"欺诈行为"。

* 《民法典》总则编第148条对此作了修改，该条规定："一方以欺诈手段，使对方在违背真实意思的情况下实施的民事法律行为，受欺诈方有权请求人民法院或者仲裁机构予以撤销。"第149条是关于第三方欺诈的规定："第三人实施欺诈行为，使一方在违背真实意思的情况下实施的民事法律行为，对方知道或者应当知道该欺诈行为的，受欺诈方有权请求人民法院或者仲裁机构予以撤销。"

再看原《最高人民法院关于贯彻执行〈中华人民共和国民法通则〉若干问题的意见(修改稿)》(1990 年)第 67 条关于如何认定欺诈行为所作的解释:“一方当事人故意告知对方虚假情况,或者故意隐瞒真实情况,诱使对方当事人作出错误意思表示的,可以认定为欺诈行为。”按照这一解释,“欺诈行为”须以一方当事人“故意告知对方虚假情况,或者故意隐瞒真实情况”为构成要件,无此故意要件,则不能认定为“欺诈行为”。可见,在认定欺诈行为须以“故意”为构成要件这一点上,学说解释和司法解释是完全一致的。

最高人民法院编写的《中国民法教程》在讲到欺诈时,指出“欺诈”须有主观要件。什么叫主观要件?就是故意隐瞒真实情况,或者故意捏造不真实情况,使对方误信。显而易见,法律上的“欺诈”或者“欺诈行为”的文义,包含故意这个因素。据此进行文义解释,《消费者权益保护法》(1993 年)第 49 条所说的“欺诈行为”的一个不可或缺的构成要件是:故意。这与欺诈在日常用语中指“故意骗人”是一致的。

现在我们再来看错标产地的案件,错标产地当然应区分为故意的错标产地和非故意的错标产地两类。假设一个经营者在出卖商品的时候,故意把真实的产地掩盖起来,标上一个虚假的产地,这就属于故意的错标产地。除此之外的错标产地,均属于非故意的错标产地。只有故意的错标产地行为,才符合欺诈行为的概念,因此在当时应当属于《消费者权益保护法》(1993 年)第 49 条的适用范围。非故意的错标产地行为,不符合欺诈行为的构成要件,因此不在《消费者权益保护法》(1993 年)第 49 条的适用范围之内,当然不应适用《消费者权益保护法》(1993 年)第 49 条。

现在我们看天津的法院判的索尼彩电案。被告在价格标签上标明产地日本,原告购买之后查明该彩电是日本的公司在马来西亚生产的,它的真实产地是马来西亚。于是请求法院依《消费者权益保护法》(1993 年)第 49 条判决双倍赔偿。按照法院认定的事实,该彩电的包装上没有标注产地是马来西亚,其说明书上也没有说明是在马来西亚生产的,商店根据索尼公司是日本的公司,其总部在日本这个事实,将产地标为日本。法院就商店标产地应以什么为标准问题征求有关专家的意见,有关专家指出,标准有两个,一个是商品包装,另一个是商品说明书。法院据此认定,既然产品的包装和说明书上都没有标明产地是马来西亚,商店根据索尼总公司所在地是日本,将商品产地标为日本,就不能认为是故意的错标产地。因此,法院认为,本案在《消费者权益保护法》(1993 年)第 49 条的适用范围之外,判决驳回原告适用《消费者权益保护法》(1993 年)第 49 条双倍赔偿的请求。这个判决当然是正确的。

再说北京的法院裁判的电子辞典案。被告在商品价格标签上标明产地香港，原告买回去之后，发现产地是广东中山，向法院起诉要求适用《消费者权益保护法》(1993 年)第 49 条判决双倍赔偿。被告答辩的时候说，把产地标为香港是错的，但不是故意错标产地。为什么说不是故意错标产地？被告举出理由，因为电子辞典的外包装上明文写着产地广东中山，因为是香港的公司生产的产品，售货员在填写价格标签时错写了香港，这是一种失误，不是故意的。如果是故意错标产地，就应当把商品外包装上的“产地广东中山”几个字去掉，而要除去那几个字是非常容易的。被告没有这样做，足以证明他不是故意错标产地。法院采纳了这个证据，据此认定被告不具有欺诈的故意，因此驳回了原告要求适用《消费者权益保护法》(1993 年)第 49 条判决双倍赔偿的请求。北京法院的这个判决当然也是正确的。

文义解释，是法官裁判案件中最常用的解释方法，按照民法解释学，任何一个法官，裁判任何一个案件，首先都必须采用文义解释方法。解释法律有各种各样的方法，但有的解释方法不是每一个案件都必须用、都可以用，而唯有文义解释方法是每一个案件都必须用的。因此，可以说文义解释最为重要，它是每一个法官都必须掌握的基本功。

下面再举第三个例子，即诉讼时效经过后债务人表示自愿履行而并未履行，这时债权人向法院起诉要求判决强制债务人履行的案件。这个案件关系到对原《民法通则》第 138 条的解释。原

《民法通则》第 138 条是关于诉讼时效的规定。该条规定:“超过诉讼时效期间,当事人自愿履行的,不受诉讼时效限制。”* 近年以来接连发生好几个案件:诉讼时效期满,当事人表示自愿履行,却又没有履行,这种情况下,债权人起诉到法院,要求判决强制债务人履行。这样的案件,法院应不应当受理?应不应当判决?地方法院拿不定主意,有的就一直请示到最高人民法院。最高人民法院内部意见也不一致:其中最高人民法院研究室和民事审判庭的意见一致,认为应当受理、应当判决;最高人民法院应用法学研究所的意见截然相反,认为凡诉讼时效经过,不管当事人是否表示自愿履行,法院都不能受理。

于是,最高人民法院研究室专门召开了一个讨论会,邀请了四位教授:中国政法大学的江平教授,北京大学的魏振瀛教授,中国政法大学的王卫国教授和我。另外,还邀请了当时全国人大常委会法工委民法室的何山同志。在这个讨论会上,关于诉讼时效经过后,债务人表示自愿履行而未履行,此时债权人向法院起诉,法院是否应当受理,参加研讨会的人有两种意见:

一种意见是,只要是诉讼时效期间经过,不管当事人是否表示自愿履行,法院均不应受理。这是法工委民法室的何山发表的意

---

* 原《民法通则》第 138 条与《民法典》总则编第 192 条第 2 款内容相似。《民法典》总则编第 192 条第 2 款规定:“诉讼时效期间届满后,义务人同意履行的,不得以诉讼时效期间届满为由抗辩;义务人已自愿履行的,不得请求返还。”

见。另一种意见是四位民法教授提出的，认为诉讼时效期间经过，债务人表示自愿履行而未履行，债权人起诉到法院的，法院应当受理并可以作出强制债务人履行的判决。

四位民法教授，江平、魏振瀛、王卫国和我，在法院应该受理、可以判决强制债务人履行这一点上意见是一致的。但是，在法院受理后应当依据哪一个条文判决，亦即在裁判的依据和理由上，四位民法教授有分歧。我和魏振瀛教授认为，可以依据原《民法通则》第 138 条。江平和王卫国两位教授认为，不能依据原《民法通则》第 138 条，他们提出的裁判理由是：诉讼时效期间经过后，债务人表示自愿履行，可以认为当事人双方达成了变更原合同的协议。各种意见均涉及第 138 条的解释。我和魏振瀛教授虽然都主张以第 138 条为裁判依据，但我们两人在对原《民法通则》第 138 条的解释上也有差别。下面介绍我对原《民法通则》第 138 条的解释。

首先解释原《民法通则》第 138 条所谓"不受诉讼时效限制"是什么意思。解释"不受诉讼时效限制"的意思，应当先解释"受诉讼时效限制"是什么意思。所谓"受诉讼时效限制"，它的含义就是：法院可以不受理，或者法院受理了，不能判决强制履行，也就是原《民法通则》第 137 条所说的"人民法院不予保护"。既然"受诉讼时效限制"是这样的含义，那么反过来"不受诉讼时效限制"，其意义当然是：法院应该受理，并可以判决强制履行。换言之，"不受诉讼时效限制"就是人民法院应予保护的意思。因此，原《民法通则》第 138 条规定，超过诉讼时效期间，当事人自愿履行的，不受诉讼时效的限制，其中所谓"不受诉讼时效的限制"，它的文义是法院应当受理，并可以判决强制履行，亦即人民法院应予保护的意思。现在，就所请示的案件，提出法律解释意见：当事人于诉讼时效期间经过后表示愿意履行的，法院应当受理，并可以判决强制履行。对不对呢？当然是对的，它是根据"不受诉讼时效限制"的文义作出的解释。

当然，除了对"不受诉讼时效限制"作出文义解释外，还应当对"当事人自愿履行的"这一句作解释。在法院可以受理，并可以判决强制履行这一点上，四位民法教授的意见完全一致，只是和法工委民法室的何山意见不一致。但是在判决的根据上发生分歧，依据什么判决呢？是依据第 138 条判决还是依据其他的根据判决？在这一点上，四位教授分为两种意见：一种是魏振瀛教授和我认为可以依据第 138 条。另一种是江平和王卫国两位先生认为不应当依据第 138 条，那么依什么呢？他们认为，当事人一方表示自愿履行，那不就意味着双方达成了一个协议吗？这个协议在法律上的意义就是变更了合同关系，因此，可以依这个协议来判决强制债务人履行债务。

这两种意见的差别在什么地方呢？差别在于对"当事人自愿履行的"这一句的解释不一致。"当事人自愿履行的"，它的含义应该是什么呢？按照江平和王卫国两位教授的解释，"当事人自愿履行的"

这一句的含义是:不仅表示自愿履行并且已实际履行完毕。相当于英语中的完成时态。这是江平教授的解释,这样解释就比较严。

我对“当事人自愿履行的”这句话作文义解释,我认为包括三种情形:第一种,表示自愿履行并且已实际履行完毕;第二种,表示自愿履行但尚未履行;第三种,表示自愿履行后又反悔。我认为,原《民法通则》第138条的“当事人自愿履行的”这一句,按照文义解释,它的含义应该包括这样三种情形。现在所讨论的这个请示案件,就是当事人表示自愿履行,但还没有履行,究竟是否准备履行、是否反悔,材料上没有说。可以确定的事实是,债务人表示自愿履行但还没有履行。这个事实在不在第138条所谓“当事人自愿履行的”这一句的文义范围内呢?在它的文义范围之内。换言之,这个案件在原《民法通则》第138条的适用范围内,因此我认为可以依据第138条判决。

江平教授认为,第138条“当事人自愿履行的”含义只有一个,仅指当事人自愿履行,并已经履行完毕。因此,按照他的解释,本案在第138条的适用范围之外,当然不应适用第138条,应当另外寻找判决根据,并建议以当事人的协议来作为判决依据。当然,最后的结果是一样的,但根据不一样。

魏振瀛教授的意见,介于江平教授的意见和我的意见之间。魏振瀛教授首先认为,原《民法通则》第138条“当事人自愿履行的”,它的文义是江平教授所说的,表示愿意履行并且已经履行完毕，但是考虑到第138条这个制度的立法本意、这个法律条文的立法本意，针对本案这个具体案件，应该对它的文义范围作扩张，扩张到包括本案事实在内，因此主张适用第138条。魏振瀛教授在这里采取了扩张解释方法，这是我在下面要讲的另一种方法。魏振瀛教授采取了扩张解释方法，我采取的是文义解释方法，江平教授所采取的是文义解释方法加上立法解释方法。因为江平教授参加了原《民法通则》的起草过程，他可以说，我们起草时就是这个意思，这不就是后面要讲的立法解释吗？魏振瀛教授也参加了当时《民法通则》的起草过程，因此，他同意江平教授的解释，但是他认为本案应该适用第138条，他采取了另外一种解释方法，即文义解释方法再加上扩张解释方法。[①] 关于扩张解释和立法解释将在后面讲。

从这第三个例子，同志们可以发现，同样是解释原《民法通则》第138条，同样是采用文义解释方法，不同的解释者作出的解释意见截然不同，这就涉及文义解释的一个重要问题：文义解释可能产生两种解释结果，而两种不同的解释结果均有其理由，一时很难判断哪一个解释意见绝对正确，哪一个解释意见绝对错误。现

① 《最高人民法院关于审理民事案件适用诉讼时效制度若干问题的规定》（法释〔2008〕11号，已被修改）第22条规定："诉讼时效期间届满，当事人一方向对方当事人作出同意履行义务的意思表示或者自愿履行义务后，又以诉讼时效期间届满为由进行抗辩的，人民法院不予支持。"可以推知，此项司法解释源于前述研讨会上四位民法教授的一致意见。

代民法解释学承认：文义解释可能产生两种不同的解释意见。因此，就产生了文义解释的一个原则：当文义解释产生两种可能的解释结果时，应当继续采用其他的解释方法，以便判断其中哪一个解释意见更为妥当、更为合理。

鉴于文义解释方法的重要性，下面再举一个同志们都知道的例子，这就是广西的法院审理的电视节目预告表的案件。民事审判庭的同志大多知道这个案件。该案的焦点是电视节目预告表受不受法律保护，受不受著作权法保护。案件事实是，被告广西《煤矿工人报》未经原告同意从原告的报纸摘登一周电视节目预告表。按照国家版权局和新闻出版署的规定及已形成的行业惯例，一般报纸可以无偿摘登广播电视报所刊载的两天（当天和第二天）的节目预告，如需摘登整周的节目预告，应当与广播电视报协商。你看，《武汉晚报》每天都有当天晚上和第二天晚上的电视节目，为什么不登第三天晚上的电视节目？它要再登第三天晚上的电视节目就构成违法，因为有这个惯例，只准免费摘登两天的电视节目。在这个案件中，被告长期无偿摘登原告一周的电视节目，因此原告向法院起诉要求判决被告停止侵权行为并赔偿损失。

一审法院经过审理判决原告败诉。理由是电视节目预告表属于时事新闻，因此任何人都可以自由使用不受限制。电视节目预告表为什么不受法律保护呢？因为按照 1990 年发布的《著作权法》第 5 条的规定，时事新闻、法律法规、数学公式这三类作品不受

《著作权法》保护。① 因此一审法院判决原告败诉。最后这个案子一直请示到最高人民法院,最高人民法院召开了专家研讨会,根据这个研讨会上多数专家的意见,最高人民法院于1994年9月7日对该请示作了答复,于是二审法院作出判决:撤销一审判决,改判原告胜诉。原告胜诉的理由是什么呢?简言之,就是电视节目预告表不属于时事新闻,应受法律保护。但是二审法院没有依据《著作权法》去保护,而是依据民法的规定来保护。这是因为参加研讨会的著作权法学者认为用《著作权法》保护不合适;而民法学者一致认为,不论依《著作权法》或是依民法都应当保护,如果《著作权法》不保护,那就用民法保护。最后是按民法来保护的。

二审判决作出之后,又在刊物上进行争论,争论的焦点在于:电视节目预告表究竟是不是时事新闻?《著作权法》(1990年)第5条规定,本法不适用于"时事新闻"。要认定电视节目预告表是不是时事新闻,这就要对《著作权法》(1990年)第5条的规定进行文义解释。这里先介绍我提出的解释意见。

关键在确定"时事新闻"的文义。什么叫"时事"?查《现代汉语词典》(商务印书馆1983年版),第1042页"时事"条明确:所谓时事,指最近期间的国内外大事。例如,我们常说"时事报告""时

① 《著作权法》(1990年)第5条规定:"本法不适用于:(一)法律、法规,国家机关的决议、决定、命令和其他具有立法、行政、司法性质的文件,及其官方正式译文;(二)时事新闻;(三)历法、数表、通用表格和公式。"该法于2020年已作出最新修订,原第5条第2项"时事新闻"已更改为"单纯事实消息"。

事述评”。什么叫“新闻”？《辞海》(商务印书馆 1979 年版)第1483 页“新闻”条明确：所谓新闻，指“报社、通讯社、广播电台、电视台等新闻机构对当前政治事件或社会事件所作的报道”。因此，《著作权法》(1990 年)第 5 条中的“时事新闻”应解释为：报社、通讯社、广播电台、电视台等新闻机构对最近期间国内外大事(如政治事件或社会事件)所作的报道。据此可以认定，一周电视节目预告表不在时事新闻的文义范围之内。我的解释强调的一个是“最近期间”，另一个是“国内外大事”，即国内外的政治、经济、社会生活中的重大事件。

另外一位学者，就是担任被告诉讼代理人的孟勤国教授不同意我的解释意见，他坚持认为一审法院判决正确，认为电视节目预告表是时事新闻。他解释说，所谓时事新闻不是仅指重大事件，包括小的事件，甚至细琐的事件，都属于时事新闻。

后来有第三种解释意见，是四川省新津法院的俞敏法官提出的解释意见。他在解释结论上同我是一致的，即认为电视节目预告表不是时事新闻，但是他认为我的解释落脚在“重大事件”上不当，他指出，是不是新闻的关键在于是不是“报道”，电视节目预告表之所以不是时事新闻，关键的根据在于它不是报道。按照这个法官的解释，是否属于时事新闻，它的关键不在事件重大不重大，关键在它是不是报道。所谓报道，是指对已发生事实的陈述，“什么时间，什么地点，什么原因，发生了什么事件”，这叫报道。他认为，电视节目预告表本身是电视台安排节目播放的一个计划表,计划表不是报道。

按照这个解释,时事新闻的文义,关键在报道,既然电视节目预告表是计划表而不是报道,则当然不属于时事新闻。这位法官的解释在结果上赞同我的解释结果,但是解释根据所强调的重点同我不一样,现在看来,他这个解释更有道理。顺便提及,在这个案件判决之后,安徽省高级人民法院也判了一个同类案件,即《安徽广播电视报》诉《芜湖日报》电视节目预告表纠纷案[(1995)皖民初字第2号],判决理由相同。

二、体系解释

什么叫体系解释呢?所谓体系解释,是指根据法律条文在法律体系上的位置,即它所在编、章、节、条、项以及该法律条文前后的关联,以确定它的意义、内容、适用范围、构成要件和法律效果的解释方法。体系解释的根据在于,法律是由许多概念、原则、制度所构成的,但这许多概念、原则、制度绝不是任意的、杂乱无章的堆砌,而是依一定的逻辑关系构成的完整体系,各个法律条文所在位置及与前后相关法律条文之间,均有某种逻辑关系存在。因此,当我们对某个法律条文作解释时,不能不考虑该条文在法律上的位置及其与前后相关条文之间的逻辑关系。

试看原《民法通则》,各章之间及各章内部大体有一定的逻辑关系。起草原《合同法》,也是首先设计、决定它的结构,总则几章、分则几章，总则各章之间大体按照合同的成立、生效、履行、转让、解除、消灭、违约责任的顺序，每一章内部各节及每节内部各个条文之间均依一定逻辑关系设计。既然法律内部的编、章、节、条、款、项存在一定的逻辑关系，这种逻辑关系就成为解释的一个根据，我们所作的解释如果违背这种逻辑关系，就必然是断章取义的任意的解释，因而不可能是正确的解释。我们在解释一个法律条文的时候，考虑这个法律条文在法律上的位置，以及它与前后法律条文之间的逻辑关系，来决定它的含义、适用范围、构成要件等，这就称为体系解释方法。它的根据就在于法律内部的逻辑关系。

下面举一个例子，就是原《民法通则》第 122 条。原《民法通则》第 122 条规定："因产品质量不合格造成他人财产、人身损害的，产品制造者、销售者应当依法承担民事责任……"其中所说的产品制造者依法承担的责任属于什么性质的责任？究竟是过错责任，还是无过错责任？原《民法通则》一颁布，关于第 122 条所规定的制造者的责任性质就发生了分歧：一种意见认为是过错责任，另一种意见认为是无过错责任。

认为属于过错责任的学者，所采用的解释方法是文义解释，因为原《民法通则》第 122 条中说到"产品质量不合格"，从它的文义解释，产品质量合格不合格，有一个衡量标准存在，这就是合同法上所说的国家标准、部颁标准、行业标准，或者当事人约定的标准。不管这个标准是法律规定的、国家规定的，还是当事人约定的，制造者都有义务使自己生产的产品符合这个标准,所生产的产品不符合这个标准,就叫"产品质量不合格"。制造者所生产的"产品质量不合格",就意味着制造者有过错。因为,既然法律规定或者合同约定了这个标准,制造者就有义务按这个标准来生产产品,如果他生产的产品不符合这个标准,就表明制造者违反了义务,而按照关于过错判断的客观过错理论,违反义务就是有过错。因此,根据对"产品质量不合格"这句话作文义解释,认定原《民法通则》第122条所规定的制造者的责任属于过错责任。

另一种意见认为原《民法通则》第122条所规定的制造者的责任属于无过错责任,采用的解释方法是体系解释方法。第一个根据是关于侵权行为的分类。原《民法通则》关于侵权行为,分为一般侵权行为和特殊侵权行为。一般侵权行为实行过错责任原则,特殊侵权行为不实行过错责任原则。[①] 原《民法通则》第六章第一节是关于民事责任的一般规定,其中第106条第2款规定:"公民、法人由于过错侵害国家的、集体的财产,侵害他人财产、人身的,应当承担民事责任。"条文中明文揭示了"过错"这个构成要件,显而易见,这是关于一般侵权行为的规定。

① 特别应注意,2009年的《侵权责任法》,抛弃了"一般侵权行为与特殊侵权行为"的划分,并行规定过错责任(第6条第1款)和无过错责任(第7条)两个归责原则,过错侵权与无过错侵权两种侵权责任。现行《民法典》侵权责任编第1165条第1款、第1166条沿用此规定。过错侵权责任与无过错侵权责任是并列的关系,无主、从之分,不能说哪个是一般侵权,哪个是特殊侵权。因此,我们解释侵权责任法,不能再沿用"一般侵权行为""特殊侵权行为"这一对概念。

所谓特殊侵权行为，属于民法一般侵权行为规则之例外，须由法律作出特别的规定。原《民法通则》将各种特殊侵权行为规定在第六章第三节的第 121 条以下。按照原《民法通则》关于一般侵权行为和特殊侵权行为这个逻辑关系，如果说产品责任对应一般侵权行为，属于过错责任的话，它就属于第 106 条第 2 款的适用范围，立法者就不需要在第 106 条第 2 款之外再规定第 122 条。既然第 106 条第 2 款已经规定了属于过错责任的一般侵权行为，产品责任如果属于过错责任，它就对应一般侵权行为，而不是特殊侵权行为，还有什么必要专门规定第 122 条呢？换言之，按照原《民法通则》关于一般侵权行为与特殊侵权行为的这个逻辑关系，既然原《民法通则》第 122 条专门规定了产品责任，其合乎逻辑的结论就是第 122 条不是一般侵权行为，不属于过错责任。根据这个逻辑关系来看，原《民法通则》第 122 条，既然作为特殊侵权行为规定，它当然在第 106 条第 2 款适用范围的外面，当然不属于过错责任。

我们再看原《民法通则》第 122 条与前后相关条文的关系。第 122 条的前面是第 121 条，后面是第 123 条。第 121 条规定国家机关和国家机关工作人员的侵权责任，第 123 条规定高度危险作业的侵权责任，这两条规定的都是无过错责任。再看第 124 条，它规定了污染环境造成他人损害的侵权责任，属于无过错责任；第 125 条规定在公共场所、道旁或通道上挖坑等造成他人损害的侵权责任,也属于无过错责任。可见,原《民法通则》的立法者有意将第122条关于产品责任的规定,与其他属于无过错责任的特殊侵权行为排列在一起,它的前面第121条是无过错责任,它的后面第123~125条也都是无过错责任,按照法律编纂和条文排列的逻辑关系,第122条规定的也应当属于无过错责任。要说第122条属于过错责任,这不合逻辑。因此,这第二个根据,就是与它的前后相关条文的关系。前后的条文规定的都是无过错责任,它也应当是无过错责任。这种解释方法以法律的体系、法律内部的逻辑关系作为解释的根据,因此叫体系解释。

关于原《民法通则》第122条规定的性质,经采文义解释方法,存在两种解释结果:一种是过错责任,另一种是无过错责任。究竟哪一种解释更正确、更合理呢?我们再采用体系解释方法,以原《民法通则》关于一般侵权行为与特殊侵权行为的区分,以及第122条与前后相关条文的关系作为根据进行解释,最后认定第二种解释(认为第122条规定的侵权责任属于无过错责任的解释意见)更正确、更合理。

为什么说第二种解释一定是正确的?已经有立法者的表态了,这就是1993年颁布的《产品质量法》。《产品质量法》(1993年)的第四章,在原《民法通则》第122条的基础上对产品责任作出更具体的规定。《产品质量法》(1993年)第四章第29~34条(修订后,现为第41~46条),把原《民法通则》第122条的规定具体化了，明文规定因产品有缺陷，造成他人财产、人身损害的，由生产者承担无过错责任。[①]《产品质量法》第四章规定产品责任为无过错责任，充分证明关于原《民法通则》第122条的第二种解释意见是正确的。

关于体系解释方法，还可以举《消费者权益保护法》（1993年）第41条（2013年修正后，见第49条）关于“残疾赔偿金”的规定为例。我在第一讲讨论法律解释的必要性时，就已经讲到，关于《消费者权益保护法》这一条规定的残疾赔偿金究竟是什么意思，在理解上存在分歧。一种意见认为残疾赔偿金是逸失利益，另一种意见认为是精神损害赔偿。要采用文义解释方法，可以说两种解释都符合条文的文义，都在其文义范围之内。按照第一种意见，因为残疾，致劳动能力丧失或者减弱，受害人从受害之时起直到预定退休年龄期间所减少的收入，在法律上被称为“逸失利益”，由加害人支付一笔金额，赔偿受害人的这一逸失利益，就是逸失利益的赔偿，完全符合“残疾赔偿金”的文义。按照第二种意见，因为受伤致残疾，使受害人在精神上遭受极大的痛苦，这种精神上

① 值得注意的是，原《民法通则》第122条对生产者的责任和销售者的责任未作区分，而《产品质量法》作了区分，规定生产者承担无过错责任，销售者承担过错责任。现行《产品质量法》第41条第1款规定：“因产品存在缺陷造成人身、缺陷产品以外的其他财产（以下简称他人财产）损害的，生产者应当承担赔偿责任。”第42条规定：“由于销售者的过错使产品存在缺陷，造成人身、他人财产损害的，销售者应当承担赔偿责任。销售者不能指明缺陷产品的生产者也不能指明缺陷产品的供货者的，销售者应当承担赔偿责任。”

的痛苦虽然不能用金钱计算,但如果判决加害人支付一笔金额,至少可以给予受害人某种抚慰,这一笔金额就叫精神损害赔偿金或者抚慰金,这也完全符合“残疾赔偿金”的文义。

这样看来,采用文义解释得出两种解释意见,各有其理由,要认定其中哪一种解释意见更正确、更合理,还需要进一步采用别的解释方法。我们现在采用体系解释方法。残疾赔偿金,是《消费者权益保护法》(1993 年)第 41 条规定的赔偿项目之一,按照体系解释方法,不能仅就“残疾赔偿金”这个概念作解释,应当考虑第 41 条整个条文的意思,特别要考虑与“残疾赔偿金”并立的其他赔偿项目的含义。《消费者权益保护法》(1993 年)第 41 条规定:“经营者提供商品或者服务,造成消费者或者其他受害人人身伤害的,应当支付医疗费、治疗期间的护理费、因误工减少的收入等费用,造成残疾的,还应当支付残疾者生活自助具费、生活补助费、残疾赔偿金以及由其扶养的人所必需的生活费等费用……”要确定“残疾赔偿金”的含义,必须考虑“残疾者生活自助具费”和“生活补助费”* 的含义,尤其是“生活补助费”这一概念的含义,这至关重要。

北京海淀区法院关于贾某宇案判决,将“残疾赔偿金”解释为精神损害赔偿金,其根据就在于:该院已将“生活补助费”解释为

---

* 2013 年修正的《消费者权益保护法》第 49 条中,不再有“残疾者生活自助具费”“生活补助费”的表述,而是改为“残疾生活辅助具费”。

逸失利益的赔偿。既然关于逸失利益的赔偿中已有“生活补助费”,“残疾赔偿金”就必然不是逸失利益赔偿金,而只能是精神损害赔偿金。这就是以该条内部的逻辑关系作为解释依据,属于体系解释方法。

我们看到,体系解释的根据在于法律内部的逻辑关系,当采用文义解释得到两种不同的解释结果时,可以再采用体系解释方法,根据法律内部的逻辑关系,判定哪一种解释结果更正确、更合理,因此是一种重要的解释方法。但须指出的是,体系解释方法也有其局限性,在采用体系解释方法得出解释意见之后,还须采用其他解释方法予以验证。下面举一个关于悬赏广告的例子。

《最高人民法院公报》1995 年第 2 期刊登过一个案件,是天津的法院审理的一个遗失物悬赏广告案。这个案件的基本事实是,被告带着一个大公文包(里面有价值 80 多万元的汽车提货单及其他贵重物品)去看电影,看完电影他就走了,把大公文包忘在座位上,该公文包被在后排看电影的原告拾到。原告认为公文包失主肯定会回来找,于是在电影院门口等了一段时间,见没有人回来找,就把公文包交给他的朋友保管。后来原告发现天津的报纸上登了一个寻包启事,说失主于某年某月某日在某个电影院掉了一个什么颜色的公文包,里面装了什么东西,一周内送还者酬谢 15000 元。原告看见了这个寻包启事,便与被告联系,约好在什么时间、什么地点交接公文包。

因在酬金问题上发生争执，原告向法院起诉要求被告按照寻包启事中的许诺给付酬金，而被告辩称寻包启事中许诺给付酬金的内容不是真实意思，且依照法律的规定，原告有义务将拾得物送还失主，而原告不主动与失主联系而坐等报酬，违背法律关于拾得物的规定和诚实信用原则，要求法院驳回原告请求。一审法院依据原《民法通则》第58条第3项关于违背真实意思的法律行为无效的规定，判决原告败诉。原告不服上诉到二审，二审法院认为一审判决适用法律不当，认定寻包启事属于一种悬赏广告，应为有效。最后二审法院撤销了原判，并调解结案。这是我国法院第一次承认悬赏广告。

我现在介绍这个案件，是要讨论悬赏广告的性质问题。悬赏广告具有什么性质？二审法院在调解书中说，被告在报纸上刊登的寻包启事是一种悬赏广告，其中表示“一周内送还者酬谢15000元”是面向社会不特定人的要约，原告在广告规定的“一周内”完成了广告指定的送还公文包的行为，则是有效承诺，于是在原告与被告之间形成了合法有效的债权债务关系。这是认为悬赏广告的性质为合同。这个案件在《最高人民法院公报》上刊登后，有学者发表文章讨论悬赏广告的性质，认为二审法院将寻包启事认定为悬赏广告是正确的，但把悬赏广告的性质解释为合同不当，认为悬赏广告的性质不是合同而是单方行为。

关于悬赏广告的性质究竟是合同还是单方行为，从来就有争论。1929～1930年，民国政府制定了《中华民国民法》(1949年废止)，其中第164条规定了悬赏广告。该民法颁布后，关于悬赏广告的性质就发生了争论：第一种意见认为悬赏广告是合同；第二种意见认为悬赏广告是单方行为。

第一种意见认为悬赏广告是合同，所采用的解释方法是体系解释方法。因为规定悬赏广告的第164条的位置，在原《中华民国民法》第二编第一章第一节第一款，即第二编规定“债”，其第一章规定债之“通则”，其第一节规定“债之发生”原因，其第一款规定“契约”，关于悬赏广告的第164条就规定在第一款“契约”中。按照体系解释方法，既然悬赏广告的条文规定在“契约”当中，那悬赏广告当然属于契约。

再看第一款包括14个条文：第153条规定“契约之成立”，第154条规定“契约之拘束力”，第155～158条规定“要约之失效”，第159～160条规定“承诺通知之迟到”，第161条规定“意思实现”，第162～163条规定“撤回要约”，第164条规定“悬赏广告之效力”，第165条规定“悬赏广告之撤销”，第166条规定“契约方式之约定”。按照体系解释方法，既然排列在第164～165条前面的条文和排列在它们后面的条文全都是关于契约的规定，那第164～165条规定的悬赏广告也应当是契约。

第二种意见认为悬赏广告是一种单方行为，所采取的解释方法是文义解释和立法解释。因为原《中华民国民法》第164条规定

“以广告声明对完成一定行为之人给予报酬者,对于完成该行为之人,负给付报酬之义务。对于不知有广告而完成该行为之人,亦同”。条文当中说道,完成广告所指定行为的人,即使他不知道有这个广告,也应该给付他广告中许诺的报酬,按照这个意思,悬赏广告就不是契约而应当是单方行为。

民法将法律行为区分为契约(双方行为)和单方行为,契约是两个意思表示构成的法律行为,单方行为是一个意思表示构成的法律行为。既然法律条文上说即使完成广告所指定行为的人不知道有这个广告,刊登广告的人也要付给他报酬,这个完成行为的人不知有广告也就不会有意思表示,那悬赏广告的拘束力就不是来自两个意思表示的一致,而是来自广告人的一个意思表示。换言之,广告人单方作出的意思表示就具有法律拘束力,这只能是单方行为,而不可能是契约。

关于悬赏广告的性质,解释为单方行为是采用了文义解释方法,解释为合同是采用了体系解释方法,各有其理由。究竟哪一种解释正确?应该认为解释为单方行为是正确的,因为该条的立法理由书中已经说明是采单方行为说,这属于立法解释,我在后面要讲到。

为什么第一种意见采体系解释认为悬赏广告是合同反而错了,问题就在于体系解释有其局限性。法律内部要求有严格的逻辑关系,但法律总是由人起草的、由人制定的,人在起草和制定法律的过程中难免发生错误,包括逻辑上的错误,结果导致个别条文不合逻辑。关于悬赏广告的规定就是一个例子,按它的文义和立法者的意思都是单方行为,但该规定却被安排在规定契约的条文中间,依体系解释它应当是契约,而实际上它不是契约。

原《民法通则》关于悬赏广告未设规定。学者起草的原《合同法》的第一个草案,规定了悬赏广告这项制度,后来在讨论草案时,有的人就说,悬赏广告不是合同而是单方行为,怎么规定在合同法上?后面几个草案就把它删掉了。现在考虑,悬赏广告还是应该在合同法上规定。因为在现实生活中,悬赏广告还很常见,如果法律不作规定的话,法院裁判就没有条文作根据,还是规定为好。考虑到悬赏广告虽然重要,但毕竟是一个很小的制度,规定一两个条文就够了,不可能专门制定一部悬赏广告法。悬赏广告虽然不是合同,但毕竟是由意思表示构成的法律行为,与合同最为接近,因此规定在合同法上并非毫无理由。《民法典》合同编第 499 条规定(性质属于单方法律行为的)悬赏广告,其立法理由正是如此。

这说明法律虽然是有严格的逻辑关系的,但社会生活是复杂的,不可能严格符合某种逻辑关系,悬赏广告就是一个例子。悬赏广告在现实社会生活中存在,法律应该规定,但如果单独为它制定一部法律,名称叫"中华人民共和国悬赏广告法",内容只有一个条文或两个条文,则不经济,也不好看,不合常情。这就说明,现实生活的复杂性,不可能严格符合逻辑。加上法律是由人制定的,人会发生错误,法律起草的某个时候,逻辑混乱了,安排某个条文不合逻辑,这不常见吗?我们每一部新的法律颁布后几乎都受到学者和法官的批评,说这个条文不通,那个条文不通,也就是不合逻辑。这就是体系解释方法有局限性的原因。鉴于体系解释方法有局限性,我们在解释时,不能仅依据体系解释一种方法就得出结论,在体系解释方法之外,还须采用其他方法。下面讲第三种解释方法。

三、立法解释

第三种解释方法叫立法解释。立法解释,又叫沿革解释、历史解释、法意解释,是指对一个法律条文作解释时,从法律的起草和制定过程中的有关资料,如立法理由书、草案和审议记录等,分析立法者于制定法律时所作价值判断及所要实现的目的,以推知该法律条文的立法者意思的解释方法。关于一个法律条文,经采文义解释或其他解释方法,得出两个不同的解释意见,各个解释意见均有其理由,很难说哪一个绝对正确,哪一个绝对错误,对这种情形可以采用立法解释方法,探求立法当时的立法者意思,以立法者意思作为判断标准,这就叫立法解释。

我在前面已经讲到,原《民法通则》第 138 条规定:"超过诉讼时效期间,当事人自愿履行的,不受诉讼时效限制。"其中"当事人自愿履行的"一语,江平教授认为仅指"当事人表示自愿并在实际上已经履行完毕”。他参与了原《民法通则》的起草工作,他说立法者当时就是这个意思,不包括“当事人表示自愿但尚未实际履行”及“当事人表示自愿后又反悔”在内,这就是立法解释,即以立法者的意思作为标准、作为解释根据。

下面举有关立法解释的例子,是关于《铁路法》第13条的解释。我国于1990年9月7日颁布了《铁路法》,此后不久发生了这样一件事:山西太原铁路局,在它管辖线路的客车上,实行有偿供水,一杯白开水两角钱,这在旅客中引起很大反响。因为自中华人民共和国成立以来,从来没听说过坐火车喝白开水要交钱。这个事情被反映到铁道部,铁道部要求太原铁路局纠正。太原铁路局就搬出《铁路法》作根据,认为有偿供水符合《铁路法》的规定。

《铁路法》第13条规定,铁路运输企业应当采取有效措施做好旅客运输服务工作,“提供饮用开水”。太原铁路局认为,法律上明文写着“提供饮用开水”,其前面并没有“无偿”二字,如果法律的含义是无偿提供开水的话,就应当加上“无偿”二字。按照文义解释方法,“提供饮用开水”一语,关键在“提供”这个词,“提供”的文义既包括无偿提供,也包括有偿提供。那一杯白开水收两角钱,错在什么地方?太原铁路局认为有偿供水符合《铁路法》第13条的规定,按照民法解释学,是采用了文义解释方法,并不是没有道理的。

最后铁道部针对第13条的规定发布了一个文件,指出《铁路法》

从起草开始,直到最后通过,第 13 条所规定的“提供饮用开水”,其含义始终都是“无偿提供”饮用开水,并没有有偿提供的意思。这是以立法者意思作为解释依据。《铁路法》是由铁道部负责起草的,铁道部是起草人,起草人写下“提供饮用开水”一语,对它的理解就是无偿提供,中间经过反复修改、审议,直到最后获得通过,从来没想到过有偿提供,可见立法者的意思是无偿提供。铁道部也讲出它的道理来,这个道理讲得很好。它采用立法解释方法,用立法者意思作为根据,说明《铁路法》第 13 条所规定的“提供饮用开水”,仅指“无偿”提供,而不包括“有偿”提供。于是太原铁路局只好取消有偿供水的制度。因对《铁路法》第 13 条的不同理解而发生的有偿供水事件,就这样解决了。从这个例子看,铁道部采用立法解释方法,是很成功的、非常典型的。

再讲一个立法解释的例子,即“站内厕所”之争。1993 年 11 月财政部、(原)国家计委联合发文,取缔一批收费项目,其中包括取缔火车站站内厕所收费。据此,两位年轻人分别在河南郑州和江西萍乡起诉铁路部门。两个案件的争点相同:“站内厕所”的含义是什么?按照文义解释,所谓“站内厕所”当然是指火车站内的厕所,不是指火车站外的厕所;问题是“火车站内”一语可以作两种解释:其一,指“火车站范围内”;其二,指“火车站站台内”。因此,所谓“站内厕所”,既可以解释为“火车站范围内”的厕所,也可以解释为“火车站站台内的厕所”。两种解释均符合文义,均有道理。同年12月,铁道部专门发文对此作解释:“站内厕所收费”,是指“站台内厕所收费”。系采后一种解释。

郑州的葛某诉铁道部的案件一审法院判决原告败诉,法院似采纳了铁道部的这一解释。萍乡的李某虎诉铁道部的案件,一审和二审法院均判决原告胜诉,显然两审法院均将“站内厕所”解释为“火车站范围内的厕所”,是采第一种解释。同样的案件,两个地方的法院审理,作出截然不同的判决,究竟哪一个法院的判决正确?1999年4月,财政部、国家计委专门发文对“站内厕所”一语进行解释:“‘站内厕所’,指车站范围内,包括进站通道、候车室及站台上等处设立的厕所。”前述取缔站内厕所收费的联合发文属于行政规章,财政部和国家计委是该行政规章的起草人,其所作解释属于立法解释,应当作为解释的准据。[1]

前面曾经从天津法院审理的悬赏广告案,介绍了关于悬赏广告性质的争论。究竟悬赏广告是单方行为还是契约,关系到对我国台湾地区“民法”[2]第164条的解释。第一种意见认为悬赏广告是契约,它采用的是体系解释方法;第二种意见认为悬赏广告是单方行为,它采用的是文义解释方法。这两种解释意见都有其道理,究竟哪一个更正确?这就需要采用立法解释的方法。采用立法解释,就是看一看当年起草规定悬赏广告的第164条时,立法者的意

① 参见《南方周末》2000年3月10日第16版关于“站内厕所”之争的报道。

② 我国台湾地区“民法”沿用了原《中华民国民法》的内容。

思是什么。这样一查,我国台湾地区“民法”规定悬赏广告的第164条,仿自清朝末年的《大清民律草案》第879条。《大清民律草案》每个条文之下均有立法理由,第879条的立法理由中说:关于悬赏广告的性质,存有分歧,一种观点认为广告是要约而完成其指定行为为默示承诺,另一种观点认为广告是单方行为,本草案采后一种,即认悬赏广告为广告人之单方行为。

《大清民律草案》的起草人在立法理由中明文表示,第879条规定的悬赏广告系采单方行为说;民国时期制定《中华民国民法》时,将《大清民律草案》第879条原封不动地照抄过来作为其第164条,可见第164条仍然是采单方行为说。由此证明,上述第二种意见将悬赏广告解释为单方行为,符合立法本意,是正确的解释。①

关于立法解释再举一个例子,这就是原《民法通则》第123条。第123条规定:“从事高空、高压、易燃、易爆、剧毒、放射性、高速运输工具等对周围环境有高度危险的作业造成他人损害的,应当承担民事责任;如果能够证明损害是由受害人故意造成的,不承担民事责任。”关于第123条属于无过错责任,学说和裁判实务均无分歧,分歧在于:适用第123条时免责事由有几个?

一种意见认为,第123条明文规定“如果能够证明损害是由受

---

① 但须注意的是,我国台湾地区于1999年修改“民法”债编,将第164条第1款第2句“对于不知有广告而完成该行为之人,亦同”删去。另新增本条第4款:“前三项规定,于不知有广告而完成广告所定行为之人,准用之。”其修改理由谓:借以“明示本条采取契约说之旨”。可见,修改后的条文,改采契约说。

害人故意造成的,不承担民事责任",可见"受害人故意"是法律明文规定的唯一免责事由。这个意见是采用了文义解释方法。假如一个人想自杀,他看到汽车开过来,突然扑向汽车于是被轧死了。法院审理此案,被告举证证明死者是故意的,法院便依据第 123 条后半句认定存在受害人故意这个免责事由,判决被告不承担责任。另一种意见认为,第 123 条的免责事由有两个,除条文中规定的受害人故意外,还有不可抗力。因为不可抗力免责,是原《民法通则》第 107 条规定的一般的免责事由,当然对第 123 条适用,受害人故意是该条规定的特别的免责事由,不是唯一的免责事由。这个意见是采用了体系解释方法。

现在发生这样的问题:一次天空打雷,一下子把变压器击穿了,使供电线路上的高压电流把一栋居民楼里几十户的家用电器全部烧毁。受害人起诉到法院,请求法院判决供电公司赔偿。被告根据原《民法通则》第 107 条关于不可抗力的规定,要求免责。法官该不该判决被告承担责任呢?法官参考学说解释,发现学说存在上述两种解释意见:按照第一种解释意见,第 123 条以受害人故意为唯一免责事由,不可抗力不能免责;按照第二种解释意见,第 123 条有两个免责事由,不可抗力可以免责。两种解释意见均有其理由,审理本案的法官究竟应该采纳哪一种呢?现在让我们采用立法解释方法,衡量一下两种解释意见中,哪一种更具合理性、更符合立法本意。

我们对原《民法通则》第 123 条作立法解释,查一查立法资料和立法史,发现 1979 年人大法制委员会成立以杨秀峰和陶希晋为首的民法起草小组起草民法典,至 1982 年共起草了《民法(草案)》(一至四稿)。后来人大常委会委员长彭真决定改变立法方针,改为先制定单行法,待条件具备再制定民法典的方针,《继承法》《民法通则》都是以《民法(草案)》第四稿为基础制定的。

原《民法通则》第 123 条仿自《民法(草案)》第四稿的第 432 条。《民法(草案)》第四稿第 432 条规定:"从事高空、高压、易燃、易爆、剧毒、放射性等对周围环境有高度危险的作业而造成损害的,应当承担民事责任;如果能够证明是不可抗力或者是受害人故意造成的,可以不承担民事责任。"原《民法通则》第 123 条的规定,只是在高度危险种类中增添"高速运输工具",并从免责事由中删去"不可抗力"。

再查立法史料,发现《民法(草案)》第四稿第 432 条仿自 1964 年《苏俄民法典》第 454 条。1964 年《苏俄民法典》第 454 条源自 1922 年《苏俄民法典》第 404 条。在查到这一立法继受关系之后,我们来看它们的免责事由。

1922 年《苏俄民法典》第 404 条规定的免责事由有三个:第一个是不可抗力;第二个是受害人故意;第三个是受害人有重大过失。1964 年《苏俄民法典》第 454 条规定的免责事由有两个:第一个是不可抗力;第二个是受害人故意。我们看到 1964 年《苏俄民法典》的立法者将第三个免责事由“受害人重大过失”删掉了，仅保留了“不可抗力”和“受害人故意”两个免责理由。我们的《民法（草案）》第四稿第 432 条，所规定的免责事由与 1964 年《苏俄民法典》完全相同，也是两个：不可抗力和受害人故意。再看原《民法通则》第 123 条规定的免责事由只剩一个，就是受害人故意，不可抗力被删去了。

我们看到，同一个高度危险责任制度，从 1922 年《苏俄民法典》第 404 条，到 1964 年《苏俄民法典》第 454 条，到我国《民法（草案）》第四稿第 432 条，再到原《民法通则》第 123 条，这样一个立法继受关系，其免责事由从三个减少到一个，显然不可能出于偶然，而是立法者慎重的政策选择。

20 世纪初期，随着科学技术和工业交通事业的初步发展，人类社会遭遇企业事故、交通事故等新型的侵权行为，因民法侵权责任以加害人过失为责任构成要件，致许多受害人不能获得赔偿，导致不公正。于是学者提出危险责任理论，认为企业事故和交通事故等新型侵权行为，为工业交通事业本身不可避免的危险，法律的目的不是对于违反行为的制裁而是对所发生损害的合理分担，因此应采无过错责任。1922 年《苏俄民法典》第 404 条正是采纳此危险责任理论，使危险事业经营者负无过错责任，同时规定三个免责事由，以资平衡。

第二次世界大战结束后，科学技术和工业交通事业有了突飞猛进的发展,在增进人类生活福利的同时,却造成危害人类生命财产安全的严重社会问题,促成消费者保护运动的高涨,因而民法思想更加强调对消费者的特殊保护。正是基于此种社会情事和民法思潮,1964 年《苏俄民法典》的立法者和我国《民法(草案)》第四稿的起草人,将高度危险责任的免责事由减少为不可抗力和受害人故意两个。

我国自 20 世纪 70 年代末进行改革开放,不久便发生了严重损害消费者人身财产安全的社会问题,原《民法通则》的立法者进一步从危险责任的免责事由中删去"不可抗力",仅保留"受害人故意"一个免责事由,正是反映了立法者强化对受害人保护的思想倾向。这样看来,上述第一种解释意见认为第 123 条仅有受害人故意一个免责事由,符合原《民法通则》第 123 条的立法本意,因此是更正确、更合理的解释。

也许有人说,不承认不可抗力免责,是否会对高度危险事业经营者一方不公正。按照现代民法危险责任理论,既然损害之发生,是高度危险事业所不可绝对避免的,这种损害就应当由高度危险事业经营者自己负担,这就是民法自罗马法以来的谁获得利益谁承担责任的报偿原则。即使该损害的发生是因为不可抗力,也应当由经营者负担,因为经营者从该高度危险事业中获得利益,如果承认经营者可以免责,实际上使受害人承担了该损害,而受害人是最无辜的,让受害人承担该损害是不公正的。法律规定由经营者承担不可抗力造成的损害，对高度危险事业的经营者并非不公正，因为经营者可以通过参加保险，将赔偿金负担转嫁给保险公司，或者通过提高商品价格或者服务收费，转嫁给消费者，最终是由整个社会的全体消费者分担了不可抗力所造成的损害。可见，原《民法通则》第123条删去"不可抗力"这个免责事由，绝不能说是不合理的、不公正的。就这样，我们经过立法解释，最后证明了原《民法通则》第123条仅有"受害人故意"这一个免责事由。①

须注意的是，立法解释也有其局限性。这个局限性在什么地方呢？在于社会生活是极端复杂的，是不断发展变化的。一部法律颁布后，已经几十年过去了，社会生活发生了根本性的变化，这个时候，你还紧抠着几十年以前甚至上百年以前那个立法者意思，怎么能够裁判现实生活中各种各样的新型案件呢？《法国民法典》已制定两百多年，《德国民法典》有一百多年，《日本民法典》也有一百多年了，像这样的法律，涉及每个条文的解释动辄都去查立法理由，搬出当年立法者的意思作为解释根据，而社会生活已经发生了急剧的、根本性的变化，这样做将违背现实生活，使很多案件不可能得到妥当的判决。

① 请特别注意，原《侵权责任法》第九章高度危险责任，以原《民法通则》第123条为基础，进一步分设为七个高度危险责任小类型。其中，第72条占有使用高度危险物损害、第73条高度危险活动损害，明文规定了不可抗力免责；第70条核泄漏事故损害，明文规定仅限于"战争等情形"可以免责，而将地震、海啸等一般不可抗力事件排除在外；第71条民用航空器损害、第74条遗失或抛弃高度危险物损害、第75条非法占有高度危险物损害，不适用不可抗力免责；第76条未经许可进入高度危险区域受到损害，与不可抗力事件无关，故不发生不可抗力免责的问题。

《法国民法典》制定的时候交通工具还只有马车，现在汽车、火车、飞机什么高速运输工具都出来了，社会生活发展变化如此之剧烈，这种情况下适用法律、解释法律，立法者的意思是否能够作为解释依据就要打问号。就说我国，原《经济合同法》是 1979 年起草的，1981 年通过，1982 年实施，到 20 世纪 90 年代只十多年，这十多年之间，中国的社会生活已经发生了根本性的变化，由当时的计划经济体制转轨到现在的市场经济体制。计划经济与市场经济是两种截然不同的经济形态和经济体制，社会生活已经发生了这样剧烈的变化，你还死抠当年《经济合同法》起草的时候起草人是怎么样说的，并作为解释和裁判的根据行吗？要真那样做，现在社会生活中大量发生的合同都将被认定为违法合同。① 这就说明立法解释有它的局限性。

因此，民法解释学认为，如果是比较新的法律，采用立法解释往往就比较管用；但如果法律比较古老，像几十年、上百年的法律，立法解释的作用就较小。还应看到，在我国采用立法解释有其困难，因为我们起草法律一般没有立法理由书，立法机关审议修改法律草案时的记录也不公开，要查找立法资料很困难。前面讲《铁路法》第 13 条的解释，铁道部采用立法解释方法，说我们起草该条的

① 鉴于中国社会生活的根本变化，1993 年修改《经济合同法》，删去反映计划经济体制的内容，1999 年颁布《合同法》，自 1999 年 10 月 1 日起施行，《经济合同法》《涉外经济合同法》《技术合同法》同时废止。（2021 年 1 月 1 日起《民法典》开始施行，《合同法》亦同时废止。——编者补注）

时候,就是这个意思,现在还可以这样说,因为当时担任起草工作的那几个人还在。要再过几十年,那几个人不在了,你怎么查立法者的意思?参加原《民法通则》起草的人,如王家福教授、江平教授他们还健在,他们在解释《民法通则》某个条文时可以说起草人的意思就是如此,但几十年以后怎么查找立法者意思?因为《民法通则》没有立法理由书,你们看一下王汉斌同志关于《民法通则》的那个说明,非常简单,并没有涉及具体条文的含义。所以说在我们国家要对《民法通则》某个条文采用立法解释方法,存在困难,你很难找到充分的根据,因此也可以说立法解释方法有它的局限性。

四、扩张解释

第四种解释方法是扩张解释。什么叫扩张解释呢?指某个法律条文所使用的文字、词句的文义过于狭窄,将本应适用该条的案件排除在它的适用范围之外,于是扩张其文义,将符合立法本意的案件纳入其适用范围的法律解释方法。换言之,是将法律条文的文义所决定的范围与法律条文的立法本意相比,其文义范围显得太窄,而将本来应该适用该条的案件排除在适用范围之外了,这种情形,法官应当采用扩张解释的方法,扩张法律条文文义范围,把符合立法本意的这个案件纳入该法律条文适用范围之内,而适用该法律条文裁判这个案件。这就叫扩张解释。

扩张解释方法在实践当中很常用。扩张解释的根据是什么?

其根据是法律条文的立法本意。因为立法者在起草该法律条文的时候,按照他的立法本意,是将所设想的某类案件涵盖在内的,因使用了不适当的文字、词语,使该条文的文义范围过于狭窄,结果使所设想的该类案件被排除在外了,亦即法律条文文义所决定的适用范围比立法者所设想的适用范围窄,这种情形当然应扩张其文义以便符合立法本意。

关于扩张解释方法,可以举原《民法通则》关于无因管理的规定为例。原《民法通则》第 93 条规定:"没有法定的或者约定的义务,为避免他人利益受损失进行管理或者服务的,有权要求受益人偿付由此而支付的必要费用。"* 请注意,立法者在条文中使用了"必要费用"一语,规定无因管理人为管理他人事务所支出的"必要费用"要由受益人给予补偿。如果支出的费用不属于"必要费用",则当然不在补偿之列。

问题在于,什么是"必要费用"呢?按照"必要"的文义,应当这样理解,无论谁管理这个事务都要花这么多费用,这个费用就属于"必要费用"。如果只是你管理这个事务花费了这么多费用,换了别人来管理同样的事务就花不了这么多费用,那就不是"必要费用"。因此,原《民法通则》第 93 条关于无因管理的这个规定,因为它用了"必要费用"一语,其适用范围就比较狭窄。

---

* 《民法典》关于无因管理的规定,见合同编第 979 条。

原《最高人民法院关于贯彻执行〈中华人民共和国民法通则〉若干问题的意见(试行)》(1988 年,现已失效)第 132 条关于无因管理所作解释为:“民法通则第九十三条规定的管理人或者服务人可以要求受益人偿付的必要费用,包括在管理或者服务活动中直接支出的费用,以及在该活动中受到的实际损失。”显而易见,这个解释把“必要费用”的文义扩大了,扩大到包括无因管理所“直接支出的费用”,而不论其是否属于“必要”,还包括管理人所“受到的实际损失”,也不论该实际损失是否属于“必要”。

我们举一个例子:一个人出外旅行,行前并没有委托邻居管理和照看他的屋子。他走了以后,天降暴雨,其邻居发现他的屋顶上有一条缝或有一个洞,雨水漏进屋里,可能造成他的财产损失,于是这个邻居跑到街上买一些材料,亲自冒雨爬上屋顶,将那个洞堵起来,使出外旅行人的家里的高级地毯、高级家具没有受到损失。这是一个典型的无因管理的例子。假设在这个案子里,这个管理人从梯子上下来的时候,因为雨太大、梯子太滑,一不小心从梯子上摔了下来,摔断了一条腿,住院治疗花了一笔医疗费。这个出外旅行的人归来后,无因管理人要求他偿付这笔医疗费。这个受益人只偿付材料费而不偿付医疗费,理由是医疗费不是“必要费用”。法律条文说的是必要费用,所谓“必要”,就是任何人管理同一事务都有这笔开支。如果管理人当心一点就不会摔伤,换了别人也不会摔伤,这笔医疗费就不是必要费用。它在“必要费用”文义之外，因而在原《民法通则》第93条无因管理规则的适用范围之外。

假设法院受理了这个案件，就因为这笔医疗费不符合“必要费用”的文义，在第93条适用范围之外，就判决驳回原告请求。这样一个判决宣布后，会产生什么影响，以后谁还会去管他人的闲事?!原《民法通则》设立无因管理制度，规定这个条文，立法目的是鼓励大家做好人好事，本条的立法本意是要使那些学雷锋做好事、帮助他人、管理他人事务的人，不要因做好事反而吃亏，至少使他因做好事而遭受的损失能够得到补偿。

因为法律条文使用了“必要费用”这样的用语，其文义过于狭窄，不符合该条立法本意，将本来应该得到补偿的案型排除在适用范围之外了，有必要采用扩张解释方法，扩张其文义。因此，原《最高人民法院关于贯彻执行〈中华人民共和国民法通则〉若干问题的意见(试行)》对第93条关于无因管理的规定采用了扩张解释的方法，扩张“必要费用”的文义，把假设的这个案件类型纳入其适用范围。经过这样的扩张，使其适用范围与立法本意相符。最高人民法院解释说，这个“必要费用”包括管理人所受到的实际损失，就把医疗费包括在内了，这就是采用扩张解释的一个典型事例。

关于扩张解释，这里再举一个例子，就是我国北方某地方法院判决的一个有名的案件，我把它简称“公鸡案”，就是一个3岁小孩被公鸡啄伤眼睛的案件。案情是一个3岁小孩逗公鸡玩，哪想到这只公鸡有啄人的毛病,一下子把小孩的一个眼球啄掉了。受害人向法院起诉,要求法院判决公鸡的主人承担赔偿责任。本案显然属于动物伤害案件,当时应当适用《民法通则》关于动物伤害责任的规定。这就是原《民法通则》第127条,该条规定:"饲养的动物造成他人损害的,动物饲养人或者管理人应当承担民事责任;由于受害人的过错造成损害的,动物饲养人或者管理人不承担民事责任;由于第三人的过错造成损害的,第三人应当承担民事责任。"①

但本案受害人只有3岁,当然谈不上有什么过错,按照条文的规定应当由那只公鸡的饲养人或者管理人亦即公鸡所有人(被告)承担民事责任,赔偿原告所受到的全部损害,具体赔偿金额应当结合本案实际,按照原《民法通则》第119条的规定计算。但是,我们看到,审理本案的法官,并没有判决被告(公鸡所有人)承担全部责任,而是判决被告承担部分责任,另一部分损害是由原告(受害人)自己承担。这是因为对本案适用了原《民法通则》第131条关于过失相抵的规定。

原《民法通则》第131条规定:"受害人对于损害的发生也有

① 原《侵权责任法》第78条规定:"饲养的动物造成他人损害的,动物饲养人或者管理人应当承担侵权责任,但能够证明损害是因被侵权人故意或者重大过失造成的,可以不承担或者减轻责任。"现行《民法典》侵权责任编第1245条沿用了该规定。

过错的,可以减轻侵害人的民事责任。”[①]这是各国民法都有的过失相抵规则。按照这个规则,如果受害人对于损害的发生也有过失,就应该由法院斟酌案件的具体情况,适当减轻加害人的责任。能不能适用这个规则,关键在于受害人有无过失。如果受害人有过失,就可以减轻加害人的责任。在本案当中能不能适用这个规则呢?按照“过失”这个概念的文义,过失是指对于某种违法行为或者损害后果之发生,权利人应该预见或者应该注意,而竟然没有预见或者没有注意,导致实际发生该违法行为或者损害后果。如果受害人应该预见有这个危险(公鸡啄人),他应该注意到这个危险,而他竟然没有注意,结果发生了被公鸡啄伤眼睛的损害后果,就可以认定受害人有过失。

但在本案中,受害人是3岁小孩,他不知道公鸡会啄人。3岁小孩在民法上是无行为能力人,他的智力还达不到这个水准,他没有意思能力,他意识不到公鸡会啄人。他只以为好玩,就像别的什么玩具,法律不能要求他预见或者注意到将会被公鸡啄伤这个后果。因此,要按照对第131条的文义解释,3岁的小孩在本案当中不构成过失。那么,审理本案的法官为什么适用该条?

因为第131条的适用范围取决于“受害人过失”的文义,在这

① 原《侵权责任法》第26条规定:“被侵权人对损害的发生也有过错的,可以减轻侵权人的责任。”现行《民法典》侵权责任编第1173条规定:“被侵权人对同一损害的发生或者扩大有过错的,可以减轻侵权人的责任。”

个案件当中,这个受害人是3岁小孩,既没有行为能力也没有意思能力,3岁小孩无所谓过失,不符合该条的适用范围。但是法官考虑到受害人虽然谈不到有过失,受害人的监护人却具有过失,他采用了扩张解释的方法,扩张“受害人过失”的文义,将监护人过失纳入“受害人过失”当中。于是对本案适用了原《民法通则》第131条过失相抵规则,减轻了被告的责任。

审理本案的法官采用了扩张解释,将“受害人过失”扩张到包含监护人过失。其根据在于过失相抵规则的立法本意,是要在加害人与受害人之间的利害关系上达到某种平衡。加害人只承担他的原因所造成的损失。如果造成损失的这个原因不在加害人一方,却让他承担责任,这就不公平,这就不平衡。而在本案当中,这个3岁小孩虽然没有意思能力,谈不上有什么过失,但是发生损害的时候,他的母亲在场,他的母亲是他的监护人,没有履行监护人的职责,去和邻居聊天,放任自己照管的3岁小孩去逗那只公鸡,以致受害人遭受了伤害。因此,虽然3岁小孩谈不上过失,但是他的监护人有过失。这个母亲有监护人过失,在本案中监护人过失是造成损害的一个原因,另一个原因当然是公鸡所有人疏于管理。

如果将监护人过失这个原因导致的损害,一并让被告承担责任,则不符合过失相抵制度的立法本意;而监护人过失又在受害人过失的文义范围之外,考虑到过失相抵制度的立法本意是要实现双方利害关系的平衡,特别是使加害人只承担因自己原因造成的损失，因此采用扩张解释的方法，把监护人过失包含到受害人过失之中。经过这样的扩张，“受害人过失”就变成了“受害人一方的过失”，而与立法本意相符。因此，这个判决是采用扩张解释方法的一个典型的例子。这个判决在《最高人民法院公报》上也登了。

这是个很有名的案件。经过这样的扩张解释，原《民法通则》第131条所谓“受害人过失”，变成了“受害人一方的过失”，符合过失相抵制度的立法本意。而“受害人一方的过失”，这个文义还是在“受害人过失”的文义范围内。

按照民法解释学，扩张解释不能够无限扩张，例如不能把第三人过失也包括进去，扩张解释有一个限度，就是法律条文文义的最大范围，叫文义射程。“文义射程”是一个专门的术语，它的意思就是法律条文的文义的最大范围。在这个案件当中，“受害人过失”这个措辞的文义，最大只能扩张到“受害人一方的过失”。不能无限制地扩张，把其他原因（如“特异体质”）也包括进去，否则就已经不是扩张解释的问题了。

关于扩张解释方法的运用，现在的侵权行为法上，特别表现为对过失相抵规则的扩张。诸如监护人过失、保姆的过失等，都适用过失相抵，减轻加害人责任，这样的例子很多。日本最高法院在昭和四十二年（1967年）的一个判决中，采用扩张解释的方法，将“受害人过失”解释为包括“受害人一方的过失”。该判决指出：“日本民法第722条第2款所规定的受害人之过失，并非单纯指受害人本人之过失,应广义解释为包括受害人方面之过失在内。所谓受害人方面之过失,是指与受害人在身份上或者生活关系上形成一体关系的人之过失,如作为受害人之监护人的父母或者家庭保姆等。”

五、限缩解释

下面讲第五种解释方法,限缩解释。限缩解释方法与扩张解释方法正好是相反的。扩张解释是说法律条文所使用的文字的文义太狭窄,将本来应当适用该条的案件排除在外,与法律条文的立法本意不一致,需要扩张它的文义范围。限缩解释恰好相反,是说某个法律条文所使用的文字的文义太宽泛了,超过了该法律条文、法律制度的立法本意,将本来不应当适用的案件包括进去了,于是应该把它的文义范围缩小到符合立法本意,将不应当适用的案件排除出去。

限缩解释,也称缩小解释。它的根据同样是法律条文的立法本意,是将法律条文的文义范围与立法者规定该条文时所设想的适用范围(立法本意)相比较,法律条文的文义范围太宽,超过法律制度的立法本意,因此需要限缩其文义范围,使其符合立法本意。之所以会出现法律条文的文义范围超过法律制度的立法本意这样的情况,是因为使用了不恰当的文字。立法者所使用的文字词句不准确,其文义太宽,导致法律条文的文义所决定的适用范围,超过立法者所设想的适用范围,将不应该适用该条的案件包括在内了。因此,遇到这样的情况,对这样的条文应当采取限缩解释方法,限缩其文义范围,以符合立法本意,把这个看起来包括在里面的案件排除出去。

关于限缩解释方法,我给大家举一个非常有名的案件,这就是我国台湾地区的“诽韩案”。诽韩案,就是诽谤韩愈的案件。韩愈是我国唐朝大文学家,在历史上非常有名。韩愈当时反对皇帝崇信佛教,写了一篇奏章劝皇帝不要信奉佛教、不要搞什么“迎佛骨”的活动,皇帝大怒,将韩愈充军到广东潮州。当时潮州是很偏远、很穷的地方,并且鳄鱼为患,到处侵害人畜。韩愈就写了一篇文章叫《祭鳄鱼文》,到海边摆设香案,供上祭品、点上蜡烛,然后进行祈祷,宣读他那篇文章,大概说潮州这个地方是我中华的领土,不允许你们这些鳄鱼异类在这里为所欲为,限你们 3 日之内离开潮州,否则我就要发布命令将你们赶尽杀绝。书上说当天晚上狂风暴雨雷电交加,次日鳄鱼全部迁走了。这是历史上的故事,我上中学时课本上还有那篇文章。总之韩愈在潮州大概做过不少好事,很有名气。

我们要讲的这个案件发生在 20 世纪 70 年代,我国台湾地区有一份刊物叫《潮州文献》,1976 年 10 月第 2 卷第 4 期发表了一篇文章叫《韩文公、苏东坡给予潮州后人的观感》,文中批评韩愈具有古代文人、风流才子的习气,在妻妾之外,不免寻花问柳,结果染上了性病，离开潮州不久，死于硫黄中毒，等等。文章发表以后，台湾地区一个叫韩思道的人，是韩愈第39代孙，向台北地方法院提起诉讼，控告作者郭寿华“诽谤死人罪”。台湾地区“刑法”第二十七章是“妨害名誉及信用罪”，其中第312条“侮辱与诽谤死者罪”，规定“对于已死之人，公然侮辱者，处拘役或三百元以下罚金；对于已死之人，犯诽谤罪者，处一年以下有期徒刑，拘役或一千元以下罚金”。第314条规定“本章之罪，须告诉乃论”。

可见，“侮辱与诽谤死者罪”属于不告不理的自诉案件。关于自诉案件，谁具有诉权，则由刑事诉讼法规定。台湾地区“刑事诉讼法”第234条规定：“刑法”第312条之妨害名誉及信用罪，已死者之配偶、直系血亲、三亲等以内之旁系血亲、二亲等以内之姻亲或家长、家属，得为告诉。请注意，台湾地区“刑法”上的诽谤死人罪，按“刑事诉讼法”第234条的规定，死者的“直系血亲”有诉权。本案经法庭审理，查明原告韩思道是死者韩愈的第39代孙，认为符合法律条文所说的“直系血亲”，于是法庭作出判决，判决作者犯诽谤死人罪，判处一笔罚金。

判决一宣布，在岛内引起强烈反响，有识之士纷纷发表文章，批评台北地方法院的这个判决，因为批评一千多年前的死人，就被法院判刑，这与历史上的“文字狱”有什么区别？这不是恢复专制、钳制舆论吗？！很多学者和社会人士批评这个判决，认为这个判决错误。但法院方面也有不少法官，为这个判决辩护，他们也发表文章进行反驳,他们坚持认为这个判决完全正确,没有什么错误。他们的理由是,既然“法律”明文规定死者的“直系血亲”有诉权,本案原告是死者韩愈的第 39 代孙,完全符合“直系血亲”的文义,因此原告有诉权。

到了 20 世纪 80 年代,一个司法官叫杨仁寿,退休以后从事法学研究,出版了一本《法学方法论》,在其中第一章就讲了这个“诽韩案”判决和论战的情况,并作了自我批评,说自己当年站在法院立场上,为这个判决辩护,现在认识到该判决是错误的,自己当年发表文章为该判决辩护,是因为不懂法学方法论。按照法学方法论,法律规定“直系血亲”有诉权,而“直系血亲”的文义太宽,远远超出了立法本意,将本不应该适用的案型(如本案中的第 39 代)包含进去了。因此,对于法律条文规定的“直系血亲”应采限缩解释方法,限缩其文义范围。

我们看到,台湾地区“刑事诉讼法”规定了“直系血亲”,但未规定“直系血亲”的定义,因此应按照“民法”关于“直系血亲”的规定。台湾地区“民法”第 967 条规定:“称直系血亲者,谓己身所从出,或从己身所出之血亲。”但台湾地区“民法”没有规定代数限制,这就造成了在台湾地区“法律”上“直系血亲”概念的外延漫无限制,在本案中从死者韩愈起一直延伸到第 39 代孙韩思道,还可以一直延伸下去,远远超出“法律”规定诽谤死人罪的“立法”本意。

法律规定诽谤死人罪的立法本意,不是要保护死者,而是保护与死者存在感情联系的生者。一个人死去,其法律资格随之消灭,主体消灭当然就谈不上什么权利受法律保护的问题,既然如此,法律为什么要规定诽谤死人罪或者规定侵害死者名誉的侵权行为?是为了使那些曾经与死者存在感情联系的人不受损害。你说死者的坏话,死者听不见,不会受到什么损害,但他的遗属包括他的配偶、父母、子女、孙子女将受到损害,因为他们曾经与死者一道生活或者听自己的父母经常谈起,与死者存在感情联系,他们心中对于死者的敬爱、依恋、怀念之情受到伤害,精神上受到伤害,感到被指为坏人的亲属受人歧视。因此法律要保护他们,禁止侮辱、诽谤死人,实际是保护与死者有感情联系的生者。这就是规定诽谤死人罪的立法本意。

按照这个立法本意,诽谤死人罪的适用范围是有限的,因为与死者有感情联系的人,不出数代,超过这个代数的人即使在那个族谱上属于多少代子孙,也不是法律上规定享有诉权的"直系血亲"。例如,法国的法律仅承认六亲等以内的直系血亲;德国法律上的诽谤死人罪,仅限于死者的父母、子女有诉权;瑞士的法律规定死者死后超过30年的,不予处罚。本案原告与死者相距一千多年,达39代,显然不符合"刑法"设诽谤死人罪的"立法"本意。因此法官应当采用限缩解释方法,将"直系血亲"的文义范围限制在3~5代之内,而将本案排除在外。其正确的判决应当是认定原告没有诉权，判决驳回起诉。这是应当采用限缩解释方法的一个典型案件。

20 世纪 80 年代到 90 年代初，我国各地出现了侵害死者名誉的侵权案件。我国《刑法》没有规定诽谤死人罪，因此不发生侵犯死者名誉的犯罪问题，仅发生侵犯死者名誉的民事责任问题。当时各地法院民事审判庭受理了侵害死者名誉的侵权责任案件，在法院内部、外部都引起讨论：究竟是侵犯死者名誉，还是侵犯死者名誉权？谁应该享有诉权？等等。1993 年年初，最高人民法院为了指导各级法院审理名誉权纠纷案件，制定了一个解释性文件，叫作《最高人民法院关于审理名誉权案件若干问题的解答》（法发〔1993〕15 号）*。

当时最高人民法院民事审判庭为制定这个文件召开了一个专家讨论会。讨论到侵害死者名誉谁有诉权这个问题时，有学者提出这个享有诉权的人的范围应该大，大到什么程度呢？例如，某个艺术家去世了，假设这个艺术家没有后代，没有配偶，没有子女，没有直系血亲，谁来保护他的名誉呢？建议规定该艺术家生前所在的艺术家协会或者协会成员可以向法院起诉。我说这个意见不能赞同，因为各国家或地区法律上规定的侵害死者名誉，无论作为侵权行为或犯罪行为，其立法本意都不是保护死者，而是保护生者，

* 已失效。

保护与死者有感情联系的生者对死者的感情。因此各国家或地区法律规定的诽谤死人罪或者侵害死人名誉的侵权行为,其享有诉权的人均有代数的限制。我也介绍了前面讲的台湾地区的诽韩案,建议最高人民法院把享有诉权的人的范围限制在5代之内。这个意见得到其他参会者的赞同。

请同志们注意1993年《最高人民法院关于审理名誉权案件若干问题的解答》的第五问:“问:死者名誉受到损害,哪些人可以作为原告提起民事诉讼?答:死者名誉受到损害的,其近亲属有权向人民法院起诉。近亲属包括:配偶、父母、子女、兄弟姐妹、祖父母、外祖父母、孙子女、外孙子女。”最高人民法院在这个解释性文件中限定了享有诉权的人的范围,这就是死者的“配偶”“兄弟姐妹”“五代内的直系血亲”。如果发生像韩愈的第39代孙起诉那样的案件,当时法官即可依据这一解释文件,判决驳回起诉。现行《民法典》人格权编第994条已设有明文规定。

六、当然解释

下面讲第六种解释方法,当然解释。什么叫当然解释呢?它是指某个法律条文虽然没有明文规定适用于该类案型,但从该法律条文的立法本意来看,该类案型比法律条文明文规定者更有适用的理由,因此适用该法律条文于该类案型的一种解释方法。当然解释的法理根据,是所谓“举重以明轻,举轻以明重”。因为在社会当中存在一类逻辑关系,叫“不言自明”“理所当然”,只要提到其中的一个,则另一个理所当然地也包含在内。例如,“禁止攀摘花木”,只是明文提到“攀摘花木”的行为应予禁止,没有明文提到禁止“刨根伐干”。按照“攀摘花木”的文义,就是攀着花木的枝条,摘它上面的树叶和花朵。假设有这样一个人,他不是这样攀摘花木,而是把这棵树连根刨掉了或者把这棵树砍掉了扛回家当柴烧。当公园管理人追究时,这个人可能振振有词地说,你只是禁止“攀摘花木”,我并没有“攀摘花木”,我的行为属于“刨根伐干”,不在禁止之列。

民法学者在著作中举这个例子,指出“禁止攀摘花木”的立法本意,是禁止一切损害花木的行为,摘一片树叶或者摘一朵花这样轻微的损害行为均在禁止之列,则比“攀摘花木”严重得多的“刨根伐干”,当然更在禁止之列,这是“不言自明”“理所当然”的。这在法理上叫作“举轻明重”,摘一朵花、摘一片叶,其对花木的损害是很轻的,相比较而言,“刨根伐干”对花木的损害是很严重的,两类行为之间构成一种轻重关系,现在很轻的损害行为都要予以禁止,则严重得多的“刨根伐干”当然也在禁止之列。这就叫“举轻明重”。

关于当然解释,首先举德国的一个很有趣的案件,叫“拍卖场所举手”。我们国家已经有《拍卖法》,同志们看新闻报道,在进行拍卖时,我们现在的规则大概是你要先领个牌子,牌子上面有你的号码,当主持拍卖的拍卖师宣布到某个报价时,你举起牌子表示你要买。民法教材上说拍卖师报价是要约邀请,你举牌子是要约,然后拍卖师手中的锤子在台上敲一下,叫拍定,其法律上的意义是承诺,于是买卖合同成立。但在德国拍卖的时候,按照它的规则,竞买人不是举牌子而是举手。拍卖师在台上宣布到某个价位,要买的人就举手;再报一个价,又举手;直到拍卖师报到一个最高价,仅有一个人举手时,拍卖师将锤一击,叫拍定,合同就成立了。

德国这个案件事实是,当拍卖师报价报到一个很高的价位时,见只有一个人高高地举起手,于是将锤一击拍定,按照规则买卖合同就成立了,那个举手的人就是买方。但这个举手的人马上站起来,说我不是要买这个拍卖品。你不是要买,为什么举手?他说我是看见一个多年未见面的朋友从那道门进来,举手给他打招呼。拍卖行可不干,按照拍卖规则,只要举手就表示要买,就是要约,拍卖师用锤一击是承诺,这个合同就成立了,哪能容许任意反悔。于是起诉到法院,法院怎么解决呢?法律上没有规定得那么详细,关于合同成立有规则,但没有说到举手的问题,更不可能规定对在拍卖场所向朋友打招呼的举手行为如何处理。

这个案件案情虽然简单,要解决可不容易,当时是一个很疑难的案件。于是征求民法学者的意见。德国著名民法学者雷曼教授,对本案提出了解释意见,他所采用的就是当然解释方法。雷曼教授引用《德国民法典》第 118 条的规定:非真意的意思表示无效。①

① 第 118 条[缺乏真意]:"非出于真意并且预期其非出于真意不致为另一方所误解而作出的意思表示无效。"参见《德国民法典》(修订本),郑冲、贾红梅译,法律出版社 2001 年版。

这个条文在我国《民法通则》上没有相应的规定。“非真意的意思表示”就是平时的开玩笑,例如,老师与学生开玩笑说:“你工作了以后送我一辆汽车吧。”学生也开玩笑地说:“你要什么牌子的?”老师答:“我要本田。”学生说:“那好,我就送你一辆本田。”从形式上看,与订合同的意思表示完全一样,一方要约,另一方承诺,达成意思表示的合意,其法律效果是合同成立。

假设过了一段时间,这个老师到法院起诉称,与被告(学生)订了一个赠与合同,约定被告赠与其一辆本田轿车,他至今没有履行,所以请求法院判决强制被告交付约定的汽车。法院查明这是开玩笑,虽然具有意思表示的形式,但不具有订立合同的真实意思,这就叫非真意的意思表示,在法律上应当无效。这就是《德国民法典》第118条的规定:非真意的意思表示无效。

结合本案事实,这个被告在拍卖场所举手,是不是订立合同的意思表示?经审理查明,他只是与朋友打招呼,不是要买东西,不是意思表示。刚才说到老师和学生开玩笑,完全符合意思表示的形式,但是学生不是真心要送汽车,属于非真意的意思表示。虽说是非真意的意思表示,但毕竟是“意思表示”;而本案中这个人举手,是与朋友打招呼,连“意思表示”都说不上,只是一种社交行为,而不是法律行为,因此与“非真意的意思表示”相比较,要轻得多。按照《德国民法典》第118条,非真意的意思表示尚且无效,不是意思表示的举手打招呼的行为,当然更应无效。这是不言自明的，属于一种“举重明轻”。

这个非真意的意思表示，如老师与学生开玩笑送汽车，比与朋友打招呼要严重。严重的尚且无效，则轻微的更应该无效。这就是“不言自明”“举重明轻”“理所当然”。现在我们看雷曼教授的解释意见：“按照《德国民法典》第118条的规定，非真意的意思表示无效，欠缺效果意思之非真意表示，尚且应当无效，则不具备表示意识的情形，当然更应当无效。”在解释意见中，用了“尚且”如何如何，“当然更应”如何如何这样的措辞。这是典型的当然解释方法。这是一个有趣的案件。

下面再讲一个同样是德国的案件。这个案件的事实是，国家机关的非法行为，剥夺公民的财产所有权，其实际结果等同于征收公民的财产。法律上有征收制度，国家出于社会公共利益的需要，例如国防需要（修建军事基地）、公共交通需要（修建铁路、公路、车站、码头、机场）、公共医疗需要（修建医院）、公共教育需要（建学校），国家根据有关征收的法律法规，强制收买人民的土地或者其他财产，无须对方同意，是国家公权力的强行行使，但不是无偿的，国家应当给予补偿。征收的实质是强制剥夺公民财产，虽然是强制的，但是按照法律的规定、法律的程序来进行的，因而是合法行为。

德国的这个案件，国家机关的非法行为导致剥夺公民财产，它不符合法律规定，属于违法行为。但其结果是剥夺了公民财产所有权，与合法征收的结果是一样的。因此，被剥夺财产的公民向法院起诉要求这个国家机关给予补偿。这个被告国家机关拒绝给予补偿，它的理由是，补偿是征收制度的内容，征收是合法行为，合法征收应当依照法律规定给予补偿，但我这个国家机关的行为属于非法行为，虽然结果是剥夺公民的财产，但与法律规定的合法行为不一样，性质不是征收，你怎么能够要我按照有关征收的法律规定给予补偿呢？被告就这么蛮横不讲理。

德国没有国家赔偿法，对国家机关的非法行为损害公民的财产权益应不应该赔偿没有规定。因此法院受理这个案件后，遇到难题。两种行为确实不一样，被告的行为属于非法行为，而征收是合法行为。究竟应不应该支持原告的请求，依据什么理由支持原告的请求，根据什么条文判决？这是一个难题。最后法院采纳了德国非常有名的民法学者拉伦茨教授的解释意见。

拉伦茨教授的研究专长是民法债权和法学方法论，他在 1960 年出版了一本专门研究法律解释的著作叫《法学方法论》，有很大影响。[①] 拉伦茨教授在对这个案件的解释意见中说："合法征收尚且应予补偿，非法行为之结果等同于征收时，当然更应予以补偿。"所采用的是当然解释方法。这里面的逻辑关系是：将合法的征收与非法的行为比较，合法征收虽然剥夺了公民财产，但因为是合法

---

① ［德］卡尔·拉伦茨：《法学方法论》，陈爱娥译，商务印书馆 2003 年版。

行为，在性质上当然较轻；国家机关的非法行为导致剥夺公民财产，虽然在剥夺公民财产这个结果上与合法征收一样，但因为是非法行为，在性质上它是很严重的。较轻的“尚且”要给予补偿，严重的还用说吗？“当然更应”给予补偿。这就是刚才讲的“举轻明重”。这也是一个当然解释的典型案件。

关于当然解释的第三个例子，是我国台湾地区的案件——台湾地区“最高法院”1994 年上字〔2710〕号台北国王大饭店案。台北的这个国王大饭店是被告，国王大饭店建筑的时候超越土地边界，把原告的土地占了，占了原告多少土地呢？占了两平方米。但盖房子的时候，原告并没有发现，原告当时不知道自己的土地被占这个事实，后来原告发现了土地被占的时候，国王大饭店早已盖起来了，且已经经营多年。原告发现了国王大饭店占了他两平方米土地，因此向法院起诉。

台湾地区“民法”第三编物权，其中第二节不动产所有权，对土地相邻关系规定得比较详细，第 796 条专门规定“越界建筑”。该条规定：“土地所有人建筑房屋逾越疆界者，邻地所有人如知其越界而不即提出异议，不得请求移去或变更其建筑物。但得请求土地所有人，以相当之价额，购买越界部分之土地，如有损害，并得请求赔偿。”按照这一规定，相邻一方建筑房屋逾越疆界侵占了对方的土地，构成越界建筑，被占土地的一方有两个请求权。第一个请求权是，他有权请求拆屋还地，简称拆屋还地请求权。但“法律”规定了限制性条件,就是在他建筑的时候你知道了他越界,便立即提出异议。如果你不立即提出异议,等到他房屋已经建起来了,你才提出异议,就丧失该拆屋还地请求权。这种情形,“法律”规定你只能行使第二个请求权,这就是请求照价收买。他建筑房屋占了你的土地,你发现了,你不立即提出异议,你就不能要求他拆屋还地,但你还有权要求他按照市场价格购买你被占的土地,这是第二个请求权。

在本案当中,被告建筑国王大饭店的时候,原告并不知道自己的土地被占。发现的时候,已经过去好多年了。原告向法院起诉,提出了两个请求。首先请求法院判决被告拆屋还地;如果法院不判决拆屋还地的话,再请求判决被告照价收买。第一个请求,拆屋还地;第二个请求,照价收买。如果法院不准许第一个请求,我就请求第二个。关于第一个请求,我在后面要讲到,这里先说第二个请求,即请求判决被告照价收买。殊不知被告不同意照价收买。

被告为什么不同意照价收买呢?他的理由是:按照“法律”规定,在我越界建筑当时你发现了,你可以要求拆屋还地,如果你不要求拆屋还地,你可以要求照价收买,“法律”是指越界建筑当时你就发现了。“法律”并没有说我越界建筑当时你没有发现,事过多年以后你发现了还可以要求照价收买。法院应当如何解决这个问题呢?“法律”只说到当时发现,当时发现土地被占,这叫原告知情,知情而不提出异议,则可以请求照价收买。本案原告不知情，他当时没有发现土地被占，不知情当然就谈不上异议。现在要求照价收买，在“法律”上没有明文规定，应该怎么办呢？

台湾地区“最高法院”采用了当然解释的方法。台湾地区“最高法院”在判决书上写道：依“民法”第796条的规定，邻地所有人知悉越界建筑而不提出异议者，虽不得请求移去或变更建筑，但得请求以相当价额购买越界部分土地。查知情而不异议，尚且得请求购买，则举重以明轻，本案不知情，当然更得请求以相当价额购买。这是将不知情因此未异议，与知情而不异议相比较，知情而不异议是重。你当时看见了对方越界建筑，你一提出异议，对方不就将越界的几块砖拆掉了，这样做损失不就少了，你当时不说，等对方把房屋建成了你才说，这在性质上是很严重的。本案原告在越界建筑当时不知道，当然谈不上立即提出异议，这在性质上是很轻的。“法律”规定的知情而不异议，与本案中的不知情而未异议，构成重与轻的关系。对于重的，尚且可以要求照价购买，则对于轻的，还用明说吗？当然更可以要求照价购买。这就叫作“举重明轻”。

台湾地区“最高法院”对国王大饭店案件的判决当中，采用的是当然解释方法。在它的判决书当中，使用“尚且”如何如何，“当然”“更得”如何如何这样的措辞，并且直接把“举重明轻”这个法理规则引出来了。知情不异议是重，不知情不异议是轻。既然对重的“法律”都规定可以要求购买，则对轻的当然更可以要求购买，这是不言自明的，这是理所当然的。关于当然解释，我就举这样三个例子,都是非常典型的。

七、目的解释

什么是目的解释呢?目的解释,指以立法目的作为根据,以解释法律的一种解释方法。也就是说,关于某个条文、某个制度,可能有两种解释,各有其理由,则应选择其中符合立法目的的解释,以符合立法目的的解释为准。这就是目的解释。目的解释的依据,就在于法律的目的。我国台湾地区著名学者王泽鉴先生指出,任何法律均有其立法目的,解释法律应以贯彻、实践此立法目的为其基本任务。任何人在解释法律时,须考虑的基本问题是:法律何以设此规定,其立法目的何在?并认为探求立法目的,是阐释法律疑义的关键。法律是人制定的行为规范,立法者制定法律不是任意性的、无缘无故的,必有其目的存在,因此解释法律时,应当把握此立法目的,不能违背此立法目的。

请同志们回忆一下,1981 年制定的《经济合同法》,其第 1 条明文规定立法目的是“保证国家计划的执行”。1993 年修改《经济合同法》,把第 1 条改了,将“保证国家计划的执行”这一句删去,因此修改后的《经济合同法》的立法目的是“保护经济合同当事人的合法权益”。你看,原来的《经济合同法》与修改后的《经济合同法》,它们的立法目的不一样。我国的法律,往往在第 1 条明文规定立法目的。又如《民法通则》,其第 1 条规定,“为了保障公民、法人的合法的民事权益”,制定本法。明文规定《民法通则》的立法目的,是保障公民、法人的合法的民事权益。再如《消费者权益保护法》,法律名称就表明了它的目的,并在第1条明文规定,其立法目的是“保护消费者的合法权益”。

总之,每一部法律都有它的目的。因为法律是人制定的,人制定法律是用来规范社会生活,规范社会中人的行为,因此立法者在制定法律时,预先有个立法目的,然后按照这个立法目的制定各个法律条文。不仅每一部法律都有其立法目的,甚至每一个法律制度,每一个法律条文,也有其立法目的。既然任何法律都有其立法目的,任何法律条文也都有其立法目的,这就要求我们解释法律的时候,应当以立法目的作为解释的重要依据,所作出的解释意见不能无视其立法目的,不能违背其立法目的,当出现两种相反的解释意见的时候,应当采纳其中符合立法目的的那一种解释意见。这就是目的解释方法。

关于目的解释的方法,首先举前面已经提到的错标产地的案件。错标产地的案件当时应否适用《消费者权益保护法》(1993年)第49条,有两种不同的解释意见。第一种意见认为,凡是错标产地,不分故意、过失,都属于《消费者权益保护法》(1993年)第49条所规定的“欺诈行为”,应一律适用第49条。第二种意见认为,《消费者权益保护法》(1993年)第49条所说的“欺诈行为”包含主观要件,只有故意掩盖、隐瞒真实情况,故意编造、捏造虚假的情况使他人上当,才构成《消费者权益保护法》(1993 年)第 49 条所规定的“欺诈行为”,才能适用《消费者权益保护法》(1993 年)第 49 条关于双倍赔偿的规定。因此,在错标产地案件中,只有故意的错标产地才构成“欺诈行为”,才能够适用《消费者权益保护法》(1993 年)第 49 条。第二种意见说法院的判决是正确的,因为法院认定的案件事实不能证明被告是故意的。第二种意见用的是文义解释方法。下面我再用另外一种方法——目的解释方法,探求《消费者权益保护法》(1993 年)第 49 条的立法目的,据以判断哪一种解释意见是正确的。

请同志们注意,《消费者权益保护法》(1993 年)第 49 条在中国法律上是一个非常特殊的条文。按照我国《民法通则》和其他民事法律法规,以及从来的民法理论,民事责任限于对所发生损害的填补,也即我们平时所说的,由加害人赔偿受害人实际受到的损害,损害多少就赔偿多少。不允许受害人获得超过实际损害的赔偿金。因为,超过实际损害的赔偿属于惩罚,惩罚不是民事责任的任务,而是行政责任或者刑事责任的任务。不仅中国民法的民事责任限于填补损害,整个大陆法系国家民法的民事责任,都是如此。大陆法系各国民法都坚持民事责任的性质是补偿损害。既然是补偿损害,就是损害多少,补偿多少。损害你 100 元,就赔你 100 元。不允许超出实际损害,不允许受害人反而得利,要求赔偿金与实际损害相符。如果赔偿金大于实际损失,岂不是说这个受害人反而得利吗？这是违背大陆法系国家关于民事责任制度理论的。

再看《消费者权益保护法》(1993年)第49条规定受害的消费者可以获得双倍赔偿。就是说损失是100元,赔你200元。这就是双倍赔偿。其中的一倍用于补偿损失,另外的一倍是惩罚。可见《消费者权益保护法》(1993年)第49条在中国民法上有重大意义,它打破了大陆法系民法一直以来关于民事责任制度的理论和原则。它把民事责任变成了赔偿加惩罚。从来的理论,惩罚只是刑事责任、行政责任的任务,民事责任的任务限于填补受害人的损害,它们是截然区分的。现在《消费者权益保护法》(1993年)第49条将两者合在一起了。

《消费者权益保护法》(1993年)第49条为什么要这样规定呢？其立法目的是什么？这是因为自改革开放以来,从20世纪80年代一直到90年代初,中国在发展市场经济中,出现了严重的社会问题,一个是假冒伪劣,另一个是缺斤短两。同志们回忆一下,20世纪80年代中期开始,新闻广播、电视、杂志上揭露假冒伪劣、缺斤短两问题何等严重,这些问题使消费者的人身财产权益遭受严重损害。要不然为什么制定《消费者权益保护法》？《消费者权益保护法》的立法目的在它的名称和第1条中作了明文表述,就是要对消费者给予特殊保护。在讨论具体条文草案的时候,有些同志就提出来,仅靠民事责任填补损失不够,建议引进美国的惩罚性赔偿制度,对那些奸诈的商人,对那些搞缺斤短两、假冒伪劣的经营者,除赔偿之外还要加上惩罚。反对的同志说,制裁是行政法、刑法的任务,可以由工商局罚他的款,吊销他的执照,民事责任怎么能罚款呢?这个条文在立法过程中争论非常激烈。立法机关的意见就不一致。

在国务院法制局主持的一次会议上,就这个条文进行了非常激烈的争论。这个会上有三个人积极主张引进美国的惩罚性赔偿制度,规定加倍赔偿:第一个是当时全国人大常委会法工委的何山,第二个是消费者协会的武高汉,第三个就是我。我认为当时假冒伪劣、缺斤短两现象太严重了,不采取特殊措施不行了。我当时还讲过这样的话,我说反对的先生们,我建议你们回去问一下你们的太太,问她们赞不赞成。因为你们是当官的,当干部,当教授,你们不去买菜。你们的夫人去买菜,她们成天上当,问问她们赞不赞成?我当时说出这样的话,可见争论程度之激烈。当时提出的草案,不止 2 倍,后来经过折中,规定为 2 倍。

我介绍当时的争论,是要说明《消费者权益保护法》(1993 年)第 49 条的立法目的,就是针对假冒伪劣和缺斤短两,就是制裁这类情节特别恶劣的侵害消费者利益的行为,绝不是针对一般的产品质量问题。一般的产品质量问题,法律上有瑕疵担保责任制度,规定在《工矿产品购销合同条例》第 13 ~ 17 条和《产品质量法》(1993 年)第 28 条(修订后是第 40 条)。《消费者权益保护法》(1993 年)第 49 条绝不是要取代瑕疵担保责任制度,《消费者权益保护法》(1993 年)第 49 条有其特殊的目的,我们在解释适用《消费者权益保护法》(1993 年)第 49 条时绝不应背离这个立法目的。

现在我们回过头来看这两个错标产地的案件。索尼彩电案,查明是日本索尼公司在马来西亚生产的,由索尼总公司对质量负责,从查明的案件事实看没有质量问题,原告也未对彩电的质量提出任何疑问,当然更谈不上什么假冒伪劣,可以肯定说它不是假冒伪劣产品。再看北京法院审理的电子辞典案。本案中的电子辞典是香港的公司在广东中山设厂生产的,电子辞典也是正品,原告未对其质量提出任何异议,可以肯定该电子辞典不是假冒伪劣产品。两个案件中原告的起诉理由,都不是针对产品质量,而仅仅是错标产地。能不能适用《消费者权益保护法》(1993 年)第 49 条,就要看这个错标产地是否构成"欺诈行为"。

现在有两种解释:一种解释认为,凡是错标产地,不分故意、过失,一律以"欺诈行为"对待,适用《消费者权益保护法》(1993 年)第 49 条判决双倍赔偿;另一种解释认为,对错标产地一定要区分,只有故意的错标产地才符合"欺诈行为"的构成要件,才可以适用《消费者权益保护法》(1993 年)第 49 条。两种解释意见,哪一种更符合《消费者权益保护法》(1993 年)第 49 条的立法目的呢?既然《消费者权益保护法》(1993 年)第 49 条的立法目的是制裁假冒伪劣和缺斤短两这类坑害消费者的行为,以这个目的作为判断标准,我们可以得出结论:第二种解释意见,认为只有故意错标产地才符合“欺诈行为”构成要件,才可以适用《消费者权益保护法》(1993 年)第 49 条,是正确和合理的解释。这就是目的解释。关于这个案件还有其他解释方法,下面要讲到。

与此有关的一个问题是,《消费者权益保护法》(1993 年)第 49 条可否适用于商品房买卖?20 世纪 90 年代以来,发生过多起商品房购买人以房地产公司有欺诈行为为由,要求适用《消费者权益保护法》(1993 年)第 49 条判决双倍赔偿(2013 年已改为四倍赔偿)的案件。据我了解,多数法院判决不适用《消费者权益保护法》(1993 年)第 49 条,理由是《消费者权益保护法》(1993 年)第 49 条的适用范围不包括商品房买卖。我曾表示赞成多数法院的意见,认为对于商品房买卖合同不适用《消费者权益保护法》(1993 年)第 49 条是正确的,理由如下:

第一,《消费者权益保护法》制定时,所针对的是普通商品市场严重存在的假冒伪劣和缺斤短两的社会问题,所设想的适用范围的确不包括商品房在内。第二,考虑到作为不动产的商品房与作为动产的普通商品的差异,在商品房买卖合同中,即使出卖人隐瞒了某项真实情况或者捏造了某项虚假情况,与普通商品交易中的欺诈行为亦不能等量齐观,商品房质量问题通过瑕疵担保责任制度可以得到更妥善的处理。第三,商品房买卖合同金额巨大，动辄数十万元、数百万元，判决双倍赔偿将导致双方利害关系显失平衡。例如，一套30万元的商品房，因木地板材质不符合约定或多计算了几个平方米面积，便判决双倍赔偿60万元，在一般人的社会生活经验看来，很难说这是合情合理合法的判决。

我的这些意见，有的人不赞成。例如，前些年，山东的法院一审时就对商品房买卖案件适用2013年修正之前的《消费者权益保护法》第49条，判决双倍赔偿。这一判决，在《南方周末》上引起讨论，一些人大加赞赏，认为判得好。赞成的理由，主要是：商品房是不是商品？购买人是不是消费者？既然商品房是商品，购买人是消费者，那就当然应当适用。这些理由，都属于死抠文义解释，而没有考虑当时的《消费者权益保护法》第49条的立法目的，以及所产生的社会影响和后果。可以肯定，当年规定《消费者权益保护法》第49条，立法目的是鼓励受损害的广大消费者同有违法行为的经营者作斗争，绝不是要鼓励个别人、少数人利用《消费者权益保护法》第49条来牟利，甚至建立所谓打假公司，由他们代替广大消费者进行维权斗争，取代市场管理机关的职责和职能。如果对商品房买卖适用当时的《消费者权益保护法》第49条，可以预见就不会像现在仅仅有少数几个"打假专业户"、专业"打假公司"！

商品房买卖中或多或少会有一些争议、问题、矛盾，绝大多数可以通过双方协商予以解决,协商解决不了的起诉到法院,也可以通过适用合同法上的违约责任、瑕疵担保责任、法定解除权制度甚至缔约过失责任制度妥善解决。如果适用2013年修正之前的《消费者权益保护法》第49条,30万元的房屋双倍赔偿就是60万元,60万元的房屋双倍赔偿就是120万元,120万元的房屋双倍赔偿就是240万元……现在北京三环内一套100多平方米的普通房至少要500多万元,双倍赔偿就是上千万元,如此巨大的经济利益,将是多么强烈的诱惑、刺激和鼓动!只要抓着哪怕是一点点理由,谁还会让步,接受调解?在如此巨大的利益诱惑、鼓动之下,不知将会有多少人走上"购房索赔"的专业"打假"之路!这对整个社会的发展、稳定,究竟有利还是有害?

因此,我要补充此前未写明的第四个理由:商品房交易中总会发生各种各样的争议,而这些争议当时按照《合同法》* 的规定能够妥善处理,如果适用双倍赔偿(或2013年修改后的四倍赔偿),将会激化矛盾,并鼓动一些人以获取双倍赔偿为目的从事购房索赔,走所谓"专业打假"之路,肯定不利于建立房地产市场的正常秩序,不利于整个社会的和谐稳定。我在这里除采用目的解释方法外,还采用了后面将要讲到的社会学解释方法。

下面讲目的解释的另外一个例子,就是关于宣告死亡申请人

---

* 现参见《民法典》合同编。

应不应该有顺序。原《民法通则》第23条规定了死亡宣告制度，按照该条规定，公民下落不明经过法定期间，其利害关系人可以向法院申请宣告他死亡。* 请同志们注意，原《民法通则》并没有规定哪些人属于利害关系人，更没有规定利害关系人提出申请的顺序。我们看到，原《最高人民法院关于贯彻执行〈中华人民共和国民法通则〉若干问题的意见（试行）》，却明确规定了申请宣告死亡的利害关系人的顺序：配偶是第一顺序；父母、子女是第二顺序；兄弟姐妹、祖父母、外祖父母、孙子女、外孙子女是第三顺序；其他有民事权利义务关系的人是第四顺序。①

1990年在武汉召开的第五次民事审判工作会议上，我所参加的那个小组讨论时，有的同志提出申请宣告死亡的利害关系人不应该有顺序。一位庭长举了他那里发生过的实例：一个人失踪不知多少年，早已超过法定期间，他的配偶就是不提起死亡宣告申请，属于第二、第三顺序的其他利害关系人提起申请，法院按照最高人民法院的上述解释意见不予受理，致不能依法宣告该人死亡。另外一些同志持相反的意见，他们认为最高人民法院为申请人规定顺序并非错误。我发言说，最高人民法院的这个解释是错误的。

---

* 现规定于《民法典》总则编第46条。

① 原《最高人民法院关于贯彻执行〈中华人民共和国民法通则〉若干问题的意见（试行）》（1988年1月26日通过）第25条规定：“申请宣告死亡的利害关系人的顺序是：（一）配偶；（二）父母、子女；（三）兄弟姐妹、祖父母、外祖父母、孙子女、外孙子女；（四）其他有民事权利义务关系的人。申请撤销死亡宣告不受上列顺序限制。”

为什么是错误的？因为，为死亡宣告的申请人规定顺序，违背死亡宣告制度的立法目的。

按照死亡宣告制度的立法目的，死亡宣告的申请人不应该有顺序：其配偶不提出申请时，其继承人可以申请；其继承人不提出申请时，其债权人或者债务人可以提出申请。只要是其利害关系人都可以申请，并且不分先后。但在这个会上，法院同志的意见加上我的意见形不成多数意见。原《最高人民法院关于贯彻执行〈中华人民共和国民法通则〉若干问题的意见（试行）》中，为申请人规定顺序的那个解释意见，至今未被纠正。现在我采用目的解释方法，进一步说明为什么死亡宣告的申请人不应该有顺序。

采用目的解释方法，就要探求死亡宣告制度的立法目的，再以此立法目的作为解释的根据。为了探求死亡宣告制度的立法目的，我们先拿失踪宣告制度作为对照，在原《民法通则》上，失踪宣告和死亡宣告，是两个非常类似的制度。它们的程序也相同："失踪"+"法定期间"+申请人提出"申请"+法院"公告"期满=法院作出"判决"。在失踪宣告制度中，最后法院作出的这个"判决"有两个内容：一个内容是宣告被申请人为"失踪人"；另一个内容是为该"失踪人"指定"财产代管人"。这后一个内容很重要。

按照原《民法通则》第21条的规定，法院在宣告失踪的同时要为失踪人指定"财产代管人"。"财产代管人"因法院的指定而具有代理人资格，属于原《民法通则》第64条所谓“指定代理人”，其职责是代管失踪人的财产，代理失踪人交纳税款、清偿债务、收取债权等。因此可见，原《民法通则》设立失踪宣告制度的立法目的非常明确，这就是保护失踪人的合法权益。一个人下落不明，被依法宣告失踪了，其财产无人照管，今天张三来把他房屋的门板拆走了，明天李四来把屋顶上的瓦揭走了，这个社会秩序还不大乱吗？这个失踪人回来怎么办呢？因此，法律规定法院在宣告失踪的同时应当为失踪人指定财产代管人，失踪宣告制度的目的，是保护失踪人的财产，这是再清楚不过的了。

我们再来看死亡宣告制度，它在要件、程序上与失踪宣告相同：“失踪”+“法定期间”+“申请”+“公告”=“判决”。最后这个判决，仅有一个内容，就是宣告被申请人为“死亡人”，指不指定财产代管人呢？因为宣告他死亡，就当然发生“死亡”的效果：主体资格消灭，婚姻关系消灭，遗产开始继承，以及债权债务的清偿，等等。在发生这些法律效果时，是不是哪一个利害关系人先提出死亡宣告的“申请”他就占便宜呢？不是，无论谁提出申请都占不到便宜。因为，所有以死亡为根据发生的法律后果，如婚姻关系的消灭、财产的继承、债权债务的清偿等，均各有其法律规定，与谁提出申请无关。

从宣告死亡的法院判决的内容以及法律后果的发生来看，死亡宣告制度的目的，是保护“利害关系人”的利益，而不是保护被宣告死亡的人的利益。显而易见,死亡宣告制度和失踪宣告制度这两个非常类似的法律制度,其立法目的截然相反。失踪宣告的目的是保护失踪人的利益,死亡宣告的目的是保护利害关系人的利益。

既然死亡宣告制度的立法目的,是保护利害关系人的利益,死亡宣告的法律效果与谁提出申请没有关系,以此立法目的作为判断标准,可以断言最高人民法院的那个解释是违背这个立法目的的。最高人民法院的解释为申请人规定了顺序,第一顺序的不申请,第二顺序的就无权申请,依此类推,如果一个人长期下落不明,其配偶基于感情的原因或者某种不正当的目的,就是不提出申请,其他利害关系人就无权提出申请,将得到什么结果呢?只能是该下落不明的人不能被宣告死亡,本应发生的法律后果(如婚姻关系消灭、继承开始等)均不能发生,其配偶通过拒绝提出申请达到控制他的财产的不正当目的,使他的合法继承人、债权债务关系人遭受损害,使原《民法通则》设立死亡宣告制度的立法目的落空。可见,我们采用目的解释方法,证明了认为死亡宣告制度的申请人没有顺序的解释意见,是正确的解释,原《最高人民法院关于贯彻执行〈中华人民共和国民法通则〉若干问题的意见(试行)》中为死亡宣告的申请人规定顺序的解释意见,是错误的解释。这是关于目的解释的第二个例子。

关于目的解释,还可以举其他的例子。再举一个高度危险造成损害的案件。基本事实是，一个 8 岁的男孩，爬到被告配电室屋顶上捡玩具，被裸露高压电缆头吸附击伤致残，原告请求损害赔偿。按照规定标准，该裸露高压电缆头距屋顶的高度应不低于 2.2 米，实际安装时是 1.8 米，后改造时被降低到 1.2 米。该配电室未设置隔离栅栏及危险标志。受害人是先爬上与配电室屋顶水平距离仅 0.5 米的第三人的违章建筑平房屋顶，再跨过 0.5 米的水平距离到配电室屋顶的。

本案属于高度危险损害，当时毫无疑问应适用原《民法通则》第 123 条。原《民法通则》第 123 条规定："从事高空、高压、易燃、易爆、剧毒、放射性、高速运输工具等对周围环境有高度危险的作业造成他人损害的，应当承担民事责任；如果能够证明损害是由受害人故意造成的，不承担民事责任。"本案事实所涉裸露的高压电缆头属于其中的"高压"，因此在本条适用范围之内。本条属于无过错责任，为学说和裁判实务的一致见解。

须特别注意的是，原《民法通则》第 123 条未明定责任主体，此与第 122 条、第 125 ~ 127 条均不相同。我们看到，第 122 条明定产品制造者、销售者为责任主体，第 125 条明定施工人为责任主体，第 126 条明定建筑物所有人或者管理人为责任主体，第 127 条明定动物饲养人或者管理人为责任主体。而第 123 条却没有明文规定应承担责任的主体。分析其原因，在于本条所涉及高度危险之种类繁多，各种高度危险之间的情形有差异，很难对应承担责任的主体作简单化的概括规定，也难以做到一一列举规定各种高度危险的责任主体。有的民法著作说，高度危险作业造成损害的案件，其责任主体是“高度危险作业人”，这是一种望文生义的解释，不能解决问题，因为仍然存在如何决定谁是“高度危险作业人”的问题。因此，在适用第 123 条时，应当采用目的解释方法，结合具体案件事实所涉及的高度危险种类，紧扣第 123 条之责任性质和立法目的，以分析确定应承担责任的主体。

原《民法通则》第 123 条的规定属于民法理论上所谓危险责任，现代各国民法规定危险责任为无过错责任。这是因为，高度危险事业（如本案之高压电缆和配电设施）为现代社会所不可或缺，其本身不具有反社会性和违法性，而高度危险事业往往导致损害，损害的发生无法绝对避免。由此可见，原《民法通则》第 123 条的立法目的，不在于对具有反社会性和违法性行为之制裁，而在于如何尽可能地控制危险，减少损害的发生，以及在发生损害后如何尽可能合理分担所发生的损害。为了实现这一目的，立法者将高度危险规定为无过错责任，使受害人尽可能得到赔偿，使高度危险事业的经营者负担赔偿费用，而经营者又可以通过提高产品或者服务的价格以及投保责任保险，最终将赔偿费用转嫁给社会，实际上是由社会全体消费者分担了高度危险事业所造成的损害。

基于此立法目的，我们可以找到在适用第 123 条时确定责任主体的两个法律原则：第一个原则是，谁从该高度危险事业获得利益谁承担赔偿责任。其法理根据是民法自罗马法以来的所谓“报偿理论”。所谓“报偿理论”，简言之，就是使利益与风险同归一人，谁享受该高度危险事业所带来的利益，就由谁负担该高度危险事业所造成的损害。第二个原则是，谁能够在实际上控制（或者实际扩大了）该高度危险谁承担责任。其法理根据就是现代民法所谓的“危险控制理论”。所谓“危险控制理论”，简言之，就是使能够控制该危险、能够避免损害发生的人负担所发生的危险，这样有利于促使他加强对危险的控制，尽可能地减少危险，尽可能地避免损害的发生。

因此，本案承担赔偿责任的责任主体，应当结合法院查明的本案具体事实，根据上述确定责任主体的法律原则，予以具体确定。首先，本案被告依法应当承担赔偿责任。其应当承担责任的理由和根据有两条：第一条，被告是本案造成原告损害的“高度危险源”10 千伏高压配电设施的产权人，直接享受该“高度危险源”所带来的利益，按照谁获得利益谁承担责任的原则，应对该“高度危险源”造成的损害承担赔偿责任；第二条，本案造成原告损害的“高度危险源”10 千伏高压配电设施，在被告管理控制之下，被告可能控制和减少该“高度危险源”所造成的损害，被告明知高压电缆之裸露点距配电室屋顶的距离不符合安全标准，而不采取起码的安全措施如装设固定遮拦及危险标志等，在实际上扩大了该高度危险，按照谁能够控制危险谁承担责任的原则，应对原告所受损害承担赔偿责任。

其次，第三人市供电局依法应当承担赔偿责任。其应当承担责任的理由和根据也有两条：第一条，依本案事实，实际发生损害的“高度危险源”之高压电缆头，为高压供电电缆与进入用户配电设施线路之结合点，从法律角度来看，市供电局也直接享受该“高度危险源”所带来的利益，按照谁获得利益谁承担责任的原则，应对原告所受损害承担赔偿责任；第二条，本案所涉及的 10 千伏架空高压电力线路，是由该第三人市供电局负责“设计、审核、批准、组织施工并验收”后交付给被告使用的，其后该市供电局又指定另一个第三人丰新电气安装队对于该高压电缆及附属设施实施更换安装工程，因此，应当认定第三人市供电局对于发生损害的“裸露高压电缆头带电部分距配电室屋顶净距”不符合安全标准负有责任。同时，对另一个第三人市政工程局第四公司违章建筑“距被告配电室西墙水平距离 0.5 米”使危险扩大，市供电局持放任态度，始终未采取任何措施。因此，按照谁能够控制危险谁承担责任的原则，第三人市供电局应对原告所受损害承担赔偿责任。

再次，第三人丰新电气安装队依法应当承担赔偿责任。其应当承担责任的理由和根据是：第三人丰新电气安装队于 1994 年 7 月对本案所涉高压电缆及附属设施实施更换安装工程时，不按照规定的安全标准施工,将高压电缆头带电部分至配电室屋顶的净距下降到1.2米,显著扩大了危险,按照谁能够实际控制(实际扩大了)危险谁承担责任的原则,应对原告所受损害承担赔偿责任。

最后,第三人市政工程局第四公司依法应当承担赔偿责任。其应当承担责任的理由和根据是:市政工程局第四公司自建平房距被告配电室西墙水平距离仅0.5米,违反《电力设施保护条例》关于任何单位和个人在架空电力线路保护区内“不得兴建建筑物”的规定,在实际上扩大了高压电缆头带电部分已经形成的高度危险,而本案受害人实际上正是经由其自建平房跨越0.5米水平距离到达被告配电室屋顶,被裸露高压电缆头吸附击伤的。按照谁能够控制(实际扩大了)危险谁承担责任的原则,应对原告所受损害承担赔偿责任。

以上是我对本案所提出的法律意见。同志们可以看到,因为原《民法通则》第123条没有明文规定承担赔偿责任的主体,我的法律意见是先探讨确定第123条的立法目的,再从该立法目的推论出确定责任主体的两条法律原则,最后结合法院查明的具体事实,确定本案应当承担赔偿责任的主体。因此,属于目的解释方法。

顺便提到,本案事实属于多个原因共同作用导致损害,法律上称为原因竞合的侵权行为。① 原因竞合的侵权行为,应当由竞合的各个原因,按照其原因力(作用力)的大小分担责任。本案发生竞合的原因实际有五个,其中一个是受害人自身。本案一审判决认为,受害人虽然只有 8 岁,谈不上过失,但其父母疏于管教监督,具有监护人过失,因此采扩张解释方法适用原《民法通则》第 131 条关于过失相抵的规则,判决受害人分担 30% 的损害。剩下的 70% 的责任,应由被告、第三人市供电局、第三人丰新电气安装队和第三人市政工程局第四公司,按照原因力的大小分担。我提出的分担比例是:被告承担 30% 的责任,第三人市供电局承担 20% 的责任,第三人丰新电气安装队和第三人市政工程局第四公司各承担 10% 的责任。当然没有明确的标准,只能够凭一般人的生活经验,对各个原因所起的原因力的比例作大致的估算。

你可能认为第三人市供电局的原因力应当比被告的大,因此建议被告承担 20% 的责任,第三人市供电局承担 30% 的责任;或者认为二者原因力相当,使其各承担 25% 的责任。这些都不见得

① 侵权法上所谓"原因竞合",是指多个原因造成同一损害结果而不能按照共同侵权行为处理的侵权行为类型。原《民法通则》未规定"原因竞合",而民法理论和裁判实践在"共同侵权行为"之外认可"原因竞合"的存在。《最高人民法院关于审理人身损害赔偿案件适用法律若干问题的解释》(2003 年)第 3 条第 2 款规定:"二人以上没有共同故意或者共同过失,但其分别实施的数个行为间接结合发生同一损害后果的,应当根据过失大小或者原因力比例各自承担相应的赔偿责任。"原《侵权责任法》在总结民法理论和裁判实践经验的基础上,专设第 12 条规定原因竞合的侵权责任:"二人以上分别实施侵权行为造成同一损害,能够确定责任大小的,各自承担相应的责任;难以确定责任大小的,平均承担赔偿责任。"现行《民法典》侵权责任编第 1172 条沿用了该规定。

有什么不当。但如果认为被告和市供电局的原因力比另外两个原因的原因力小，例如认为被告应承担10%的责任，市供电局应承担10%的责任，而第三人丰新电气安装队应承担30%的责任，这就显然违背一般人的生活经验，因此属于不当。这是顺便谈到原因竞合如何分配责任。

目的解释方法，还可以原《合同法》第286条规定的承包人优先受偿权为例。原《合同法》第286条规定："发包人未按照约定支付价款的，承包人可以催告发包人在合理期限内支付价款。发包人逾期不支付的，除按照建设工程的性质不宜折价、拍卖的以外，承包人可以与发包人协议将该工程折价，也可以申请人民法院将该工程依法拍卖。建设工程的价款就该工程折价或者拍卖的价款优先受偿。"* 要正确解释适用本条，关键在于正确解释本条权利的性质。

对此，迄今发表的文章，有的解释为留置权，有的解释为优先权，有的解释为法定抵押权。按照民法原理，留置权的对象仅限于动产。原《物权法》第230条对此有明文规定。[1] 本条规定的权利客体是建设工程，属于不动产。因此，可以肯定将本条解释为留置

---

* 原《合同法》已废止，现行《民法典》合同编第807条沿用了原《合同法》第286条的规定。

① 原《物权法》第230条规定："债务人不履行到期债务，债权人可以留置已经合法占有的债务人的动产，并有权就该动产优先受偿。前款规定的债权人为留置权人，占有的动产为留置财产。"《民法典》物权编第447条沿用了该规定。

权是错误的。而要判断本条究竟属于优先权还是法定抵押权，必须考察本条的立法背景和过程。

原《合同法》起草始于 1993 年。当年 10 月，立法机关委托包括我在内的 8 位民法学者拟定的原《合同法》立法方案，针对社会上严重存在的拖欠工程款问题，规定："为保护承包人利益，可规定承包人对建设工程有法定抵押权。"据此，由 12 个单位的学者起草的《合同法建议草案》第 306 条规定："建设工程完工后，发包人未按合同约定支付建设费用和报酬的，承包人对建设工程有法定抵押权。"由法制工作委员会在建议草案基础上提出的《合同法（草案）》（1995 年 10 月试拟稿）也在第 177 条规定："承建人对其所完成的建设工程享有抵押权。"1996 年 5 月 27 日至 6 月 7 日在北京西郊召开的合同法修改工作会议上，与会专家一致同意保留承包人法定抵押权。

在后来的修改中，考虑到法律条文仅规定承包人享有法定抵押权，而该法定抵押权的内容、效力及如何实现仍有待于解释，不如直接规定其内容、效力和实现方式，更有利于法律适用。因此，1997 年 5 月 14 日的《合同法（征求意见稿）》采取了直接规定其内容、效力及实现方式的条文表述，其第 161 条规定："建设工程完成后，建设人未按照约定支付价款的，承建人应当催告建设人支付价款，催告的期限不得少于两个月。建设人逾期不支付的，承建人可以与建设人协议将该工程折价，也可以将该工程依法拍卖。承建人就该工程折价或者拍卖的价款优先受偿。”这是按照法定抵押权的内容所作的规定。1997年6月9日至18日在昌平召开的专家讨论会上，与会专家对本条未有任何异议。1998年7月10日至14日在通县（现通州区）召开的民法起草工作小组会议上，笔者发言指出这一条即是“法定抵押权”时，亦未有任何人表示异议。可见，在这两次重要的专家会议上，对本条法定抵押权性质的认识未有分歧。

1998年8月提交全国人大常委会第四次会议审议的《合同法（草案）》（第一次审议稿）第285条，只是将“完成”改为“竣工”，将“承建人”改为“承包人”，并用“合理期限”代替“不得少于两个月”的“催告期”。同年12月提交全国人大常委会第六次会议审议的《合同法（草案）》（第三次审议稿）第280条，所作的唯一修改是，规定承包人必须“申请法院依法拍卖”。这一修改具有重大意义。

1999年1月7日至11日在北京召开的合同法专家讨论会上，与会者注意到有的建设工程不适于折价和拍卖，建议增设除外规定。因此，1999年1月29日提交全国人大常委会第七次会议审议的《合同法（草案）》（第四次审议稿）第287条规定：“发包人未按照约定支付价款的，承包人可以催告发包人在合理期限内支付价款。发包人逾期不支付的，除按照建设工程的性质不宜折价、拍卖的以外，承包人可以与发包人协议将该工程折价，也可以申请人民法院将该工程依法拍卖。建设工程的价款就该工程折价或者拍卖的价款优先受偿。”此即原《合同法》第286条。

从以上立法过程可知，原《合同法》第286条，从设计、起草、讨论、修改、审议直至正式通过，始终是指法定抵押权。在历次专家讨论会上，未有任何人对此表示异议，未有任何人提出过规定承包人优先权的建议。所谓在立法过程中曾发生激烈争论，形成三种不同观点，最后采纳了优先权主张的说法，是完全不符合事实的臆测。

原《合同法》第286条所规定的既然是法定抵押权，则其成立当然直接根据法律规定，无需当事人间订立抵押合同，也不需要办理抵押权登记。其成立条件如下：(1)须建设工程已竣工。建设工程尚未竣工，不发生法定抵押权。建设工程未竣工而中途解除建设工程合同的情形，亦不发生法定抵押权。(2)须是建设工程合同所生债权。这里所谓建设工程合同，应当作狭义解释，仅指第269条第2款中的施工合同，勘察合同和设计合同不包括在内。在订立总承包合同后，再由总承包人订立分承包合同、转承包合同的情形，仅总承包人享有法定抵押权，分承包人、转承包人无此权利。(3)其债权为依建设工程合同所应支付的价款。此所谓“价款”非指市场交易中的商品价款，而是发包人依建设工程合同约定应支付给承包人的承包费。该价款包括承包人施工所付出劳动的报酬、所投入的材料费用和因施工所垫付的其他费用，以及依合同发生的损害赔偿，亦即报酬请求权、垫付款项请求权及损害赔偿请求权。(4)法定抵押权的标的物为承包人施工所完成的，属于发包人所有的建设工程(不动产)及其基地使用权。它包括组装或固定在不动产上的动产,不包括建设工程中配套使用但未组装或固定在不动产上的动产。(5)须不属于“不宜折价、拍卖”的建设工程。此所谓“不宜折价、拍卖”的建设工程,应当解释为法律禁止流通物。包括公有物,如国家机关办公的房屋建筑物及军事设施;公用物,如公共道路、桥梁、机场、港口及公共图书馆、公共博物馆等。但国家机关的员工宿舍,不属于公有物。

法定抵押权的行使条件是:承包人向发包人发出催告通知后经过一个合理期限,而发包人仍未支付。此合理期限,应当从发包人收到催告通知之日起算。此催告通知应当采用书面形式。至于合理期限究竟是多少天,应由法院按照建筑行业习惯及建筑工程合同具体情形判断。

在发生法定抵押权与约定抵押权并存的情形,无论约定抵押权发生在前或在后,法定抵押权均应优先于约定抵押权行使。其主要理由为:其一,法定权利应当优先于约定权利。其二,从法律政策上考虑,法定抵押权所担保的债权中有相当一部分是建筑工人的劳动工资,应予优先确保。其三,建设工程是靠承包人付出劳动和垫付资金建造的,如果允许约定抵押权优先行使,则无异于以承包人的资金清偿发包人的债务,等于发包人将自己的欠债转嫁给属于第三人之承包人,违背公平及诚实信用原则。其四,承包人法定抵押权,是法律为保护承包人的利益而特别赋予的权利,具有保护劳动者利益和鼓励建筑、创造社会财富的政策目的。

原《最高人民法院关于建设工程价款优先受偿权问题的批复》(法释〔2002〕16号)*中规定:"一、人民法院在审理房地产纠纷案件和办理执行案件中,应当依照《中华人民共和国合同法》第二百八十六条的规定,认定建筑工程的承包人的优先受偿权优于抵押权和其他债权。"按照这一解释,承包人的法定抵押权,优先于设立在该建设工程上的约定抵押权(如银行的抵押权),而不论其设立之先后。

因为完成的建设工程所有权属于发包人,承包人不能受到双务合同的同时履行抗辩权的保护,导致在发包人与承包人的关系中,承包人处于不利地位。改革开放以来,我国曾发生拖欠工程款的严重社会问题,据统计,1990年拖欠的工程款为36亿元,1992年为200亿元,1993年为308亿元,1995年为600亿元,2001年为1000亿元,当时已严重威胁建筑企业、建筑行业的生存。因此,原《合同法》通过规定承包人的法定抵押权,以补救承包人的不利地位,谋求在发包人与承包人之间达到某种平衡。同时,考虑到建设工程价款一般不超过整个建设工程价值的20%,银行在给予发包人抵押贷款时可以通过预估建设工程价款来保护自己的利益,且按照银行业的惯例,以价值1000万元的财产设定抵押,其贷款金额通常不超过800万元,因此原《合同法》设立承包人的法定抵押权制度,并不会对银行造成损害。

* 已失效。

如果建设工程为商品房，且在竣工之前发包人（开发商）已经分别与消费者订立房屋买卖合同，在发包人拖欠承包费用时，即可能发生承包人法定抵押权与消费者权利的冲突。在已经办理产权过户登记的情形，消费者已经取得房屋所有权，就该房屋而言，法定抵押权已归于消灭，自不待言。在开发商尚未交房或虽交房但尚未办理产权过户的情形，该房屋仍属于开发商所有，仍在法定抵押权的标的物范围内。但考虑到，如果允许承包人行使法定抵押权，无异于用消费者的资金清偿开发商的债务，等于开发商将自己的债务转嫁给广大消费者，严重违背特殊保护消费者的法律政策，因此应不允许承包人行使法定抵押权。实质是承包人利益与消费者利益相比较，消费者利益属于生存利益则应当优先，承包人利益属于经营利益则应退居其次。

原《最高人民法院关于建设工程价款优先受偿权问题的批复》（法释〔2002〕16号）中规定："二、消费者交付购买商品房的全部或者大部分款项后，承包人就该商品房享有的工程价款优先受偿权不得对抗买受人。"最高人民法院研究室答记者问："我们的主要考虑是，消费者购买商品房是一种生存的权利，同时它还关系到社会的稳定；而承包人的权利主要还是一种经营权利。生存权利优于经营权利受到法律的保护，既是一种国际通行的做法，也是符合我们国家实际情况的。"我们注意到有的律师一再给当时的肖扬院长写信，给时任法工委主任乔晓阳写信，给法工委递报告，反对最高人民法院的上述解释,认为最高人民法院的解释超越了权限,是违反法律、法理的,是错误的,建议通过立法解释予以纠正。

我认为,最高人民法院的这一解释意见是完全正确的。因为,原《合同法》第286条的立法目的,是要在发包人与承包人的关系中达到平衡,补救承包人的不利地位,因此赋予承包人法定抵押权使之优先于建设工程上的抵押权和发包人的其他债权。立法者所考虑的是如何协调承包人与发包人及其他经营者的利益冲突。本来,承包人和发包人及其他经营者,均属于经营者之间的关系,由于建设工程合同的特殊性,承包人不能受到同时履行抗辩权的保护,因此有必要规定承包人的法定抵押权,作为对承包人不利地位的补救措施。对劳动者利益的保护,仅作为设立承包人法定抵押权的一项解释性根据。本条规定所直接保护的是建筑企业即承包人的利益,当然是经营者利益。但因为承包人利益的保护,也间接起到保护劳动者利益(工资)的作用。对劳动者利益的特殊保护,只在与经营者的利益冲突中才有其存在理由。劳动者和消费者,均只在相对于企业和经营者的关系中,才处于弱者地位。国家和法律,在处理劳动者与企业主的关系中,要特殊保护劳动者;在处理消费者与经营者的关系中,要特殊保护消费者。劳动者和消费者并不构成直接的利益冲突关系,因此不发生对谁特殊保护的问题。

承包人的利益虽然包含了劳动者的利益,但毕竟属于经营者利益。不应将承包人利益等同于劳动者利益。工人工资只占承包费的一部分,承包费中除工资外还包括材料费、管理费、技术收益、各种税费和企业利润(投资人收益)。那种试图将承包人的优先受偿权绝对化,使其凌驾于消费者利益之上的主张,实质上是以保护劳动者为借口,以损害广大消费者的利益为代价,从而保护作为经营者的建筑企业的利益。其本身既违反我国法律保护消费者合法权益的基本原则,在法理上也是站不住脚的。

如果对承包人的法定抵押权不作限制,使其存在于消费者购买的商品房之上,凌驾于消费者权利之上,则超出该条立法目的范围,违背我国法律保护消费者合法权益的基本原则,违背现代法通行的生存权优于经营权的法理,必将引发更严重的社会问题。试想若承包人可以行使工程款优先受偿权拍卖消费者已经购买、居住的房屋,将会产生什么样的结果和社会影响!至于在工程款优先受偿权不能对抗已购房的消费者的前提下,如何保护承包人的利益,建议完善现在的部门规章中的商品房预售房款存入专设账户的制度。当事人也可以在建设工程合同中约定特殊的保护手段,如让与担保、存入指定。

值得特别注意的是,原《最高人民法院关于建设工程价款优先受偿权问题的批复》(法释〔2002〕16号)中规定:"四、建设工程承包人行使优先权的期限为六个月,自建设工程竣工之日或者建设工程合同约定的竣工之日起计算。"最高人民法院通过解释,为原

《合同法》第 286 条规定的法定抵押权设立了行使期限的限制，其性质为除斥期间。抵押权属于物权，不适用诉讼时效期间。但抵押权与完全的物权（所有权）不同，其目的在于担保债权的履行，不适宜长期存在，应该有期限的限制，以促使权利人尽快行使权利。关键问题是此期限的长短。期限过长，对承包人有利而对发包人及第三人不利。最高人民法院研究室答记者问："对确定工程价款优先受偿权行使期限的长短，我们在讨论中也有过不同意见，最后定的是一个折中的观点，即 6 个月。"这表明了最高人民法院确定 6 个月的期限，是出于兼顾当事人双方利益的考虑。因此我赞成这一解释。

这里有必要谈到最高人民法院的这一解释文件所采用的方法。其中，第 1 条"优于抵押权和其他债权"的解释，是对原《合同法》第 286 条规定的优先受偿权的效力的明确和限制，所采用的解释方法，主要是目的解释方法，即以本条立法目的作为解释根据，在不同的解释意见中，以符合于立法目的的解释意见为准；第 2 条"不得对抗"购买了商品房的消费者的解释，采用了目的解释方法和社会学解释方法。

法定抵押权的行使方式有二：一是由发包人与承包人协议折价；二是由承包人申请法院拍卖。此与原《担保法》* 第 53 条规定

* 已失效。

的抵押权行使方式不同。该条规定,债务履行期届满抵押权人未受清偿的,可以与抵押人协议以抵押物折价或者以拍卖、变卖该抵押物所得的价款受偿;协议不成的,抵押权人可以向法院提起诉讼。此诉讼的性质,属于对人诉讼,应以抵押人为被告,是抵押权人与抵押人之间关于抵押权行使的争议,当然适用诉讼程序。而按照原《合同法》第 286 条的规定,承包人既可以与发包人协议将该工程折价,也可以直接申请法院将该工程依法拍卖。这里规定的不是"提起诉讼",而是"申请法院拍卖"。立法意图是改变原《担保法》规定的抵押权行使方式,由"对人诉讼"改为"对物诉讼",即向法院申请执行抵押权。在《民事诉讼法》专门规定此种抵押权执行程序之前,应当准用其第三编规定的执行程序。

法定抵押权人向法院申请,须提出证明法定抵押权存在及法定抵押权具备执行条件的证据。法院受理申请后,应当通知发包人。发包人就法定抵押权是否成立及是否符合执行条件提出争议的,应当终止执行程序,驳回承包人之申请。此种情形,应由承包人另外提起确认之诉,以确认法定抵押权之成立,待获得胜诉判决确定后,方能申请法院依法拍卖。行使优先受偿权的程序问题,应当由最高人民法院尽快作出规定。

八、合宪性解释

所谓合宪性解释,是指以宪法及阶位较高的法律规范解释阶位较低的法律规范的一种法律解释方法。简言之,是以宪法上的规定来解释民法上的规定。合宪性解释的依据是什么呢?一个国家的全部法律规则构成一个整体,叫法律体系。法律体系就像一个金字塔,分为一定阶层。最上层为宪法,其次是各基本法律,再次是各单行法,以下是众多的法规。上下之间的阶层关系在法解释学上叫阶位,就像楼梯一样。

在这个法律体系结构中,宪法的阶位最高,它决定了整个法律体系的基本的原则、基本的价值判断,这些基本的原则和基本的价值判断,一定要在整个法律体系中得到贯彻。由此决定了阶位较低的法律不得与阶位较高的法律相抵触,所有的法律法规不得与宪法相抵触。这是现代法制的一个基本原则。在民法解释学上,将这个基本原则反过来用,用宪法的规定解释民法的规定,就叫合宪性解释。

关于合宪性解释方法,举两个非常典型的案例。第一个是天津的法院判的“工伤概不负责”案件。基本案情是,被告是雇主,承包拆除厂房工程,因违章施工发生事故,致一个雇工受伤住院,在治疗中感染败血症死亡,死者的亲属要求被告支付赔偿金。因为雇佣合同上有“工伤概不负责”约款,因此被告拒绝赔偿,原告起诉到法院。被告的抗辩理由就是雇佣合同上约定的“工伤概不负责”约款。关键问题是:这个约款是否有效?按照合同自由原则,当事人双方的约定只要不违反法律禁止性规定就有效。

我国原《民法通则》虽然没有使用“合同自由”这样的概念,但原《民法通则》第 4 条规定了合同自愿原则。按照这一原则，是否签订合同及合同的内容均取决于当事人的自愿，当事人双方自愿协商约定的合同条款，只要不违反法律禁止性规定就具有法律效力。在理论和实务上，合同自愿原则被解释为合同自由原则。因此，按照这个原则，当事人在雇佣合同中所约定的“工伤概不负责”约款，只要不违反法律禁止性规定，就应当有效。问题是我国原《民法通则》及其他法律法规并没有任何一个规定，禁止当事人约定“工伤概不负责”这样的免责条款。

法院在审理这个案件时考虑到，如果采纳被告的抗辩，不让他承担责任，则有违社会正义，因此请示到最高人民法院。最高人民法院作出了解释意见，引用的根据是《宪法》关于劳动保护的规定。《最高人民法院关于雇工合同应当严格执行劳动保护法规问题的批复》（〔1988〕民他字第 1 号）：经研究认为，对劳动者实行劳动保护，在我国宪法中已有明文规定，这是劳动者所享有的权利……被告身为雇主，对雇员理应依法给予劳动保护，但被告却在招工登记表中注明“工伤概不负责”，这种行为既不符合宪法和有关法律的规定，也严重违反了社会主义公德，对这种行为应认定为无效。

最高人民法院在批复中说我国《宪法》关于劳动保护有明文规定，显然是指《宪法》第 42 条。该条第 2 款规定：“国家通过各种途径，创造劳动就业条件，加强劳动保护，改善劳动条件……”最高人民法院对此解释说，劳动保护是劳动者的权利，受法律保护，任何个人和组织不得侵犯。这就是一个强行性的和禁止性的规定。按照这个规定,雇主要对劳动的安全条件负责,要保障劳动者的人身安全,当劳动者在劳动中人身遭受伤害时,应当由雇主按照劳动保护的规则给予补偿。

原《民法通则》和《经济合同法》关于合同内容违反法律无效有规定,但原《民法通则》和《经济合同法》上找不到禁止约定"工伤概不负责"这样的约款的规定,因此仅依原《民法通则》和《经济合同法》还不能说"工伤概不负责"这样的约款违法。当时最高人民法院引用《宪法》关于劳动保护的规定,按照《宪法》的这个规定,本案被告预先在招工登记表中规定"工伤概不负责",剥夺了劳动者享有的受劳动保护的权利,已构成违法。

这里采用的方法,是用宪法的规定解释民法的规定,宪法上有劳动保护的规定,民法当中当然要贯彻宪法的这个规定,因此民法上也当然有这个规定。本案雇佣合同中的"工伤概不负责"这个约款,违反了劳动保护这样的法律规则,因此应当认定为无效。最后,法院用这个意见判决雇主承担责任。[①]

"工伤概不负责"这个案件非常有名。我国台湾地区著名民

① 本案判决创设了一项判例规则:预先免除人身伤害责任的免责条款无效。原《合同法》起草人将此项判例规则上升为正式法律条文,规定在原《合同法》第 53 条:"合同中的下列免责条款无效:(一)造成对方人身伤害的;(二)因故意或者重大过失造成对方财产损失的。"现行《民法典》合同编第 506 条沿用此规定。

法学者王泽鉴先生在他的著作中就引用了天津法院判的“工伤概不负责”这个案件，认为这个判决采用的解释方法是合宪性解释方法，予以充分肯定。①

王泽鉴先生在讲天津法院的这个案件的同时，还讲了我国台湾地区的一个案件，叫“单身条款”案件。什么叫“单身条款”？就是企业主在和雇员签订雇佣合同的时候，在合同中预先规定一个条款：女雇员一经结婚，视为自动离职。按照这个条款，女雇员在受雇期间不能结婚，一旦结婚就会被解雇，这种情形被解雇，雇主无须找什么理由，因为合同上有这个条款。这种条款，简称“单身条款”。本案事实是，一个女雇员在受雇期间结婚被雇主发现，被雇主开除了，该女雇员便向法院起诉，法院受理了这个案件。

本案的关键问题是，雇佣合同预先订立的“单身条款”是否有效？我国台湾地区“民法”，当然实行合同自由原则，而按照这个原则，合同上的条款只要不违反法律禁止性规定或者公序良俗，就应当有效。如果认定该条款有效，则这个女雇员被解雇就是合法的。但是我国台湾地区“最高法院”作出了否定的判决。

我国台湾地区“最高法院”在判决中引用了宪制性规定的三项规定，即第 7 条关于男女平等的规定、第 15 条关于工作权的

① 参见王泽鉴：《民法学说与判例研究》(7)，中国政法大学出版社 1998 年版，第 25 页。

规定和第22条关于结婚之基本自由及权利的规定。按照第7条的规定,人民无分男女、宗教、种族、阶级、党派,在法律上一律平等。女雇员在受雇期间结婚就视为自动离职,男雇员在受雇期间结婚为什么就不视为自动离职?这不是对女性歧视吗?因此,本案"单身条款"违反台湾地区宪制性规定第7条关于男女平等的规定。按照宪制性规定第15条的规定,人民具有工作能力者,政府应予以适当之工作机会。本案原告因受雇期间结婚被解雇,工作机会和劳动权利遭受剥夺,该"单身条款"显然违背宪制性规定关于工作权的规定。按照第22条的规定,人民结婚之基本自由及权利受法律保护,该"单身条款"剥夺了人民结婚之基本自由及权利。

因此,台湾地区"最高法院"认为:本案雇主要求女性受雇人预立于受雇期间结婚即应辞职之"单身条款","不仅破坏男女平等之原则,并且限制人民之工作权及有关结婚之基本自由及权利,该结婚即辞职之约定,可认为违背公序良俗,依'民法'第72条之规定,应属无效。"这里是引用宪制性规定第7条关于男女平等的规定、第15条关于工作权的规定和第22条关于结婚之基本自由及权利的规定,以解释"民法"第72条的规定。台湾地区"民法"第72条规定:法律行为有悖于公序良俗者无效。台湾地区"最高法院"解释说,"单身条款"违背宪制性规定关于男女平等的规定和关于工作权的规定,已经构成"民法"第72条所谓"有悖于公序良俗”，因此应认定为无效。[1] 运用的是“合宪性”解释方法。

下面再举一个日本的案件，简称“宴之后案”，是日本法院承认隐私权受法律保护的第一个判决。原告叫有田八郎，曾任外务大臣；被告是专长写长篇爱情小说的作家三岛由纪夫。案件事实是，曾担任过日本外务大臣的有田八郎，于昭和三十四年（1959年）被社会党推荐，竞选东京都知事（市长），他的妻子叫畔上辉井，是当地有名的“般若苑”餐厅的老板。夫妻二人相互配合，进行竞选活动，但最终竞选失败，随后发生婚变，两人离婚。这个事件引起三岛由纪夫的创作激情。三岛由纪夫在得到畔上辉井同意之后，从1960年1月起在《中央公论》杂志上连载题为《宴之后》的长篇爱情小说。

小说主人公叫野口雄贤，曾任外务大臣，其妻福泽佳子是名叫“雪后庵”的餐厅的老板，野口雄贤竞选东京都知事，其妻尽力支持，为了筹措竞选资金而将“雪后庵”抵押贷款。后来，竞选失败，两人离婚。小说中当然添加、编造了一些情节。小说连载中，有田八郎对于自己被作为小说的模特儿感到不快和激愤，投书《中央公论》杂志社和三岛由纪夫，要求中止单行本的出版。《中央公论》杂志社接受了有田八郎的要求；三岛由纪夫另与新潮社联系，不顾有田八郎的抗议由新潮社出版了该小说。于是，有田八郎以《宴之

① 王泽鉴：《民法学说与判例研究》（7），中国政法大学出版社1998年版，第24页。

后》的出版侵害自己的隐私为由，向法院起诉，请求判决三岛由纪夫和新潮社刊登谢罪广告并支付慰谢金。

本案是日本第一个侵害隐私的诉讼，原告、被告双方都是著名人物，因此受到广泛的关注。一审判决被告败诉，上诉期间有田八郎去世，其遗属与三岛由纪夫达成和解。一审判决在理论和实践上有重大意义。因为《日本民法典》既没有关于隐私权的规定，也没有关于一般人格权的规定，仅在第710条规定了侵害他人身体、自由和名誉，应赔偿非财产损害。因此，法院面临的问题是，以什么作为裁判依据？

东京地方裁判所的判决书，首先肯定《宴之后》是以原告有田八郎和畔上辉井作为模特儿创作的模特儿小说，原告作为被侵害隐私者，所列举的那些情节，都是作者的虚构，并非暴露原告的私生活。但是，对读者来说，因为不能区分事实与虚构的界限，难免将描写小说主人公私生活的情节，当作对作为模特儿的原告私生活的描写，因而使原告受到精神的痛苦，是符合情理的。判决书的这一段肯定了损害事实的存在。下面接着讲判决依据。

判决书写道：关于隐私是否构成一种权利，不仅可以从《日本宪法》所确立的所谓个人尊严的思想推导出来，在现行法上也有根据，可以举出《日本轻罪法》第1条第1项、第23项关于禁止窥视他人居所的规定，《日本民法典》第235条关于相邻地观望的限制的规定，《日本刑法》第133条关于擅拆书信罪的规定等，从这些规定来看，对个人隐私的尊重已经不仅仅是伦理上的要求，应当认为个人隐私是一种遭受不法侵害时应予法律救济的更高的人格利益，此人格利益虽然被所谓人格权概念所包含，但并不妨碍将个人隐私理解为一种独立的权利。基于上述判断，应当认为，所谓隐私权是指禁止擅自公开他人私生活的受法律保护的权利，在隐私权遭受侵害时，受害人有停止侵害行为请求权和所受精神痛苦的损害赔偿请求权。

判决书接着说，构成对隐私权的侵害，被公开的内容必须是：(1)私生活上的事实或者有被信为私生活上的事实之虞；(2)以一般人的感受性为基准，谁处在该私人的立场都不欲公开；(3)该事实未为一般人所知。而本案事实与此相符，应当认为已构成对原告隐私权的侵害。最后判决被告支付80万日元慰谢金。

让我们对这个判决稍作分析。在当时，侵害隐私是否应受法律保护，日本法律并没有规定，学说和实务关于隐私是否属于一种权利也有疑问，因此裁判本案面临的难题就是以什么规则作为裁判依据。如果以隐私是否受保护在法律上没有明文规定为由，判决原告败诉，也不见得会受到严厉指责。本案判决承认隐私构成一种独立的人格权，受法律保护，并区分了责任成立要件，在日本的判例法上确立了保护隐私权的规则，具有重大理论意义和实践意义。

认定隐私应受法律保护，并构成一种独立的人格权，法律根据是什么？判决书说，隐私权是从宪法所确立的个人的尊严的思想推导出来的。宪法确立的个人尊严的思想，指《日本宪法》第13条的规定："全体国民，作为个人应受到尊重。其生命、自由及追求幸福的权利，以不违反公共福利为限，在立法及国政上应予最大的尊重。"此条规定相当于我国《宪法》第38条关于"公民的人格尊严不受侵犯"的规定。除宪法所确立的个人尊严的思想外，判决书还引用了日本轻罪法关于居所窥视禁止的规定、民法关于相邻地观望限制的规定及刑法关于擅拆他人书信罪的规定。

从上述日本宪法、轻罪法、民法和刑法的规定，得出如下的判断：对个人隐私的尊重已经不仅仅是伦理上的要求，应当认为个人隐私是一种遭受不法侵害时应予法律救济的更高的人格利益，此人格利益虽然被所谓人格权概念所包含，但并不妨碍将个人隐私理解为一种独立的权利。基于上述判断，应当认为，所谓隐私权是指禁止擅自公开他人私生活的受法律保护的权利，在隐私权遭受侵害时，受害人有停止侵害行为请求权和所受精神痛苦的损害赔偿请求权。

我们看到，东京地方裁判所结合本案事实，从《日本宪法》第13条关于个人尊严的规定，以及轻罪法、民法和宪法的规定，推论出个人隐私是一种受法律保护的独立的权利，进而认定隐私权受侵害时受害人享有停止侵害请求权和精神损害赔偿请求权，据以判决本案。作为推论的重要依据是《日本宪法》第13条所确立的个人尊严应受尊重的规定，当然还有体现了这一宪法规定的其他成文法规定,在解释方法上属于以宪法的规定解释民法的规定,因此属于合宪性解释方法。本案判决,通过合宪性解释方法认定隐私权是一项独立的民法权利,充分体现了法官的能动性和法律解释的创造性。

九、比较法解释

这里讲的作为一种解释方法的比较法解释,与法理学上所说的“比较法”或者“比较研究方法”不一样。所谓比较法,是指对两个法系或两个不同国家的法律进行客观的比较,比较其异同、优劣,即有什么相同点,区别何在,谁有什么长处,谁有什么短处,等等。这种比较研究,可以给立法提供参考,自不待言。顺便提到,在法理学上,所谓比较法究竟是一种研究方法还是一个独立的法学学科,迄今存在争论。民法解释学上所说的比较法解释,与比较法不同。比较法解释,是指用某个外国的某个制度、某个规定或者某个判例来解释本国的某个法律条文的一种解释方法。它不是将本国法律与外国法律作客观比较,而是用外国的某个制度、某个规定、某个判例来解释本国法律中的某一个规则。这就叫比较法解释。

比较法解释的根据是什么?根据在于各国民法总是相互借鉴。中国法在历史上叫中华法系,所谓诸法合体、以刑代法,从唐律、明律直到大清律,无论是盗窃财产还是欠款不还,一律处以刑罚,没有近现代意义的民法。1901 年西太后颁布新政改革上谕,正式启动新政改革。

新政改革,涉及兵制、教育、科举、法制、警察、官制、宪制,其中法制改革是重要内容。具体主持法制改革的关键人物,是沈家本和伍廷芳,负责起草法典的机构是修订法律馆。1906 年修订法律馆派董康等赴日本考察裁判、监狱等,并邀请日本著名法学家梅谦次郎到中国讲学并协助起草民法典。梅谦次郎是日本现行民法典三位起草人之一,另外两人是富井政章和穗积陈重,这三人被称为"民法三杰"。当时梅谦次郎担任日本政府顾问,不能长期在国外,遂推荐其学生松冈义正。松冈义正此前是东京控诉院判事、法学士,1906 年来华,与清政府签订 3 年合同,于光绪三十四年(1908 年)开始起草民法,同时担任京师法律学堂民法学课程教习。

松冈义正于宣统二年(1910 年)完成《大清民律草案》的总则、债权、物权三编,并协助陈录、高种、朱献文完成亲属、继承二编的修订。陈录是法国巴黎大学法学学士,1907 年回国,担任修订法律馆纂修、法部主事等职;高种是日本中央大学法学学士,历任北洋法政学堂、京师法律学堂教习,宪政编查馆、修订法律馆编纂;朱献文是京师大学堂速成科第一期保送日本的留学生,获法学学士学位。《大清民律草案》于 1910 年完成,1911 年进入审议程序。其中,总则、债权、物权三编,经内阁审核之后交资政院议决。亲属、继承两编，部分条款受到批评，被认为不符合中国传统习俗，暂交理学馆商议斟酌，再行奏进议决。因同年 10 月辛亥革命推翻了清王朝，《大清民律草案》未能颁布生效。

中华民国成立后，以《大清民律草案》为基础，予以增删修改，于 1925 年完成民法修正案，称为“中华民国民律草案”，曾经司法部通令各级法院作为法理引用，但最终未成为法律。南京国民政府成立后，从 1929 年开始，在《大清民律草案》和《中华民国民律草案》基础上进行修订编纂，至 1930 年 12 月完成《中华民国民法》，后者是中国历史上第一部民法典。

可见，中国民法，是通过日本从欧洲大陆学习来的。民法的概念、原则、制度，是借鉴、参考了德国民法和日本民法。既然法律制定时就是参考借鉴外国的法律，那么在解释法律的时候参考一下外国的法律，不也是理所当然的嘛！而且，互相参考，互相借鉴，各国都是如此。英国的法院被认为最保守，也曾经引用法国民法学者波蒂埃的《债法论》一书，作为判决资料。德国法学之发达，为世所公认，但德国最高法院也曾引用外国立法作为裁判依据。瑞士判例学说明白承认外国立法例，可以作为补充法律欠缺的手段。瑞士民法典起草人 Eugen Huber 指出：“彼此往来，实为个人生活上所必需。国家民族亦然。不能使民法典的制定成为中国的万里长城。”强调民法典制定后，不可闭关自守，应该随时吸收外国的立法例和判例学说，使法律不断进步。[1] 因此，参考外国立法及判例学说，以解释本国法律，是现代文明国家的通例。各国法律相互借鉴，相互参考，这就是比较法解释的根据。

关于比较法解释，首先举前面讲过的“错标产地”这个例子。关于错标产地当时是否适用《消费者权益保护法》(1993 年)第 49 条，我在前面已经讲过，按照我的意见只有故意错标产地才适用《消费者权益保护法》(1993 年)第 49 条，因为该条规定的“欺诈行为”包含了主观要件。这是采用文义解释方法和目的解释方法。现在再采用比较法解释方法。我们已经知道，《消费者权益保护法》(1993 年)第 49 条是参考借鉴了美国的惩罚性赔偿制度。既然《消费者权益保护法》(1993 年)第 49 条借鉴了美国的惩罚性损害赔偿制度，我们在解释该条时就有必要参考一下美国的法院是怎么运用惩罚性损害赔偿这个制度的。

我们发现，美国法院对侵权责任案件判决损害赔偿金，通常做法是判决侵权人向受害人支付一笔实际损害赔偿金，实际损害赔偿金的目的是对受害人所受到的损害予以填补，因此实际损害是多少就赔偿多少，其计算方法与大陆法系并无区别。在判决实际损害赔偿金之外，如果法院认为有必要，还会另外判决被告向受害人支付一笔赔偿金，其数额往往是实际损害赔偿金的数倍，其目的

① 参见王泽鉴:《请求权基础理论体系》，台北，五南图书出版股份有限公司 1991 年版，第 275 ~ 276 页。

不是填补受害人所受到的实际损害，而是对侵权行为人予以惩罚，因此叫惩罚性损害赔偿金。美国的法院并不是对任何侵权案件都判决惩罚性损害赔偿，法院只对它认为有必要予以惩罚的被告判决惩罚性损害赔偿。换言之，如果要判惩罚性损害赔偿的话，绝不是无缘无故，必有其理由。这个理由是什么呢？这个理由，通常是法院查明被告主观上存在故意、恶意或者明显地忽视他人的人身安全的要件。只在查明被告有故意、恶意或者明显忽视他人人身安全这个主观要件时，法院才判惩罚性损害赔偿。

例如，产品责任案件，如果没有证据证明生产者有明显忽视消费者人身安全这个要件，即使造成严重的人身损害，法院也只是判决实际损害赔偿，并不判决惩罚性损害赔偿。为了说明判决惩罚性损害赔偿一定要有主观要件，我举一个著名的案件。

1973 年世界上发生了一个重大事件，叫作石油危机。石油危机是怎么回事呢？中东产石油的阿拉伯国家联合起来，突然宣布提高石油价格。我们知道当时欧洲和美国的石油主要来自中东产油国，原来的油价很低，现在突然提高若干倍，使欧洲和美国受到打击，市场上石油短缺。当时新闻媒体上称此为“石油战争”，可见影响之大。日本和德国的汽车制造商抓住这个机会，生产一种小型轿车向美国市场倾销，很快占领了美国汽车市场很大的份额。因为美国生产的汽车，讲排场，讲舒适，车体大，油耗大。过去从来是这样，因为中东的石油价格便宜。现在中东石油提价，出现石油危机、能源紧张,即使有钱也买不到汽油。因此,消费者抢购德国和日本的小型轿车,美国自己的汽车没人买。

美国的汽车厂商采取紧急对策,要夺回被侵占的市场。福特汽车公司召集它的工程师、技术员,要求设计生产一种比德国、日本的小型汽车更小、更省油的超小型汽车。要在竞争中夺回市场,只有一个办法:你日本车小,我比你更小;你日本车省油,我比你更省油;你日本车便宜,我比你更便宜。福特汽车公司认为,只要做到这三条,就可以在竞争中挽回败局,夺回被侵占的市场。于是紧急动员公司的工程师、技术员设计一种超小型车,很快完成设计、投入生产,这种超小型车投入市场,果然不出所料,销售情况很好,非常抢手。在当时石油危机情况下,消费者购车首先考虑省油,因此这种车一下子卖了很多。

但不久就出了很多汽车事故。一个汽车事故损害赔偿案件被起诉到法院,被告当然是福特汽车公司。在法院审理中,福特汽车公司的总工程师提出证言,说当时设计该超小型轿车的时候,他已经提出了警告,指出这个设计有危险,某个关键的轴强度不够,而福特汽车公司的老板不采纳这个意见。这个证言被提交到法院,充分证明被告福特汽车公司具有显然忽视消费者人身安全的主观要件。根据这一认定,法官对福特汽车公司作出惩罚性损害赔偿的判决。判决结果是,实际损害赔偿金 350 万美元,惩罚性损害赔偿金 1 亿美元。这是当时影响很大的一个案件。

从这个案件中我们看到,美国的惩罚性损害赔偿,一定要有主观要件,在本案中就是认定被告显然忽视他人的人身安全。假使没有这个主观要件,无论造成的人身伤害如何严重,也仅仅判实际损害赔偿。那么,美国的这个制度被引进中国,规定在《消费者权益保护法》(1993 年)第 49 条,我们在解释《消费者权益保护法》(1993 年)第 49 条时,参考一下美国的惩罚性损害赔偿,发现美国的法院判决惩罚性损害赔偿必须有主观要件,因此认为适用《消费者权益保护法》(1993 年)第 49 条有一个主观要件。这就是比较法解释。结合"错标产地"案件,先采用文义解释,认为法律条文用了"欺诈行为"概念,"欺诈行为"的文义包含主观要件。再采用比较法解释,参照美国惩罚性损害赔偿制度,他们有主观要件,我们当然也有主观要件。最后,得出解释结果,"错标产地"的案件,只有属于故意错标产地,才适用《消费者权益保护法》(1993 年)第 49 条。

比较法解释的另一个例子是输血感染案件应否适用《产品质量法》第 41 条规定的严格责任?输血感染案件应否适用严格责任,关键在于血液是不是产品。《产品质量法》第 2 条第 2 款规定了产品的定义:"本法所称产品是指经加工、制作,用于销售的产品。"1999 年河南省南阳市中级人民法院判决一个输血感染艾滋病的案件,法官认为血液不是产品,因此不能适用《产品质量法》中的严格责任,而是适用原《民法通则》第 106 条第 2 款规定的过错责任。法院认定被告医院在对原告进行输血中遵循了操作规程，不存在过错，因此判决被告医院不承担责任；由于被告血站不具备规定的技术条件，举不出从何人处抽取血液及抽取血液前已经按照规定进行检测的证据，因此认定被告血站具有过错，判决其承担损害赔偿责任。①

本案法官认定血液不是产品，显然采用了文义解释。因为血液不是加工、制作的，科学技术和工业的发展，还不能制造血液。根据经济学基本知识，劳动可以创造产品、创造财富，但是劳动不能创造血液。制造血液是健康人身体的机能。本案判决，是以血液不是产品的解释为基础的。但是，有一位法学教授，以从人体抽取的血液经过分装、加入抗凝固剂及患者需支付代价为由，认为血液是产品，主张输血感染案件应当适用严格产品责任。现在，两种解释意见，究竟哪一个正确？我们可以采用比较法解释方法予以验证。

---

① 南阳市中级人民法院(1998)南民初字第109号民事判决书："被告新野县人民医院对血液制品的内在质量既无检测条件且依照有关规定也无检测义务，其主要职责是对血液的有效期、型号进行核对，看血液是否凝聚或溶血，本案中以新野县人民医院举证的护士交班报告、当班护士的当庭证言、记载核对情况的病历被卫生部门调走以及输血惯例看，该医院尽到了核查责任，没有过错。因此，新野县人民医院医疗行为对造成输血感染无直接因果关系，不负民事责任。被告新野县血站未能提供3名献血员的献血档案，内含献血员的献血证、身份证、照片、体检表，这样就难以证明在采血过程中对3名献血员的身份是否进行了核对，对照片是否进行了核对，体检是否本人，难以保证所采的血液与3名献血员相一致，就会出现此献血员使用彼血卡的情况，从而使不良血液进入血库有了可乘之机，因此难以认定血站所供血液为合格血液。新野县血站应承担提供不合格血液所造成的侵权责任。"

严格产品责任法是美国的法院创设的，后来被美国法学研究所规定在《侵权法第二次重述》第402A条："任何具有不合理危险的缺陷产品对消费者或使用人的人身、财产造成损害时，应由产品制造人对损害承担严格责任。"[①]裁判实务中，因输血感染肝炎、性病和艾滋病的案件，法院都不适用严格产品责任，而是适用过错责任。[②] 现在，美国绝大多数州已通过专门的立法，规定输血所用血液不是产品，提供人血不是产品销售，输血感染案件不适用严格责任而应当适用一般侵权行为的过失责任。

既然我国《产品质量法》是在借鉴美国严格产品责任法的经验基础上制定的，当我们关于输血感染案件是否适用严格产品责任、输血所用血液是否属于产品有两种不同的解释意见时，我们当然可以采用比较法解释方法。既然美国的立法和法院裁判所持立场，均一致认为输血用血液不是产品，输血感染案件不应适用严格产品责任法，我们当然应采相同的立场。因此，针对前述两种解释意见，可以作出判断：认为血液不是产品、输血感染案件不适用严格责任的解释意见，是正确的。

---

① 美国的侵权法重述虽然不是议会通过的法律，但具有法律效力，在美国绝大多数州的法庭上可以直接引用侵权法重述的条文裁判案件。

② 唯有伊利诺伊州最高法院曾经作出一个适用严格产品责任的判决，这就是坎宁安诉麦克尼尔医院案判决。该院采纳了原告的主张，认为输血所用血液属于产品，追究了被告的严格责任。这一判决，与美国其他法院作出的一系列判决相反。这些法院认为，血液不是产品，输血感染案件不属于《侵权法第二次重述》第402A条严格产品责任法的适用范围。后来，伊利诺伊州专门制定了一个法规，废止了上述坎宁安诉麦克尼尔医院一案裁决的效力。

概言之，输血感染案件不适用严格产品责任法的主要理由是：(1)严格产品责任法的立法目的，是针对机械化的、批量生产的工业产品，输血所用血液不在该立法目的范围之内；(2)输血所用血液不符合我国《产品质量法》第2条规定的产品的定义，血液的分装、储存、保管、运输及加入抗凝剂，不构成“加工”；(3)血液不是劳动生产的成果，输血也不同于产品销售；(4)基于法政策上的理由，对输血感染案件适用严格责任，不利于输血和医疗事业的发展。

十、社会学解释

什么叫社会学解释呢？就是把社会学上的研究方法运用到法律解释上来，用社会学研究的方法解释法律，这就叫社会学解释。社会学研究用什么方法？我们经常看到所谓白皮书、蓝皮书、绿皮书之类。例如，关于1997年中国经济发展的蓝皮书，在1996年年底出版。在这本蓝皮书中，作者预测中国经济在1997年的发展走势，是持续稳定发展，还是怎么样？失业人数是上升，还是下降？物价是保持稳定还是上升？作者预测了1997年经济的各种重要指标。这就叫社会预测。它的基础当然是社会调查、统计，等等。

现在，经常有这样的事：突然有人“咚咚咚”敲门。开门一看，一位小姐拿着什么牌子的洗衣粉，什么“活力28”，什么“宝银”，拿个表让你填，问你喜欢哪一种，优点是什么，缺点是什么。这就是社会调查。根据这些调查,进行统计,然后作出预测:在今后的销售中哪一种洗衣粉会畅销。这叫市场调查。社会学研究就是这些方法。其中的社会预测,就是事先预测将来的情况。例如,预测今年的物价是上涨还是下降,预测国有企业的亏损面是增大还是缩小。将这种社会预测方法运用到法律解释上,就是社会学解释。

当一个法律条文有两种解释的时候,两种解释结果,不相上下,都有其理由,难以判断哪一种正确,哪一种错误。于是,可以采用社会学解释方法。首先,假定按照第一种解释进行判决,并预测将在社会上产生的结果是好的还是坏的。其次,再假定按第二种解释进行判决,并预测所产生的结果是好是坏。对两种结果进行对比评价,所谓两害相权取其轻,两利相权取其重。最后,采纳所预测的结果较好的那种解释,抛弃预测结果不好的那一种解释,以预测结果较好的那个解释为准。这就叫社会学解释。

关于社会学解释方法,我在《民法解释学》一书中讲了三个例子,一个是美国的,两个是我国台湾地区的。这里只讲第三个例子,我国台湾地区高雄地方法院裁判的伪造人民币案。1991 年高雄地方法院审理了一起刑事案件,7 名被告伪造人民币,结果被查获了,逮捕起来,检调机构以“伪造有价证券罪”提起公诉。高雄地方法院审理以后,作出判决,宣告 7 名被告无罪,当庭予以释放。

为什么不构成犯罪呢？它是采用了文义解释方法。什么叫伪造有价证券呢？构不构成这个罪名，关键在于“有价证券”这个概念的文义范围，是否包括人民币。

按照有价证券的文义，有价证券首先是一种证券，有价的，然后它是法律规定的或者法律认可的，是合法的。只有一个国家或地区、一个法域的法律认可的有价证券，才叫有价证券。因此高雄地方法院按照文义解释，认为人民币在台湾地区的有价证券文义之外，因此伪造人民币在“伪造有价证券罪”这个条文的适用范围之外。这里采用的是文义解释。既然人民币在我国台湾地区不是有价证券，那么被告就不构成犯罪。于是被告被宣判无罪，当庭释放。

这个判决一作出，一下子就轰动了，台湾地区社会上一些有识之士纷纷表示反对，提出了很多批评意见，认为高雄地方法院这个判决非常错误，为什么呢？因为这个判决将造成民众认识上的混淆，它告诉台湾地区人民，人民币不是有价证券，可以随便伪造，不构成犯罪。其结果将鼓励台湾地区的人大肆伪造人民币，然后通过走私或者到祖国大陆探亲时弄到大陆去。这不就是它的效果吗？这些人夹带伪造的人民币到祖国大陆探亲、旅游或者做生意，被大陆公安机关抓住，有好处吗？还不都被投入监狱。这就是法院判决会造成的不良社会效果。

更进一步说，如果大陆的法院也采取同样的解释立场，抓住伪造台湾地区新台币的罪犯,认为他们不构成犯罪,把他们释放,则等于鼓励大陆的人也大量伪造台湾地区的新台币,然后通过走私、旅游、探亲夹带到台湾地区去。这样一来,台湾地区的人伪造人民币,大陆的人伪造台湾地区的新台币,海峡两岸经贸秩序、法律秩序将陷入何等混乱境地!现在海峡两岸经济、贸易、文化交流日益频繁,在这种背景下,你还作出这样的判决,造成极端坏的结果。这怎么成呢?因此,可以断言,高雄地方法院的解释是错误的。批评高雄地方法院判决的人士,讲的上面这些道理,所采用的就是社会学解释方法。

这个解释方法对不对呢?很快台湾地区陆委会召开紧急会议讨论这个案件,最后做出决议,认定人民币在台湾地区属于有价证券,伪造人民币违反公序良俗,属违法行为。台湾地区的财政事务主管部门当时也紧急发布一个解释令,认为人民币虽然不能在台湾地区挂牌流通,但因人民币在我国香港、美国均可以兑换,人民币在台湾地区虽不能直接兑换,却可以间接兑换。因此,人民币应当被"视为有价证券",伪造人民币属于违法行为。

前面的社会学解释方法,即用社会学上的社会预测的方法来解释,认为伪造人民币应当构成台湾地区"刑法"上的伪造有价证券罪。这个解释被台湾地区陆委会采纳,被它的财政事务主管部门采纳。这是非常典型的例子。

第三讲　法律漏洞补充方法

法官审理案件，在查明案件事实后，找不到任何法律规则，现行法律对本案没有规定，这种情形叫作法律漏洞。前面已经讲到，法官所受理的案件在法律上没有规定，法官不能以法律没有规定为由拒绝裁判，法官只有一个选择，就是创设一个规则裁判本案。这一点在《瑞士民法典》中有明文规定。该民法典第 1 条规定，法官裁判民事案件，有法律规定的适用法律规定，没有法律规定时应适用习惯法，如果既无法律规定也无习惯法，法官应当把自己当作立法者创设一个规则来裁判本案。[①] 这种情形，法官创设规则当然不是任意的，他首先要采用民法解释学的各种法律漏洞补充方法，通过这些方法来创设规则。以下介绍民法解释学上的各种法

① 《瑞士民法典》第 1 条规定：(1) 凡依本法文字或释义有相应规定的任何法律问题，一律适用本法。(2) 无法从本法得出相应规定时，法官应依据习惯法裁判；如无习惯法时，依据自己如作为立法者应提出的规则裁判。(3) 在前一款的情况下，法官应依据公认的学理和惯例。参见《瑞士民法典》，殷生根、王燕译，中国政法大学出版社 1999 年版。

律漏洞补充方法。

一、依习惯补充法律漏洞的方法

法官受理的案件在法律上找不到规则的时候,首先要考虑的方法是依习惯,包括交易习惯、行业习惯和地方习惯。如果当事人间或者当地有习惯规则,这个习惯规则只要不违反法律的基本原则和基本精神,就可以用这个习惯规则来裁判这个案件,即用习惯规则补充了法官所面临的法律漏洞。以习惯补充法律漏洞,这是最常用的方法。这在我国法律实践中有没有依据呢?在新中国成立初期,1951 年 7 月 18 日最高人民法院西南分院关于上门女婿可否继承岳父母遗产问题作过一个批复,其中指出,关于赘婿可否继承岳父母遗产问题,“如当地有习惯,而不违反政策精神者,则可酌情处理”。这是我国最高人民法院以解释承认法官可以用习惯补充法律漏洞、裁判案件的根据。2007 年颁布的《物权法》(已失效)第 85 条规定:“法律、法规对处理相邻关系有规定的,依照其规定;法律、法规没有规定的,可以按照当地习惯。”* 这是正式承认法官可依习惯裁判的法律根据。

另一个典型的例子是关于典权的回赎期限问题。典权是我国固有制度,历史上一直以习惯规则的形式存在,至 1929 ~ 1930 年

* 《民法典》物权编第 289 条沿用了该规定。

国民政府制定《中华民国民法》,该法物权编对典权设有明文规定,因此典权从习惯法制度变为成文法上的制度。到新中国成立,中央人民政府明令废除中华民国六法,因该民法典被宣布废除,典权在我国大陆再次成为习惯法制度。1949 年以来,最高人民法院关于典权案件的批复有十多件,这些批复就是用我国民间关于典权的习惯规则,来补充我国民法关于典权未作规定的法律漏洞。其中有批复指出,当事人如果约定了典权期限,在期限届满后两年内准予回赎典物,超过两年的不得回赎;如果当事人未约定典权期限,出典人可以随时请求回赎,但从设定典权之时起超过 30 年的,回赎权消灭。约定了典权期限的两年内准予回赎,未约定典权期限的超过 30 年不得回赎,这个规则不是现行法律上的,而是民间习惯上的。最高人民法院对于典权案件,用民间关于典权的习惯规则解决典权案件上出典人可否行使回赎权的问题,这就是依习惯补充法律漏洞。

关于以习惯补充法律漏洞,这里举一个实例,就是子女要求继承母亲遗体的案件。一个妇女结过两次婚,第一次结婚生育了子女,在丈夫去世后该妇女改嫁,同后夫生育了子女,后夫去世后,这位母亲好不容易把子女养大成人,后来自己生病死了。这位母亲一死,马上发生了纠纷,她与前夫所生子女和她与后夫所生的子女双方争抢遗体,目的是要将母亲的遗体与自己的父亲合葬。双方互不相让,起诉到法院。法院受理本案后遇到的问题是,我国现行法律关于遗体的继承没有具体规则,即关于本案我国现行法律存在法律漏洞。应当怎样解决这个案件呢,法官当然会考虑民间习惯,如果当地关于妇女的遗体应该与前夫合葬或者应该与后夫合葬存在习惯规则,我们就可以按照该习惯规则裁判本案。据受理本案的法官介绍,当地确实存在这样的习惯规则,但问题是:按照前夫所在地的习惯,一个妇女无论改嫁多少次,死后必须与前夫合葬;按照后夫所在地的习惯,一个妇女无论改嫁多少次,其死后的遗体必须与最后一个丈夫合葬。两地的习惯正好相反。因此,受理本案的法官遇到了难题:两个地方的习惯正好相反,法官应当采纳哪一个习惯呢?采纳前夫所在地的习惯,或者采纳后夫所在地的习惯,理由是什么?

我的意见是,两个地方的习惯都不采纳,而另外想办法。建议受理本案的法官再次动员当事人双方自行协商和解,或者在法庭主持下进行调解,如果双方自行达成和解协议,或者在法庭主持下达成调解协议,这个难题就解决了。万一双方达不成和解协议,法庭不得已要下判决。法官先将可能作出的判决结果告诉当事人双方,他们如果达不成协议,本庭将依法判决双方各分得遗体的一半。估计当事人一旦了解这一可能的判决结果,往往会达成和解协议。因为谁也不愿自己母亲的遗体被分割。同志们会说,你的方案不过是吓唬边远地区的当事人,你并不会真的分割遗体。你要真的裁判分割遗体,你就会构成违法,因为我国修改后的《刑法》明文规定了损害遗体、侮辱遗体构成犯罪。因此，当事人如果达不成和解，非要法庭裁判不可，你难道真的判决分割遗体不成？

这已经离开了法律漏洞补充方法，涉及遗体在法律上的性质和地位问题。民法上规定自然人是民事主体、权利主体，自然人由两个要素构成，一个是生命，另一个是身体。两个要素缺一不可。没有生命的身体，叫遗体。原《民法通则》第9条规定，自然人的权利能力始于出生，终于死亡。死亡即生命消失。没有生命的身体成为遗体，遗体不再是权利主体，只能是权利客体，叫作“物”。按照民法原理，遗体属于物，但遗体不同于一般的物，是一种特殊的物。其特殊性在于：不能分割、不能转让、不能抛弃。

民法上的物，有可分物与不可分物之分，而遗体属于不可分物；有融通物与不融通物之分，遗体属于不融通物；物作为民事权利的客体，原则上可以任意处分和抛弃，但遗体不得任意处分和抛弃。遗体作为民法上的物，之所以有此三个特点，是出于对人类尊严的维护。如果不是这样，将遗体等同于一般的物，允许分割、允许转让、允许抛弃，将会出现什么样的情景：你扛一条大腿，他拎一个脑袋；在生产资料市场、消费品市场之外，还有遗体市场；这边垃圾堆上一具遗体，那边垃圾堆上一条胳臂。这不成话！因此，罗马法以来，民法就规定遗体是特殊物，不允许分割、转让、抛弃，必须由法定继承人继承，继承之后只能用于埋葬和祭祀。

同志们会说，既然如此，你为什么还要建议判决分割呢？我建议判决分割，并未说一定是分割遗体。在民法上，遗体虽然是不可分物，但遗体一旦火化变成骨灰，骨灰在民法上就属于可分物。现在一些名人不是预先订立遗嘱，要求继承人将其骨灰到处撒吗？如果双方子女不能达成协议，法庭派个法警拨个电话，殡仪馆来辆车将遗体拉到火葬场火化，再将骨灰一分为二，装进两个骨灰盒中，法庭当庭宣判，当事人双方各领回一个骨灰盒，不就可以了吗？

上述案件是关于用习惯补充法律漏洞。这里有必要说明什么是习惯。民法上所谓习惯，是指当事人关于同一事项，反复进行同一行为，经过相当长的时间形成的规则。它属于一种事实上的惯例。通行于全国者，称为一般习惯；通行于某个地方者，称为地方习惯；一般人所遵循者，称为普通习惯；特殊身份或特殊行业所遵循者，称为特别习惯。其中，为商人所遵循的习惯，称为商习惯或交易习惯。合同法受《国际商事合同通则》的影响，每当提到习惯时，均称交易习惯。[①] 应当采扩张解释方法，解释为包括一般习惯和地方习惯。法官裁判案件，遇法律未有具体规定时，应当首先考虑依习惯补充漏洞，但须注意，习惯属于事实，应由当事人举证证

① 《民法典》合同编第484条第1款规定："以通知方式作出的承诺，生效的时间适用本法第一百三十七条的规定。"第509条第2款规定："当事人应当遵循诚信原则，根据合同的性质、目的和交易习惯履行通知、协助、保密等义务。"第510条规定："合同生效后，当事人就质量、价款或者报酬、履行地点等内容没有约定或者约定不明确的，可以协议补充；不能达成补充协议的，按照合同相关条款或者交易习惯确定。"第558条规定："债权债务终止后，当事人应当遵循诚信等原则，根据交易习惯履行通知、协助、保密、旧物回收等义务。"第466条第1款规定："当事人对合同条款的理解有争议的，应当依据本法第一百四十二条第一款的规定，确定争议条款的含义。"

明，且该习惯不违反法律和公序良俗。[1] 例如，某些地方存在为死者娶妻的习惯，因违反法律和公序良俗，当然不得采用。

二、类推适用

所谓类推适用，是指法官受理的案件在法律上未有规定时，采用类似案件的法律规则裁判本案。也就是说，看能否找到一个法律条文，它所规定的案件类型与本案类似。如果找到一个条文，它所规定的案件类型与本案类似，就可以用那个法律条文裁判本案。这就叫类推适用。

类推适用的根据在于两个案件之间存在类似性。法理上的规则叫“类似案件同样处理”。现在有两个案件，相互之间存在类似性，一个案件在法律上有规定，另一个案件在法律上没有规定，就用法律上有规定的那个案件的规则，裁判法律上没有规定的那个案件，这叫类似案件同样处理，其结果大抵不会错。严格言之，类似的案件也是不同的案件，本应作不同处理；作相同处理，这是不得已。

① 《最高人民法院关于适用〈中华人民共和国合同法〉若干问题的解释（二）》（法释〔2009〕5号）（已失效——编者注）第7条规定：“下列情形，不违反法律、行政法规强制性规定的，人民法院可以认定为合同法所称‘交易习惯’：（一）在交易行为当地或者某一领域、某一行业通常采用并为交易对方订立合同时所知道或者应当知道的做法；（二）当事人双方经常使用的习惯做法。对于交易习惯，由提出主张的一方当事人承担举证责任。”

这里涉及事物之间关系的几个概念，第一个叫“同一”，第二个叫“相同”，第三个叫“类似”。所谓“同一”，是指一事物与自己同一，天下不存在两个事物的同一，即使是孪生姐妹，再相像也是有差别的，别人分不清楚，她们的母亲一听声音就知道是老大或老二。“同一”这个概念，在法律上具有重大意义，主要是在刑事裁判中，最关键的问题是确认被告与事实上的犯罪人的同一性。你们看侦探故事片中警察让受害人或证人从嫌疑人中指认杀人犯，历史故事片中执行死刑前验明正身，就是确认同一性。刑事裁判中的事实认定，除认定犯罪事实外更为重要的是认定被告与犯罪人为同一人。

所谓“相同”，是指两个事物相同。平常说张三与李四开相同的车，是指两部汽车，它们是同一厂家生产的，规格、型号是相同的。“相同”这个概念，在民事裁判中具有重要意义。例如，审理产品质量纠纷案件，原告说产品质量不合格，被告说产品质量合格，法庭要判断产品质量究竟合格不合格。所要解决的就是一个相同性问题，即被告所交货物是否与合同约定的产品质量相同。法官不是技术专家，无法判断产品质量，就委托一个产品质量检验机构作鉴定，产品质量鉴定，就是确认是否相同。

所谓“类似”，是指两个事物之间的差别是显而易见的，两个事物是不相同的，但从某种关系上看具有类似性。例如，人体、山体和桌子，三种事物当然是完全不同的；但人体与人的大腿，山体与山脚，桌子与桌脚，三组关系具有相同性：大腿支撑人体，山脚支撑山体，桌脚支撑桌子，都是起支撑作用，在这一点上是相同的。因此，我们把这三组关系称为类似性的关系。类似性在民事裁判上具有重要意义，它是类推适用的根据，类推适用是各国法院裁判民事案件普遍采用的漏洞补充方法。但在刑事裁判中不能采用，我国《刑法》已经规定禁止采用类推适用方法。[①] 这是由刑事案件的性质决定的。

在民事裁判中采用类推适用方法，先举大厦命名权案。甲公司有一座大厦，转让给乙公司，乙公司又将大厦转让给丙公司，丙公司将大厦的名称改为自己公司的名称。甲公司向法院起诉，告丙公司侵犯了大厦的命名权，理由是自己虽然转让了大厦的所有权，但没有转让其命名权，请求判决丙公司恢复原状并承担侵权的损害赔偿责任。受理本案的法官有两种意见：一种意见认为原告有理，侵权责任成立，因为原告只出让了大厦的所有权，并未出让其命名权；另一种意见认为，按照人之常情，购买一条哈巴狗，改什么名字高兴就改什么名字，没有听说有被起诉侵犯狗的命名权的，本案要判被告构成侵权责任似不妥当。

本案请示到最高人民法院民事审判庭，征求专家意见。我认为属于典型的法律漏洞，建议采用类推适用的方法，类推适用法律

① 《刑法》第3条规定："法律明文规定为犯罪行为的，依照法律定罪处刑；法律没有明文规定为犯罪行为的，不得定罪处刑。"

关于自然人的姓名和法人的名称的法律规则。自然人、法人和大厦,三类事物虽然不同,但自然人与自然人的姓名,法人与法人的名称,以及大厦与大厦的命名,这三组关系具有类似性,因此可以采用类推适用方法。

按照原《民法通则》的规定,自然人有姓名权,可以自己决定自己的姓名;法人有名称权,可以自己决定自己的名称。但自然人刚生下来属于婴儿,不能够给自己起名字,应当由婴儿的监护人即父母替他起名字。当然婴儿长大成年后还可以变更姓名。同样,法人是组织体,不能给自己起名字,法人设立时是由其发起人替法人起名字,公司的发起人就相当于自然人的监护人,可以决定公司的名称。当然法人成立后,其董事会还可以决定变更法人的名称,就像自然人成年后自己改名字一样。

本案涉及的大厦,也不能够给自己起名字,类似于婴儿和设立中的公司,因此,应当由相当于婴儿的监护人和公司的发起人的人,决定大厦的命名。这就是大厦的所有权人。大厦的所有权人,类似于婴儿的监护人、法人的发起人和董事会。类推适用原《民法通则》关于自然人的姓名和法人名称的规则,大厦的名称应当由大厦的所有权人决定,即谁取得大厦的所有权,谁将有权决定大厦的名称。本案被告受让了大厦的所有权,当然有权决定大厦的名称。据此,应当判决被告不构成侵权,驳回原告的请求。

关于类推适用的另一个案件是"泥人张"案。"泥人张"是天津有名的泥塑流派,有近百年的历史。其创始人叫张明山,因其捏的泥人惟妙惟肖,被人送个绰号“泥人张”,本名张明山反而没人知道了,以后就成了泥人艺术流派的名称。本案原告为张明山的后代,起诉被告天津泥人张彩塑工作室侵犯死者的姓名权,要求法院判决禁止被告使用“泥人张”这一名称,并支付损害赔偿金。本案要解决的一个问题是,死者的姓名是否受法律保护?如果答案是否定的,则法院以死者姓名不受法律保护为由驳回原告请求就行了;如果答案是肯定的,法院就要审理被告是否构成侵权行为,是否应当承担侵权责任。

关于死者姓名是否受保护,法律没有规定。原《民法通则》第9条*规定,自然人的权利能力始于出生、终于死亡。自然人一旦死亡,其权利能力消灭,不再是权利主体,当然不再有姓名权。原《民法通则》没有规定死者的姓名怎么办,使用死者姓名是否构成侵权行为,因此属于法律漏洞。

受理本案的法院通过最高人民法院征求专家意见,我提出的意见是采用类推适用的方法,类推适用最高人民法院关于死者名誉的解释规则。名誉和姓名都属于自然人的人格利益,死者的名誉与死者的姓名最为类似。前面已经提到,1993年最高人民法院发布关于审理名誉权纠纷案件的解答,其中明示侵害死者名誉,可

* 《民法典》总则编第13条沿用了该规定。

以成立侵权行为,死者的近亲属有诉权,近亲属包括死者的配偶和五代内直系血亲。[①] 鉴于死者姓名与死者名誉具有类似性,法院当然可以对本案类推适用这一解释规则。类推适用这一解释规则,则本案死者姓名受法律保护,侵害死者姓名应当成立侵权行为,死者张明山的五代内直系血亲有诉权。这样就解决了本案法院是否应当受理的问题。

三、目的性扩张

目的性扩张与扩张解释不同。扩张解释是法律解释方法,而目的性扩张是漏洞补充方法。扩张解释,是指有一个法律条文,按照立法当时设想的适用范围即立法本意,应当包括本案,但因为使用了不适当的词语,导致其文义过狭,将本案排除在文义范围之外,因此采用扩张解释方法扩张其文义范围,将本案纳入该条文适用范围之内。其扩张的依据是法律条文的立法本意即立法当时设想的适用范围。现在讲的目的性扩张,是指法律对本案未作规定,属于法律漏洞,为了裁判本案,找到这样一个法律条文,虽然按其适用范围和立法本意均不包括本案,但是用该条裁判本案符合该条的立法目的,因此扩张其适用范围,将本案包括在内,亦即适用

---

① 《最高人民法院关于审理名誉权案件若干问题的解答》(1993年8月7日)(已失效——编者注)规定:"五、问:死者名誉受到损害,哪些人可以作为原告提起民事诉讼?答:死者名誉受到损害的,其近亲属有权向人民法院起诉。近亲属包括:配偶、父母、子女、兄弟姐妹、祖父母、外祖父母、孙子女、外孙子女。"

该条裁判本案。这种情形,扩张的依据不是立法本意,而是立法目的。这里的思路是,既然本案符合该法律条文的立法目的,就采用该法律条文裁判本案。目的性扩张是法官经常采用的法律漏洞补充方法,下面举例。

第一个案件是天津法院审理的"器官异位"的医疗损害案件。原告在多家医院检查,结果是在舌头后面有一个良性肿瘤,于是到被告医院进行肿瘤切除手术,被告医院在手术前检查也确认是良性肿瘤,但手术的结果使病人受到严重损害,后来发现是把甲状腺切除了。原因是,原告的甲状腺长在不该长的地方,据说只有不到万分之一的比例。这叫"器官异位"。当时一审法院按照原《医疗事故处理办法》(已失效)第 18 条的规定,判决被告支付一次性经济补偿 4000 元。原告不服上诉到二审法院,二审法院适用原《民法通则》第 106 条第 2 款关于侵权责任的规定,判决医院构成侵权行为,向受害人支付赔偿金 50 万元。医院不服提起申诉,要求再审。

我们先看本案二审法院判决。适用原《民法通则》第 106 条第 2 款判决被告构成侵权行为,当然是正确的,但判决由被告医院承担全部责任就有斟酌的余地。因为本案事实当中存在这样一个情形,就是"器官异位",如果原告的甲状腺像普通人一样长在通常应该长的地方,而被告误将其当作肿瘤切除了,则法院判决被告承担全部责任合情合理;而本案原告的甲状腺长到不该长的地方,考虑到这种情况太特殊，只有不到万分之一的比例，不仅被告医院，就是当时天津乃至国内的其他医院都未曾遇到过，可见被告医院发生错误将其当作肿瘤予以切除，有可原谅之处。

之所以导致原告的损害后果，除被告方面的原因之外，原告方面也有原因，即他的甲状腺长在不该长的地方。既然原告方面也有原因，判决被告承担全部损害的赔偿责任就不能算公平。应当判决被告只承担自己方面的原因所造成的损害，换言之，应该让原告也分担自己方面的原因所造成的那部分损害。这不正好是原《民法通则》第 131 条过失相抵规则的立法目的吗？

我在前面讲法律解释方法时讲到“公鸡案”，被告的公鸡啄伤 3 岁小孩，3 岁的小孩没有过失而其监护人存在过失，法院将原《民法通则》第 131 条规定的过失相抵规则条文中的“受害人过失”扩张为“受害人一方的过失”，将该案受害人的监护人过失包括在内，即适用第 131 条裁判该案，减轻了被告的责任。现在我们来看，是否可以通过扩张解释适用本条裁判“器官异位”案件？

我们立即发现一个关键问题：“器官异位”与过失无关，任何人都不能决定自己的甲状腺长在什么地方，任何人的父母也都不能决定自己孩子的某个器官长在什么地方，因此，不仅谈不到受害人过失，而且谈不到受害人的监护人的过失，应当肯定的一点是，受害人一方没有任何过失。于是，采扩张解释方法这条思路，遇到了难以克服的障碍。因为法官总不能指鹿为马，硬说本案受害人或受害人的父母没有使甲状腺长在应该长的地方,因此具有过失吧!

我们的教科书说过失是指人的主观心理状态,而“器官异位”与人的主观心理无关。可见,本案不能采扩张解释。这个时候,我们想到过失相抵规则的立法目的。原《民法通则》第131条规定过失相抵规则的立法目的何在?就是使当事人各自承担自己方面的原因导致的损害,在判决结果上使双方利害关系达到公平合理的状态。本案虽然不在过失相抵规则的适用范围之内,但对本案适用过失相抵规则,符合原《民法通则》第131条的立法目的。因此,我们可以直接依据其立法目的,适用该条裁判本案。这就是目的性扩张。我们看到,本案再审法院判决适用了过失相抵规则,改判被告支付25万元的损害赔偿金。与二审判决的50万元相比,刚好是原告、被告双方各自承担损害的一半。

再举一个精神病人自杀的案件。一个青年患精神病,父母送他到被告医院住院治疗。这是一家普通医院,没有精神病患者的独立病房。病人父母再三要求医院允许家属陪床,说病人已经几次寻求自杀。但医院就是不同意家属陪床,理由是医院制度很严格,护士非常负责,24小时不离开病房,不可能发生意外,要家属放心。但病人入院后不久就自杀了。于是家属向法院起诉,要求判决被告医院承担赔偿责任。

显而易见,被告医院有过错,按照原《民法通则》第106条第2

款关于过错侵权责任的规定,应当承担赔偿责任。但考虑到本案事实的特殊性,法官认为让被告医院承担全部责任不合理。为什么?因为患者属于精神病人并且一心一意要自杀,这是造成他死亡的一个原因,并且他自杀的场所是医院的男厕所。他要上厕所,护士是女的,不可能跟进去。想不到他将衣服撕成条把自己吊死在里面。虽然医院具有过错,但有一个原因在于死者方面,是两个原因导致损害后果的发生。因此,法官认为应当减轻被告医院的责任,不能使医院承担全部责任。

前面谈到,减轻被告的侵权责任,在当时的法律上仅有一个条文,即原《民法通则》第 131 条关于过失相抵的规定。条文说的是受害人也有过错的,可以减轻加害人的责任。而本案受害人是精神病人,精神病人丧失意思能力,他不可能有什么过错。精神病人自杀,不符合受害人也有过错的文义,显然本案不在第 131 条适用范围之内。受害人是在被告医院自杀的,其父母不在场,并且其父母已经告知医院受害人曾经几次寻求自杀,这就不可能认定监护人有什么过错,因此不能像"公鸡案"那样采扩张解释。无论你怎么样扩张,也不可能把精神病人自杀纳入受害人也有过错的文义范围之内。因为精神病人无所谓过错。

但要减轻被告医院的责任,除第 131 条过失相抵制度外,再没有别的条文。我给法官的建议是采目的性扩张方法适用第 131 条,以减轻被告医院的责任。因为两个原因造成损害结果,一个原因在于被告医院,被告医院具有过失;另一个原因在于受害人方面,即受害人一心寻求自杀。本应由双方对自己方面的原因造成的损害负责。虽然受害人是精神病人,谈不上过错,但适用过失相抵规则,减轻被告医院的责任,正好符合第 131 条过失相抵规则的立法目的。对本案适用该条,不是因为受害人有什么过错,或者受害人方面有什么过错,而是因为这样做符合该条的立法目的。这叫目的性扩张。

再举一个例子,恋爱中女方怀孕而男方另娶他人。这是我在少数民族法官培训班讲课时一位庭长讲的案件。女方发现男方已经与别人结婚后,真是痛不欲生、寻死觅活,其父母不知想了多少办法、做了多少工作,才劝住她,她到医院做了流产,然后向法院起诉男方,要求精神损害赔偿。这个案件在原《民法通则》上有没有规定呢?当然没有规定。但是受理本案的法官和庭长认为,如果不判决男方承担赔偿责任,无论如何说不过去。本案属于法律漏洞,能不能采用类推适用的方法?看来不行。因为当时找不到哪一个条文所规范的案件与本案类似。我建议采目的性扩张的方法,适用原《民法通则》第 120 条。

原《民法通则》第 120 条规定,姓名权、肖像权、名誉权、荣誉权遭受侵害的,可以判决精神损害赔偿。本条的立法目的,是基于姓名权、肖像权等遭受侵害的情形,通常没有财产损害,所损害的是人的人格和精神,受害人的精神遭受巨大的痛苦。如果按照传统理论,认为人的精神痛苦不能用金钱计算,则不予赔偿。但按照原《民法通则》的立法精神,虽然人的精神痛苦不能以金钱计算,但如果给予一笔精神损害赔偿金,至少可以对受害人给予某种抚慰,缓解其精神的痛苦,同时也对加害人给予惩戒。判决加害人支付一笔金钱,用来惩戒加害人,抚慰受害人、缓解其精神痛苦,这就是原《民法通则》规定第120条的立法目的。

虽然第120条没有明文提到本案这种情形,但将本案事实与条文所规定的事实类型相比较,我们发现本案受害人所遭受的精神痛苦,远远超过条文所规定的侵害名誉权、姓名权、肖像权等情形。即使是名誉权遭受侵害的情形,也不能与本案受害人所遭受的精神痛苦相比拟。显而易见,本案事实符合第120条的立法目的,且比侵害姓名权、肖像权和名誉权的情形更有认可精神损害赔偿的理由。因此,本案可以采目的性扩张的方法适用第120条,判决被告支付一笔精神损害赔偿金。对本案适用第120条的根据,不是本案事实符合该条的文义范围,而是符合该条的立法目的。

四、目的性限缩

所谓目的性限缩,是指一个法律条文的文义太宽,将不该适用的案件包含在内。而按照该条文的立法目的,是不应该包括这类案件的。于是直接依据其立法目的,将该类案件排除在外。这就叫目的性限缩。目的性限缩与前面法律解释方法中的限缩解释的区别在于,限缩解释是依据条文的立法本意即本来所设想的适用范围,而目的性限缩所依据的是立法目的。目的性限缩与目的性扩张恰好相反,目的性扩张是依据条文的目的,将文义范围以外的案件包括进来;目的性限缩是依据条文的目的,将文义范围以内的案件排除出去。

目的性限缩的根据在于法律条文的立法目的。按照这一立法目的,本案应当不在该条的适用范围之内,但因为立法时的疏忽,法律条文的文义太宽,将本案包括进去了。因此,就需要采用目的性限缩的方法,以立法目的为根据,限缩法律条文的适用范围,将本案排除在该条适用范围之外。

先举德国法上的一个例子。《德国民法典》关于代理制度,有一个条文禁止自己代理。所谓自己代理,是指代理人以被代理人的名义与自己订立合同。如某甲委托某乙作为自己的代理人,出售某甲所有的一所住房,假使某乙刚好想购买一所住房,他在接受委托之后想干脆我自己买下来得了,因此某乙就以某甲的代理人的名义将某甲的该住房出售给自己。买卖合同的出卖人是某甲,由某乙代理,买受人是某乙自己。

我们看这样的一个合同,虽说是双方当事人,但合同的内容完全是某乙自己决定的。某乙一方面作为本合同的买受人,另一方面又作为出卖人的代理人,代理出卖人作出意思表示,其结果往往对出卖人某甲不利。按照人之常情,当合同内容由一方当事人决定时,他当然会着重考虑自己的利益,所决定的合同内容往往对自己有利而不利于对方当事人。民法为了防止代理人损害被代理人利益的情况发生,就创设了一个规则禁止自己代理。根据这个规则,某乙一手决定的这个买卖合同应当无效。

《德国民法典》规定了这个规则。[①] 但在适用中发生了这样一个案件:一位父亲将一笔财产赠与自己未成年的儿子,签订了赠与合同,这位父亲在合同上一方面作为赠与人,同时又作为受赠人的法定代理人,合同的内容当然是这位父亲一手决定的。现在的问题是这个合同符合自己代理的要件,属于自己代理的合同,按照禁止自己代理的规则,应当无效。德国著名民法学者拉伦茨教授对本案如何适用法律提出解释意见。

拉伦茨教授先分析了民法上规定禁止自己代理的立法目的,这个立法目的就是要防止代理人在决定合同内容时损害被代理人的利益。因为,在通常的合同中双方当事人的立场是相对的,存在利益冲突。禁止自己代理有其充分的理由。但本案事实是一位父亲将自己的财产无偿转让给自己的儿子,首先不是商品交换的关系,不需要对方支付代价;其次对方当事人是赠与人的儿子,纯粹

---

① 《德国民法典》第181条(自己契约行为):"除代理人另外得到许可外,代理人不得以被代理人的名义和以自己的名义跟自己实施法律行为,或者以被代理人的名义和作为第三人的代理人实施法律行为,但法律行为专门在于债务的履行的除外。"《德国民法典》,陈卫佐译,法律出版社2004年版。

获得利益,因此在这样一个合同中不存在利益冲突,不会发生代理人损害被代理人利益的情形。这样一分析,我们就可以看到,本案不符合禁止自己代理规则的立法目的。严格按照禁止自己代理规则的立法目的,该规则本不应该适用于本案这种案型。但因为《德国民法典》在制定时的疏忽,对于禁止自己代理规则未设例外,这就导致该规则的适用范围过宽,将本不应当适用的案件包括在内了。

拉伦茨教授建议根据立法目的,限缩该规则的适用范围,使其仅适用于存在利益冲突的合同案件,这样就将本案排除在禁止自己代理规则的适用范围之外,其结果当然是该赠与合同有效。

下面举我国的例子,这就是融资租赁合同纠纷案件的法律适用。我国在改革开放后引进融资租赁合同形式,成立了许多融资租赁公司。到 20 世纪 80 年代后期,发生一批融资租赁合同纠纷案件,各地法院裁判这类案件无例外地适用当时的《经济合同法》(已失效)关于财产租赁合同的规则,其结果惊人地一致,都是租赁公司一方败诉。于是引起各方面的关注,召开了各种研讨会。经研讨发现,问题出在融资租赁合同与《经济合同法》所规定的财产租赁合同是不同的合同关系,不应该适用《经济合同法》关于财产租赁合同的规则。

我们先看《经济合同法》所规定的财产租赁合同。这是一种传统的合同形式,它的特征是双方当事人一方是出租人,另一方是承租人,双方约定出租人将自己的财产交给承租人占有、使用、收益,由承租人向出租人支付租金。实质上是承租人以支付租金为代价取得对出租人财产的使用权。这是一种传统的合同类型。

我们再看所谓融资租赁合同。这是一种新的合同类型,它有三方当事人,有两个合同关系,这三方当事人是出租人(租赁公司)、承租人(用户)、供货商。举例来说,某个企业需要一套设备,它派人到日本考察,看中了某个供货商的一套设备,双方进行谈判,商定了设备的数量、质量、规格、型号、价格、交货期限等合同条件,但是并未签订买卖合同,因为该企业没有足够的资金。该企业也不向银行贷款,可能是它无法提供银行要求的担保。它去找融资租赁公司,融资租赁公司说那好办,我们签订一份租赁合同,然后我去替你购买那套设备。于是该企业与租赁公司签订了租赁合同,然后该租赁公司作为买受人与供货商按照商定好的条件签订了买卖合同。供货商按照买卖合同的约定将设备交付给该企业,企业收到设备后通知租赁公司,租赁公司于是向供货商支付货款,然后该企业按照租赁合同约定分期向租赁公司支付租金。

这是一种新型的复杂的合同形式。它与传统的租赁合同的区别在于,实质上是用户购买设备,租赁公司替用户垫付价款,由用户以租金的名义分期偿还垫款,并将设备所有权转归租赁公司作为担保。因此,租金的总额相当于设备的价款总额加上管理费、保险费和租赁公司的收益,当然比传统租赁合同中的租金高得多;实际上是用户购买设备,设备的规格、型号、质量等都是用户与供货商谈判确定的,出现了质量问题当然不应由租赁公司承担瑕疵担保责任。

这样一种新型的合同形式,20 世纪 50 年代中期发生于美国,60 年代被介绍到欧洲和日本,70 年代引入东南亚,80 年代初引入中国。我国第一家租赁公司成立于 1982 年。而《经济合同法》是 1979 年开始起草、1981 年通过、1982 年实施的,起草《经济合同法》的专家和立法者当时还不知道有融资租赁合同这样一种合同形式。在这种历史背景之下,起草《经济合同法》时将传统的租赁合同称为财产租赁,就将后来传入中国的融资租赁包括在内了,因为融资租赁的标的物通常是机器设备,机器设备当然属于财产。按照《经济合同法》规定财产租赁合同的立法目的,只是要规范传统的租赁合同,由于立法当时的疏忽,不知道有融资租赁这种新型合同,因此法律条文上未设任何限制和例外,使财产租赁合同的文义过宽,涵盖了不属于立法目的范围的融资租赁合同形式。

直到 20 世纪 90 年代中期,最高人民法院认识到了这一点,才发布了一个关于审理融资租赁合同纠纷案件的解释性文件,即《最高人民法院关于审理融资租赁合同纠纷案件若干问题的规定》(法发〔1996〕19 号)(已失效),将融资租赁合同案件排除在《经济合同法》关于财产租赁合同规则的适用范围之外。这个解释性文件在法学方法论上,所采用的就是目的性限缩方法。

采用目的性限缩的另一个例子是北京市海淀区法院审理的张承志诉世纪互联通讯技术有限公司侵犯著作权案。被告未经许可擅自将原告张承志的著名小说《北方的河》《黑骏马》传到网上，是否构成侵犯原告著作权的侵权行为？被告认为，根据1990年通过的《著作权法》第32条第2款*的规定，被告可以使用原告已经在其他报刊上刊登的作品，存在的问题仅是未向原告支付报酬，并不构成侵犯原告著作权的侵权行为。

《著作权法》(1990年)第32条第2款的规定是："作品刊登后，除著作权人声明不得转载、摘编的外，其他报刊可以转载或者作为文摘、资料刊登，但应当按照规定向著作权人支付报酬。"被告据此主张，自己将原告张承志已经刊登的作品传到网上，符合该款的文义，因此属于合法使用，不构成侵权。

从第32条第2款的规定来看，其构成要件有三个：一是属于作品；二是已经刊登；三是著作权人未声明不得转载摘编。如果拘泥于文义解释，则无论什么作品，无论长篇小说、中篇小说、短篇小说或者杂文、小品，只要在报刊上刊登而著作权人未事先声明，其他报刊皆可转载或者摘编。这显然不符《著作权法》设立该款的立法目的。该款的立法目的，是对于短篇作品，法定许可其他报刊转载摘编。问题出在，法律条文对"作品"未作限制，致将长篇作

* 该法于2020年做出最新修正，原第32条第2款已更改为第35条第2款，但实际内容并未改动。

品包括在内。因此,应当以该立法目的为根据,对“作品”一词的文义范围作限制,将长篇作品排除在外。审理本案的法官针对被告的解释,在判决书中说:“并非所有在报刊发表的作品都适合于转载,那些篇幅较长、能够独立成书的小说不应当包括在法律许可的范围之内,否则不利于对著作权的保护。”①

这里采用的正是目的性限缩方法,以立法目的为根据,将“篇幅较长、能够独立成书的小说”排除在该款适用范围之外。张承志的《北方的河》《黑骏马》正是篇幅较长、能够独立成书的小说,因此本案被排除在《著作权法》(1990年)第32条第2款法律许可使用的作品之外。法院于是作出判决:被告世纪互联通讯技术有限公司的行为构成侵犯原告著作权的侵权行为。本案判决运用目的性限缩方法,是很成功的。

五、反对解释

所谓反对解释,是将一个法律条文反过来运用的法律漏洞补充方法。例如,原《合同法》第52条规定,合同内容违反法律、行政法规的强制性规定的无效。* 过去我们遇到一个合同案件,合同符合成立要件,但它究竟是有效还是无效?原《合同法》没有规定

① 参见《最高人民法院公报》2000年第1期,第28~30页。

* 现行《民法典》总则编第153条第1款规定:“违反法律、行政法规的强制性规定的民事法律行为无效。但是,该强制性规定不导致该民事法律行为无效的除外。”

什么样的合同有效,没有规定成立的合同具备哪些条件就有效。我们当然认为这个合同是有效的,但依据什么条文认定它有效呢?我们就可以引用原《合同法》第 52 条的规定:合同内容违反法律、行政法规强制性规定的无效。现在本案合同内容并不违反法律、行政法规的强制性规定,因此根据原《合同法》第 52 条的规定,本案合同有效。这就是采用了反对解释的方法。

其实,各地法院在一些案件审理中,总是自觉或不自觉地经常运用反对解释方法。例如,一个保姆请求获得雇主部分遗产的案件,当时我们的《继承法》* 对本案并无规定,我们的法官怎么办呢?他就依据《继承法》关于继承的规定,说原告既不是法定继承人,也不是遗嘱继承人,因此无权获得被继承人的遗产。这就是采用了反对解释方法。同样在审理胎儿的损害赔偿请求权的案件中,法官往往引用原《民法通则》第 9 条的规定:自然人的权利能力始于出生终于死亡。胎儿从母体分离谓之出生,出生之前的胎儿属于母体之一部分,不是权利主体,当然不享有民事权利。因此判决驳回胎儿的损害赔偿请求权,就是对原《民法通则》第 9 条作反对解释。

陕西省的法院判过一个医疗损害案件,被告医院在动手术时将手术钳遗留在原告肚子里,使原告遭受了 10 年的痛苦,一审法

* 已失效。

院判决被告向原告支付10万元的精神损害赔偿金。这是我国法院第一次对于医疗损害案件判决精神损害赔偿，遗憾的是该判决被二审法院撤销了。二审法院撤销一审法院关于10万元精神损害赔偿金的判决，根据是什么？就是对原《民法通则》第120条的反对解释。原《民法通则》第120条规定，侵害姓名权、肖像权、名誉权和荣誉权，可以判决精神损害赔偿；采反对解释，即本案属于人身伤害，不在第120条的适用范围之内，因此不能判决精神损害赔偿。[①]

反对解释的逻辑是：若M——P，则非M——非P。[②] 须注意的是，并不是任何一个条文都可以作反对解释。可以作反对解释的法律条文，其适用范围必须是封闭的。

什么样的法律条文的适用范围是封闭的呢？这有两种情形。

① 需说明的是，以上举否定胎儿损害赔偿请求权的判决和否定医疗损害的精神损害赔偿的判决为例，意在说明我们的法官经常自觉不自觉地运用反对解释的方法，并没有说其判决结果是正确、适当的。

② 读者黄涧秋先生来信说，按照形式逻辑，若M——P，则采反对解释应当是：非P——非M。我在中南财经政法大学举办的湖北省法官培训班上讲课时，也有学员提出同样的意见。我个人对于逻辑学并未专门研究，写作本书时，关于反对解释方法均参考了别的学者的论述。例如我国台湾地区学者杨仁寿在其《法学方法论》一书中指出：台湾地区“民法”第222条规定“故意或重大过失之责任，不得预先免除”。1972年台湾地区“最高法院”再字62号判例，对该条采反对解释：“轻过失责任（非故意或重大过失之责任），可以预先免除。”台湾地区“海商法”第45条规定“主管机关依法查阅船舶文书时，船长应即送检”。杨仁寿先生认为：“采反对解释，则主管机关未依法查阅船舶文书，船长自毋庸送检，可谓合乎逻辑法则。”所采用的逻辑均是：若M——P，则非M——非P。我认为，法学方法论虽从形式逻辑学借鉴而来，但其运用又与逻辑学有所不同，应不奇怪。

一种是法律条文采取定义的方式,明确规定了构成要件。例如,原《民法通则》第92条关于不当得利制度的规定,明确规定了不当得利的三个构成要件:其一,没有法律根据;其二,获得利益;其三,使他人遭受损害。具备这三个要件,就构成不当得利。缺乏任何一个都不行。虽然没有法律根据,获得利益,如果未损害他人利益,就不构成不当得利。因此该条的适用范围是封闭的,可以进行反对解释。

前面提到的原《合同法》第52条关于合同内容违反法律、行政法规的强制性规定的无效,也是如此。本条明确规定了合同违法的构成要件,这就是违反法律、行政法规的强制性规定。① 一个合同案件,需要确认合同是否有效,经查明合同内容并不违反法律、行政法规的强制性规定,也许违反法律、行政法规的任意性规定,或者违反行政规章、地方性法规的规定,我们就可以采用对第52条作反对解释的方法,确认合同有效。②

另一种情形是法律条文采用了完全性列举的方法。例如,《著作权法》(1990年)第5条规定不适用《著作权法》的作品如下:第

① 原《最高人民法院关于适用〈中华人民共和国合同法〉若干问题的解释(二)》(法释〔2009〕5号,已失效)第14条规定:"合同法第五十二条第(五)项规定的'强制性规定',是指效力性强制性规定。"

② 原《最高人民法院关于适用〈中华人民共和国合同法〉若干问题的解释(一)》(法释〔1999〕19号,已失效)第4条规定:"合同法实施以后,人民法院确认合同无效,应当以全国人大及其常委会制定的法律和国务院制定的行政法规为依据,不得以地方性法规、行政规章为依据。"

一类，法律、法规及其官方译本；第二类，时事新闻；* 第三类，历法、数表、通用表格和公式。这是完全性的列举。例如，前面讲文义解释时已经讲到的电视节目预告表案，二审法院撤销了一审判决，改判被告构成侵权行为，所依据的是原《民法通则》的规定。可否直接依据《著作权法》得出同样的判决结果呢？当然可以。

本案涉及的“电视节目预告表”是否应受《著作权法》的保护？在《著作权法》上没有明确规定，显然属于法律漏洞。当时可以采用对《著作权法》(1990 年)第 5 条作反对解释的方法以补充该法律漏洞：已查明本案系争作品电视节目预告表，一不属于时事新闻，二不属于法律、法规，三不是历法、数表等，因此不在《著作权法》(1990 年)第 5 条所列举的不适用《著作权法》的范围之内，根据对《著作权法》(1990 年)第 5 条规定的反对解释，本案“电视节目预告表”当然应适用《著作权法》，亦即应受《著作权法》保护。

反面言之，如果一个法律条文既未明确规定构成要件，也没有采用完全性列举，例如采用不完全列举，条文中用了“其他”或“等”这样的词语，就不能作反对解释。

一个法律条文的适用范围是不是封闭的，可否作反对解释，不能仅看该条文本身，还要考虑该条文与其他条文的关系。例如，原《合同法》第 9 条第 1 款规定：“当事人订立合同，应当具有相应的

* 该法于 2020 年修订时，已将“时事新闻”改为“单纯事实消息”。

民事权利能力和民事行为能力。"它并没有说不具有相应的权利能力和行为能力的合同的效力问题,考虑到后面第47~48条和第51条关于行为能力、权利能力有欠缺的情形设有特殊规定,因此原《合同法》第9条不能作反对解释。再如,原《合同法》第48条关于无权代理的规定,条文规定了无权代理的要件:代理人无代理权;未经被代理人追认。其法律效果是,合同对被代理人不发生效力。能否采取反对解释方法,即凡是代理人无代理权、未经被代理人追认的合同,都认定对被代理人不发生效力呢?不行。因为,另外还有第49条关于表见代理制度的规定。原《合同法》第48条的规定是无权代理的一般规则(民法理论称为"狭义无权代理"),第49条关于表见代理的规定,是无权代理制度的特殊规则。[①]

再如,原《合同法》第32条规定,采用合同书形式订立合同的,自双方当事人签字或者盖章时合同成立。[②] 我们能否采取反对解释,凡是双方或一方未签字也未盖章的,合同就不成立?也不行。因为还有原《合同法》第37条的规定:即使没有签字或盖章,如果当事人一方已经履行主要义务,合同亦视为成立。

① 《民法典》总则编第171条规定(狭义)无权代理,第172条规定表见代理。

② 《民法典》合同编第490条第1款规定:"当事人采用合同书形式订立合同的,自当事人均签名、盖章或者按指印时合同成立。在签名、盖章或者按指印之前,当事人一方已经履行主要义务,对方接受时,该合同成立。"

六、比较法方法

作为法律漏洞补充方法之一的比较法方法，与前面讲的比较法解释不同。比较法解释，是指本国法律上有一个法律条文，因为它是在参考借鉴外国法律的基础上制定的，因此我们在解释这个条文的时候，可以参考该外国法律的规定及该规定在适用中法院和理论界所作解释，亦即引用外国的立法、判例、学说作为参考资料，据以解释本国法律上的某个条文，这叫比较法解释。例如，我们引用美国关于惩罚性损害赔偿的学说判例，以解释《消费者权益保护法》(1993 年)第 49 条(2013 年修正后，见第 55 条第 1 款)；引用美国和欧共体(欧盟)的立法、理论以解释我国《产品质量法》上的产品概念是否包括输血所用血液。

现在的问题是，本国法律上不存在这样的条文，关于本案没有法律规定，属于存在法律漏洞；为了求得案件的解决，我们找到某个外国法律上一个解决同样的案件的规定，于是我们就引用该外国法律规定，用来裁判我们审理的这个案件。这就会发生这样一个问题：我们中国的法院裁判本国的案件，怎么能够适用外国的法律条文？这当然是不允许的。我们的判决书上当然不会说根据某个外国的什么规定判决如下。我们不这样说，我们变换了形式，将该外国法律上的规定视为一项法理规则，既然是一项法理规则，是现代民法理论上公认的规则，我们当然可以引用来裁判案件。这就叫补充法律漏洞的比较法方法。

采用比较法方法的理论根据是什么？这就是现代社会，各国的法律往往相互学习、借鉴、参考，因为各国面对的社会问题往往是相同的，各国立法的时候相互借鉴，这是通例。你看人类社会在第二次世界大战后随着市场经济的发展，产生缺陷产品致损的新型侵权行为，美国在20世纪60年代首创严格产品责任，80年代欧共体采纳了严格产品责任，1993年我国《产品质量法》第四章明文规定了严格产品责任，1994年日本《制造物责任法》规定了严格产品责任。

既然各国的立法者在制定法律的时候可以参考借鉴外国的法律，当法院审理的新型案件在法律上没有规定时，为了求得案件的解决，法院直接参考借鉴外国的立法、理论和判例，裁判法律上未作规定的案件，有什么说不通的？能够说只允许立法者参考借鉴，不允许法院参考借鉴吗？同样的方法，现在立法者来不及运用，法院不能等待下去，自己也运用一下，以达到共同的目的，及时裁决纠纷，保护当事人合法权益，维护社会经济秩序。这当然是合法的。这就是比较法方法的根据。当然，法官直接采用某个外国的法律条文裁判本国的案件时，应当认为是将该外国法律条文作为法理规则而予适用。①

① “填补法律漏洞之材料，非系本国法上既有之规定或制度，而是采自外国立法例时，则应认为系以外国立法例为第一条之法理而适用。”王泽鉴：《民法学说与判例研究》（第2册），中国政法大学出版社1998年版，第30页。

我国法院采用比较法方法补充法律漏洞的例子，是广州的法院审理的敬修堂股份有限公司诉黄花印刷社电话费纠纷案。原告从1985年开始使用密码电话。1990年11月原告电话费剧增，经查电信局人工国际通信详细清单电脑记录证明，在此期间有人利用原告电话密码，从被告的电话机先后打出22次国际长途电话，其中7次在白天，15次在夜间，造成原告电话费损失3650.10元。原告遂向法院起诉要求被告赔偿电话费损失。被告以未查出打电话的人为由，不同意承担赔偿责任。此案被告应否承担责任，我国法律上没有明文规定，法院内部也有分歧。一种意见认为，造成原告损失的原因是原告自己的电话密码的泄密，且未查出打电话的人，被告不应承担责任，应由原告自负后果。另一种意见认为，如果判决被告不承担责任显失公正，被告应当承担责任，只是没有法律条文作为根据。因此向最高人民法院请示。本案显属法律漏洞，我建议参考《法国民法典》第1384条关于物的管理人责任的规定予以判决。

《法国民法典》1384条第1款规定，任何人应对其所照管之物所造成的损害负赔偿责任。[①] 其中所说的“物”是指无生命的物，关于动物该法典另有规定，因此称为物的管理人责任，或者无生物

① 《法国民法典》第1384条第1款规定：“任何人不仅对因自己的行为造成的损害负赔偿责任，而且对因由其负责之人的行为或由其照管之物造成的损害负赔偿责任。”《法国民法典》，罗结珍译，中国法制出版社1999年版。

责任。据学者介绍,该第 1384 条关于物的管理人责任,在法典颁布后的一个相当长的期间没有被适用过,且学者和法官觉得该规定难以理解,为什么一个没有生命的物会造成他人的损害?到了 20 世纪发明汽车之后,法院审理汽车肇事的赔偿案件,适用过失责任原则,而被害人往往不能证明加害人有过失,因此判决加害人不承担责任。这样的判决的公正性受到怀疑,法官和学者致力于寻求补救受害人的方法和途径,这时发现了第 1384 条关于物的管理人责任的规定。现在的汽车肇事案件中,汽车不就是无生命的物吗?汽车所造成的损害,依照第 1384 条的规定应由汽车的管理人承担责任,依解释属于无过错责任,不以加害人有过失为责任构成要件,因此不要求受害人证明加害人有过失。这就改善了受害人的地位,使之能够得到损害赔偿。

第二次世界大战以后,法国社会出现缺陷产品致损的严重社会问题,对产品责任案件适用过失责任原则,要求受害人举证证明生产者具有过失几乎不可能,因此受害消费者往往得不到赔偿。20 世纪 70 年代,一个因奶粉含有有毒物质导致 40 余名婴儿死亡的事件在新闻媒体上公布,致法国社会消费者保护运动高涨。在这种背景之下,为了规避过失责任原则的适用,又借助于《法国民法典》第 1384 条物的管理人责任的规定。但将该规定适用于产品责任案件遇到的一个难题是:谁是产品的管理人?实际上损害发生时产品是在受害消费者的控制、照管之下。

学者通过解释,将对产品的管理概念区分为对产品"内在结构的管理"和对"产品外部的管理",产品从销售者到消费者的占有的移转,仅仅发生产品外部管理的移转,消费者成为产品外部的管理人,而产品内在结构的管理并未发生移转,生产者仍然是产品内在结构的管理人。如果损害是由于产品内在结构上的缺陷造成的,依照第 1384 条的规定,当然应由作为产品内在结构管理人的生产者承担赔偿责任。这样,通过解释,第 1384 条又被适用于缺陷产品致损的侵权案件,较好地保护了消费者的利益。因此,法国在按照欧共体产品责任的指令修改民法典增设严格产品责任(第四编之二[①])之前,就已通过对《法国民法典》第 1384 条物的管理人责任的解释适用,实现了严格产品责任。

现在回到本案,虽然没有查出用原告的电话密码打电话的人,但是查出了用原告的电话密码打出电话的电话机,这就是被告单位内部的电话机。电话机是一个没有生命的物,有人用原告的电话密码从被告的电话机打出电话,将电话费记在原告的账上,我们可以视为是被告的电话机造成原告的损害,参照《法国民法典》第 1384 条关于物的管理人责任的规定,应当由该电话机的管理人即被告承担赔偿责任。这个意见被法院采纳。

① 《法国民法典》新增缺陷产品引起的责任,在第 1386 - 1 条至第 1386 - 18 条,共 18 个条文。第 1386 - 1 条规定:"产品的生产者对因其产品之缺陷造成的损害负责任,不论其与受害人是否有合同关系。"

现在请看一审法院判决:“被告黄花印刷社的电话机始终在其实际占有、控制下,被他人用原告的电话密码打国际长途电话,给原告造成了经济损失。损害结果的发生,是被告对其电话机的管理不善造成的,应由被告承担责任。如果是第三人利用被告实际控制的电话机给原告造成损害,亦应由被告先赔偿被告的损失,再向第三人追偿。”①被告不服一审判决,上诉到广州市中级人民法院。我们看二审法院判决:“本案损害后果发生的原因,是上诉人对其电话机的管理不善。上诉人对由于自己的过错给被上诉人造成的经济损失,应当承担全部赔偿责任,其上诉理由不能成立。一审判决正确,应予维持。”②

需要说明的是,物的管理人责任,按照《法国民法典》第 1384 条的规定属于严格责任即无过错责任,不以管理人有过失为责任成立要件,但经中国法院运用于裁判本案,增加了“管理不善”这一要件,就变成了过错责任。这从二审法院判决可以看得很清楚。一审法院判决只说“管理不善”,二审法院判决进一步指出,管理不善即是过错。因此,由本案判决所创设的物的管理人责任这个判例规则,属于过错责任,与《法国民法典》的规定已有所区别。

① 参见《最高人民法院公报》1996 年第 1 期,第 28 页。
② 参见《最高人民法院公报》1996 年第 1 期,第 28 页。

七、直接适用诚实信用原则

法官受理的案件属于法律漏洞时,如果不能采用上述方法填补法律漏洞,则可以直接依据诚实信用原则裁判。直接适用诚实信用原则,即以诚实信用原则作为评价标准,以衡量本案事实:如果当事人的行为符合诚实信用原则,即认可其有效,并予以保护;如果当事人的行为违背诚实信用原则,即否定其效力,甚至进一步追究其法律责任。

直接适用诚实信用原则,其根据在于,现代民法上,诚实信用原则属于授权条款。立法者考虑到自己能力不足,难以预见社会生活中的各种案型,即使预见了也难以一一作出具体规范,并且社会生活还处在急剧变动之中,将不断产生一些新型的案件和千奇百怪的案件,因此预先设立诚实信用原则这样的授权条款,授权法官运用诚实信用原则去裁判那些法律上没有具体规定的案件。鉴于现代社会生活的复杂性,各国法院遇法律上没有具体规定的案件而不能采用前述方法补充漏洞时,往往直接适用诚实信用原则予以裁判,其例子不胜枚举。下面举我国的例子。

第一个例子是最高人民法院 1994 年第 2 号批复案件。该案事实是,一个债务人欠了若干债权人的债,这些债权都没有设立担保,当这个债务人已经陷于不能支付的情形时,其中一个债权人与该债务人协商达成协议,约定将该债务人的全部资产设定抵押,担保该债权人的债权。抵押协议成立后,该债务人的其他债权人向法院起诉,请求法院判决认定该抵押协议无效,理由是该抵押协议损害了其他债权人的利益。

受理本案的法官有两种意见:一种意见认为该抵押协议应当有效,因为抵押协议的内容并不违反法律规定。当时《担保法》尚未颁布,关于抵押担保仅《民法通则》有一个条文,该条规定债务人可以与债权人约定以债务人的财产或第三人的财产设定抵押。《民法通则》并未规定当一个债务人欠了若干债权人的债陷入不能支付时,可不可以将自己的全部资产抵押给其中一个债权人。抵押协议属于法律行为,按照《民法通则》的规定,法律行为内容违反法律的无效;如果对这一规定作反对解释,则本案抵押协议的内容并不违反法律,因此应当有效。可见持该意见的法官采用的是反对解释方法。

另一种意见认为该抵押协议应当无效。基本理由是,如果认定该抵押协议有效,则该债权人依据抵押协议对债务人的全部资产行使抵押权,使自己的债权优先得到满足,其利益得到保护,而其他的债权人的债权将全部落空。本来所有的债权产生时都没有设立担保,按照债权平等的原则,当债务人不能支付时,可以通过破产程序,由所有的债权人按照债权额比例分配债务人的全部资产。可见,认定该抵押协议有效,将导致该债权人与其他债权人之间显失公平。受理本案的法院拿不定主意,遂请示最高人民法院经济审判庭。经济庭研究的结果,是认定该抵押协议无效。关于认定该抵押协议无效的法律依据，先是考虑引用《民法通则》关于公平原则的规定，后来改为依据诚实信用原则。

这里需要解释一下，为什么不能依据公平原则认定该抵押协议无效？因为公平原则的含义是，一个合同的双方当事人之间在利害关系上应当大体平衡。原《合同法》第 5 条规定，当事人应当遵循公平原则确定各方的权利和义务。[①] 可见，公平原则的适用范围应限于一个合同关系的当事人之间，而一个合同关系上的一个当事人与合同关系之外的其他人之间，谈不到公平或者不公平的问题。本案抵押协议的双方当事人之间是公平的，订立抵押协议的债权人与该债务人的其他债权人之间，不发生公平或者不公平的问题。

另一个理由是，作为民法基本原则的公平原则，不具有直接适用的性质。凡违反公平原则的行为，法律都设有补救性的规定，例如，原《合同法》第 52～53 条、第 40 条关于合同无效或者某个合同条款无效的规定，第 54 条关于显失公平的规定等。[②] 因此，遇内容违反公平原则的合同，应当直接适用这些具体规定，而不能直接适

① 《民法典》总则编第 6 条规定："民事主体从事民事活动，应当遵循公平原则，合理确定各方的权利和义务。"

② 依据《民法典》合同编第 508 条的规定，关于合同无效应当适用总则编第 153 条关于民事法律行为违反强制性规定无效、违背公序良俗无效的规定、第 154 条双方恶意串通行为无效的规定；关于合同显失公平应当适用总则编第 151 条关于显失公平撤销权的规定。关于合同条款无效，适用合同编第 506 条，关于格式条款无效，适用合同编第 497 条。

用公平原则。

而诚实信用原则(《民法典》总则编第7条)属于授权条款,遇受理的案件属于法律漏洞时,可以直接适用。诚实信用原则的实质,是要求一切民事主体在不损害他人利益和社会公共利益的前提下追求自己的利益。诚实信用原则为法官树立了一个判断标准:凡符合诚实信用原则的行为就认可其有效,就予以保护;凡违反诚实信用原则的行为就否定其效力,并予以制裁。法官依据诚实信用原则,可以裁判法律上没有具体规定的各种案件。本案抵押协议的实质,正是通过损害其他债权人的利益以保证该债权人的利益,显然违反诚实信用原则。因此,可依据诚实信用原则认定该抵押协议无效。①

第二个例子是河北省高级人民法院的一个判决。本案事实是,债务人与债权人之间签订一份借款合同,借款200万元用于购买设备,由保证人提供担保。但在借款期限届满后,债权人不向债务人要求归还借款,而是与债务人协商达成一个抵押协议,约定以

① 值得注意的是,此后裁判实践将此种案型称为"事后抵押",创设"事后抵押无效"规则。最高人民法院民事判决书[(2008)民二终字第135号]裁判摘要:"所谓事后抵押,一般是指债务人有多个普通债权人,在清偿债务时,债务人与其中一个债权人恶意串通,将其全部或者部分财产抵押给该债权人。这种事后抵押的设定通常发生在债务人也已陷入支付危机、濒临破产、其财产已经不足以清偿全部债务的情况下。设定事后抵押必然导致其降低或者丧失了履行其他债务的能力,侵害了其他债权人的合法利益。因此,这种事后抵押应认定为无效,抵押权人对于行使抵押权获得的价款没有优先受偿权,已经取得该价款的,应当依法予以返还。"《最高人民法院公报》2010年第2期,第329~335页。

债务人所有的全部资产设定抵押以担保该债务人欠该债权人的陈年旧债。这种情形,保证人向法院起诉,要求法院判决免除保证责任。理由是,由于债权人与债务人之间达成抵押协议的结果,如果保证人承担了保证责任,其对于债务人的追偿权势必落空。显然本案属于法律漏洞,原《民法通则》和原《担保法》对此均没有作出规定。

我们现在来看一审法院的判决,判决书中写道:“本案借款合同期限届满以后,债权人不但不向债务人追索欠款,反而与债务人协商达成抵押协议,将债务人的全部资产设定抵押用于担保债务人过去欠债权人的与本案借款合同无关的陈年旧债。债权人与债务人之间设定抵押权的行为,违背了诚实信用原则,使保证人承担保证责任后依法享有的追偿权不能实现,损害了保证人的合法利益。因此,根据民法通则关于诚实信用原则的规定,判决免除保证人的保证责任。”一审法院对于本案事实,直接引用诚实信用原则,作为免除保证人保证责任的法律依据。本案判决在法学方法论上无疑具有重大意义。

八、法官直接创设法律规则

上面讲的都是法院受理的案件属于法律漏洞时,法官创设规则填补法律漏洞,裁判了法律上没有规定的案件。但法官在创设规则时,采用了前面介绍的各种方法,如类推适用、反对解释、目的性扩张等，在上述方法均不能解决问题时，还可以直接适用诚实信用原则。虽然都发挥了法官的创造性，创设了规则、填补了法律漏洞，但法官创设规则时借助于民法解释学上的各种方法，不属于此所谓法官直接创设规则。现在讲的法官直接创设规则，是指法院受理的案件属于法律漏洞，不能通过运用民法解释学上的各种方法解决问题，也不能通过直接适用诚实信用原则裁判时，法官不得已自己创设规则，并且不借助于前述各种方法。

法官直接创设规则裁判案件，其法理根据是前面讲到的法官不得借口法律没有规定而拒绝裁判案件，法官受理的案件在法律上没有规定，属于法律漏洞，也不能通过前述各种方法解决，最后不得已只好自己创设一个规则，据以裁判案件，履行法官的职责。这样做，虽然在我国现行法上没有根据，但在现代法制上是有合理性的。例如，《瑞士民法典》第 1 条明文规定，法官裁判案件，如果有法律规定，应当依据法律规定；没有法律规定时，如果有习惯规则，应当依据习惯规则；如果既没有法律规定，也没有习惯规则，对这种情形，法官应当将自己当作立法者，创设一个法律规则，裁判案件。[①] 立法者明文规定，授权法官直接创设规则。其他国家的民法典虽然没有同样的明文规定，实际上学说和实务也都认可法官直接创设规则。

① 参见《瑞士民法典》，殷生根、王燕译，中国政法大学出版社 1999 年版。

也许有的同志会说,你讲的是外国的情况,对我国是否适用?这里介绍一个我国法官直接创设法律规则的判决。这就是北京市朝阳区法院裁判的吴祖光侵权案。这要从中国第一个侵害消费者人身权的案件说起。20 世纪 90 年代初,《消费者权益保护法》刚颁布不久,北京市发生了第一起消费者状告经营者的案件。被告是国贸中心。国贸中心的售货员无端怀疑两个女性消费者偷了商场的商品,对两个消费者限制人身自由和搜身,最后证明两个消费者是无辜的。于是,两个消费者起诉国贸中心,要求追究其侵权责任。该案在新闻媒体上广泛报道,成为热门话题。著名作家吴祖光发表了一篇评论,批评国贸中心侵害消费者权益的行为,题目叫"高档次的事业要有高素质的员工"。两个消费者状告国贸中心的案件,经过法庭调解结案,国贸中心向两位原告赔礼道歉,并支付 3000 元精神损害赔偿金。该案刚结案,国贸中心立即向朝阳区法院起诉,状告作家吴祖光侵犯了国贸中心的名誉权。

本案事实清楚,即被告在报刊上发表文章批评原告侵害消费者权益的行为,问题是被告吴祖光的行为是否构成侵犯原告的名誉权。在当时我国法律包括《民法通则》,对此均无规定,因此属于法律漏洞。无论是认定构成侵权还是认定不构成侵权,均没有法律根据。

前面讲到,法院受理案件遇法律上没有规定时,应当先考虑是否存在习惯规则;没有习惯规则时,应当采用类推适用、反对解释、目的性扩张等方法;在上述方法均不能采用时还可以直接适用诚实信用原则。而对于本案,既无习惯规则,采用类推适用等法律漏洞补充方法也不能解决问题,可否直接适用诚实信用原则?也不行。诚实信用是市场经济中的道德规则,因此诚实信用原则只能适用于市场交易关系和与市场交易密切相关的关系,而本案事实不属于市场交易关系。它发生在新闻舆论的领域,一位著名作家基于社会正义感,发表文章批评经营者侵害消费者合法权益的行为,与市场交易本身没有密切的联系。因此不能直接适用诚实信用原则。

现在看朝阳区法院对本案的判决。判决书在叙述了案件事实后写道:“本院认为,正当的舆论监督应受法律保护。本案被告吴祖光在报刊上发表题为‘高档次的事业要有高素质的员工’的文章,批评原告国贸中心侵犯消费者合法权益的行为,属于正当的舆论监督。”据此,判决吴祖光的行为不构成侵权。

我们看,上述判决是否符合我在前面讲的法官裁判案件的逻辑公式?完全符合。大前提是:正当的舆论监督应受法律保护;小前提是吴祖光的行为属于正当的舆论监督。得出的推论,即本案判决是:吴祖光的行为应受法律保护。问题在于,这个大前提即作为本案裁判依据的法律规则,是哪一部法律规定的。我国法律至今没有这样的规定。这一法律规则不是法律规定的,而是审理本案的法官自己创设的。判决书上写得明白——“本院认为”,公开表明这个法律规则是本院法官直接创设的。

正当的舆论监督应受法律保护,这一法律规则是否正确?一个社会中,如果法律不保护正当的舆论监督,将会是一种什么样的状况?像本案吴祖光这样的作家,出于社会正义感,发表文章批评国贸中心损害消费者合法权益的不当行为,如果我们的法律不予保护,最后判决吴祖光构成侵权行为,责令吴祖光承担侵权责任,这样的判决一旦作出,将会产生什么样的影响?将来谁还敢于撰写、发表批评文章,谁还敢于批评企业侵害消费者权益的行为,谁还敢于发表文章对坏人坏事进行批评?这样的社会将是一个什么样的社会?因此,我们应当肯定,正当的舆论监督应受法律保护,是一项正确的、非常必要的法律规则,当我们的立法机关还来不及制定这样的规则时,我们的法官创设了这一法律规则。本院法官在创设这一规则时,并没有借助于前面讲到的各种方法,而是根据法官对社会正义的理解和舆论监督在现代社会中的极端重要性的认识,直接创设了这一法律规则。

本案判决以后,正当的舆论监督应受法律保护这一法律规则很快就被各地法院的法官接受,运用到同类案件的裁判中。例如,1998 年 9 月 14 日深圳中级人民法院审理的泰明国贸商场诉杨剑昌案,判决书中写道:“原告以虚假验资报告和虚假注册资本领取企业法人执照后,未履行诚信原则,在招租活动中,发出失实广告、报道及宣传资料误导租户,致租户签订合同,事后原告无法履行,致众多租户投诉。”“被告在履行职务的同时，将报告投递报刊发表，其主要内容基本属实，应认定为正当的舆论监督范围”。因此判决：“不构成侵权。”

其判决理由中，显然适用了朝阳区法院在吴祖光侵权案中创设的“正当的舆论监督应受法律保护”这一法律规则。其裁判逻辑如下：大前提是“正当的舆论监督应受法律保护”，小前提是“杨剑昌的行为（发表文章揭露批评泰明国贸商场欺诈租户的行为）属于正当的舆论监督范围”，于是得出判决：杨剑昌的行为不构成侵权。

正当的舆论监督应受法律保护这一判例规则的创设，具有极为重大的意义。其构成要件是：舆论监督加上正当性。舆论监督，就是批评坏人坏事；正当性，是指这个批评坏人坏事的人，真正出于公心，不是为个人私利，不是打击别人、抬高自己。法院在判断舆论监督是否具有正当性时，关键在于看被告（批评他人的人）与原告（被批评的他人）之间是否存在利益冲突。如果存在利益冲突，即使查明他所批评的事实是真实的，也不应适用这一规则，而应当适用其他规则，如依据事实的真实性认定不构成侵害名誉权的侵权行为。反之，法院在判断被告与原告之间不存在利益冲突，认定被告是出于公心、出于维护社会公共利益的目的批评坏人坏事的情形，即不应纠缠于所批评的事实是否存在、是否真实，而应当直接适用正当的舆论监督应受法律保护这一判例规则，判决被告不构成侵权行为。

例如,20 世纪 90 年代所发生的科学家批评邱氏鼠药含有对人有害的物质的案件,新闻记者批评海灯法师作伪的案件,学者、专家批评诸如"水变油""信息茶""特异功能"等的案件,还有消费者批评企业宣传产品神奇功能的案件。法院在审理这些案件时,因纠缠于事实的真实性,导致错误的判决,是有深刻的教训的。

第四讲　不确定概念的价值补充

前面已经提到,当找到的法律规则属于或包含不确定概念时,需要对不确定概念作价值补充。不确定概念与法律漏洞不同,所谓法律漏洞是法律上没有任何规定,而现在的问题是法律上有规定,只是法律规定不具体,其构成要件和适用范围不确定。虽然有法律规定,但是法律规定不具体、没有明确的构成要件,因而适用范围不确定。在适用于裁判本案之前,必须结合本案事实,对法律规定的构成要件和适用范围加以确定,这样的工作叫作不确定概念的价值补充。先举我国台湾地区的例子。

我国台湾地区"民法"中有一个条文:法律行为违背善良风俗的无效。什么是善良风俗?什么样的行为违背善良风俗?"法律"上没有说,"法律"没有规定明确的判断标准。因此这个概念属于不确定概念。1976 年有一个案件(台上字第 2436 号),原告与一女子同居,赠与女方一所不动产,赠与合同上附有一个条件:女方一旦终止同居关系,须将该不动产返还于男方。后女方不愿继续保持同居关系，男方起诉到法院，要求判决女方返还该不动产。法院判决：原告垂涎于被告年轻貌美，诱使同居，为了达到久占私欲，于赠与契约中规定“一旦终止同居须返还不动产”，以资钳制，其约定违背善良风俗，应认定为无效。此即是对不确定概念“善良风俗”作价值补充。

须补充说明的是，外国民法和我国台湾地区“民法”上的“善良风俗”概念，相当于我国大陆民法上的“社会公德”概念。① 原《合同法》第 7 条规定：订立合同和履行合同，不得违背社会公德。依此规定，合同内容违背社会公德的应当无效。某地方法院曾受理一个案件，原告与一女子同居，赠与对方一所房屋，后来双方达成一项协议：女方一旦与其他男人结婚，该房屋即应返还原告。现在，原告基于该协议起诉，要求收回该房屋。本案与刚才介绍的台湾地区的那个案件类似。审理本案的法官当然可以适用原《合同法》第 7 条关于社会公德的规定，认定该协议无效。

又如前面讲当然解释方法时讲过的国王大饭店案件。被告国王大饭店建筑时越界占了原告 2 平方米土地，原告起诉要求法院依据我国台湾地区“民法”关于越界建筑应当拆屋还地的规定，判决被告拆屋还地。如果法院不判决拆屋还地，则要求判决被告依市价购买被占土地。其中第二个请求，已经在讲当然解释时讲到。

① 《民法典》总则编第 8 条规定：“民事主体从事民事活动，不得违反法律，不得违背公序良俗。”第 153 条第 2 款规定：“违背公序良俗的民事法律行为无效。”

现在回头来讲其第一个请求。

我国台湾地区“最高法院”在判决书中写道：“原告为了回复其被占的2平方米土地，请求判决拆毁被告的十层高楼的国王大饭店。其行使权利所获得的利益甚微，而给被告造成的损害巨大，应当认定原告的权利行使已构成权利滥用。”因此判决驳回其拆屋还地的请求。这是对权利滥用这一不确定概念所作的价值补充。

顺便提到，权利滥用原则[①]自产生以来，法院判断时一直采主观标准，只在权利行使“专以损害他人为唯一目的”时，才认定构成权利滥用。这一主观判断标准很难适用于本案，因为本案原告请求拆屋还地，目的是恢复自己的被占土地，不能说原告行使权利是专以损害被告为唯一目的。因此，本案判决不采主观判断标准，改为采利益比较方法。比较衡量原告行使权利所获得的利益与给被告造成的损害，原告行使权利所获得的利益仅2平方米土地的回复，其价值相对于拆毁10层高楼的国王大饭店而言，显属微小的利益。为了获得微小的利益，不惜拆毁10层高楼的国王大饭店致被告遭受巨大损害，这就构成权利滥用，应为法律所不许。以利益比较判断取代主观目的判断，这是本案判决的创造性所在。

① 《民法典》总则编第132条规定：“民事主体不得滥用民事权利损害国家利益、社会公共利益或者他人合法权益。”

再举大陆的例子:1992 年最高人民法院法函第 27 号。所涉及的案件事实是,湖北省的一家企业与重庆市的一家企业间的煤气表散件供应合同,因国家调整原材料铝锭的价格,供方要求解除合同,需方不同意,引起诉讼。最高人民法院在第 27 号函中指出:"合同生效以后,因与双方当事人无关的原因,发生情事变更,即生产煤气表外壳的铝锭的价格,由合同签订时的 4400 元/吨,上调到 16000 元/吨,致按照合同约定履行将对当事人一方显失公平。"因此判决解除合同,免除供方责任。这是对原《民法通则》(现行《民法典》总则编第 151 条)规定的"显失公平"不确定概念的价值补充。

再如四川省某地方法院裁判的蓝剑啤酒瓶爆炸炸伤原告眼睛的案件,法院判决适用《产品质量法》关于严格产品责任的规则。《产品质量法》第 46 条规定:本法所称缺陷,是指产品具有对于他人人身财产的不合理危险。显而易见,不合理危险是不确定概念。本案法官指出:各种产品都可能具有或大或小的危险,如果危险发生在产品的使用价值范围内(如喝酒使人喝醉),则属于合理危险;反之,危险发生在产品的使用价值范围之外(如本案中啤酒瓶爆炸伤人),就属于不合理危险。据此判决被告蓝剑啤酒生产商承担赔偿责任。这就是对不确定概念"不合理危险"作价值补充。本案判决对不确定概念"不合理危险"作价值补充,创立了一个判断标准,即产品使用价值标准。危险发生在产品的使用价值范围之内,属于合理危险;危险发生在产品的使用价值范围之外,属于不合理危险。按照这一判断标准,本案啤酒瓶爆炸伤人,属于不合理危险;前面提到的喝酒醉死人,当然就属于合理危险。

第五讲　利益衡量

什么是利益衡量？利益衡量，是20世纪60年代以来兴起的一种法律适用方法。由于是在利益衡量的基础上灵活采用民法解释学的各种方法，因此有人称其为利益衡量论。所谓利益衡量，是指法官审理案件，在案情事实查清后，不急于去翻阅法规大全和审判工作手册以寻找本案应适用的法律规则，而是综合把握本案的实质，结合社会环境、经济状况、价值观念等，对双方当事人的利害关系作比较衡量，作出本案当事人哪一方应当受保护的判断。此项判断称为实质判断。在实质判断基础上，再寻找法律上的根据。

凭什么作出实质判断？我们看英美法系国家的法院裁判案件，关于被告有责或无责、有罪或无罪的判断，由陪审团作出，而陪审团是由法律上的外行组成的。在陪审团作出有责无责或有罪无罪的判断的基础上，再由法官附上法律根据，并决定赔偿金额或刑期。陪审团的组成人员既然都是外行，那他们究竟凭什么作出被告有责无责或有罪无罪的判断？当然是凭陪审团成员作为社会中的一般人对人情、事理的理解及其生活经验。陪审团依据人们对人情事理的理解和生活经验作出有责无责或有罪无罪的判断,再由法官附上法律上的理由,这就使判决合情、合理、合法。

大陆法系的法官裁判案件,在案件事实查清楚后,实际上也有同样的判断过程,只不过传统理论不予承认罢了。我们经常听到法官私下议论案件裁判中情与法的冲突,即是证明。他们说某某案件的判决,虽然合法,但于情于理不合;某某案件的判决,虽然合情合理,但不合法。这充分说明,法官在依据法律规定作出裁判之前,心中已经有了依据人情事理作出的实质判断。多数案件的判决,依据法律规定作出的判决结果,与此前依据人情事理作出的判断是一致的,因此实质判断的过程被掩盖了,我们从判决书上只看到依法裁判的逻辑过程。甚至法官本人也忽略了曾经有过实质判断过程,只在少数案件依据法律规定作出的判决结果与此前实质判断不一致时,才感觉到情与法的冲突。第二次世界大战后兴起的利益衡量论,只不过是将过去在私下进行的实质判断过程予以公开,要求在判决理由中明文表述实质判断过程,便于接受当事人和社会的审查和监督,接受上级法院和学术界的审查监督。

利益衡量的操作规则,可以概括为:实质判断加上法律根据。在作出哪一方应当受保护的实质判断之后,寻找法律根据,如果找到了法律根据,仍将该法律根据(法律规则)作为大前提,本案事实作为小前提,依逻辑三段论推理,得出本案判决。如果作出实质判断后,无论如何也找不到法律根据,亦即此实质判断难以做到合法化,面对这种情形,应当检讨实质判断是否正确,重新进行实质判断。下面就利益衡量举例。

首先举某地方法院裁判的"保姆案"。本案事实是,凶犯王某向公司会计彭某借款未成,即怀恨在心,于某夜潜入彭家将彭某夫妇及 3 岁幼女杀害,并造成保姆蒋某重伤致残,蒋某丧失劳动能力。凶犯王某亦自杀死亡。彭某留下一笔遗产。保姆蒋某向法院起诉,请求从该遗产中支付其医药费和生活费。经请示,上级法院的意见是:蒋某在彭某夫妇家当保姆期间,被凶犯杀伤致残,而彭某夫妇也同时遇害身亡。从本案的事实来看,蒋某并非因保护雇主一家的生命、财产安全或其他利益而被杀伤,故要求从雇主的遗产中补偿其医药费、生活费等,没有法律依据。如果调解不成,应判决驳回其诉讼请求。

审理本案的法院,难道不知道蒋某的请求在法律上没有依据(没有明文规定)吗?当然知道。为什么还要向上级法院请示?显然是该法院已经作出保姆蒋某应当受保护的实质判断。最后是通过调解,使蒋某的请求得到满足。如果达不成调解协议,是不是就没有办法作出蒋某胜诉的判决呢?当然不是。我们运用民法解释学方法,不难找到解决本案的法律根据。

一个方案是对原《继承法》第 14 条(现行《民法典》继承编第

1131 条）关于“继承人以外的对被继承人扶养较多的人，可以分给他们适当的遗产”的规定，采扩张解释方法，将其中所谓“扶养”扩张解释为包括本案保姆蒋某对雇主 3 岁幼女的扶养。另一个方案是采目的性扩张的方法，适用原《继承法》第 33 条（现行《民法典》继承编第 1161 条）关于以遗产清偿被继承人债务的规定。对该条所谓被继承人的“债务”，通常解释为被继承人生前所负担的债务。本案保姆在执行职务期间被杀伤致残，其医药费和生活费依雇用合同理应由雇主负担，属于雇主彭某一家对保姆的债务，虽然彭某一家同时遇害，与“生前”负担的债务文义不合，但考虑到彭某留有遗产，由该遗产支付保姆的医药费和生活费符合该条立法目的，因此可直接适用该条。

其次举胎儿的损害赔偿请求权案为例。案件事实是，1992 年 10 月 27 日，被告希旅公司的汽车将叶某撞伤致死，叶某死亡时，其妻黄某已怀孕。希旅公司不同意承担胎儿的生活费。同年 12 月，黄某生下女孩黄卫。1993 年 3 月黄某以黄卫的名义起诉，请求判决希旅公司承担其生活费。被告希旅公司以事故发生时，原告尚未出生，属于胎儿，不是民事权利主体，不享有损害赔偿请求权，作为抗辩理由。

这里顺便介绍各国民法关于胎儿保护的三种立法主义：

其一，总括的保护主义，即就胎儿利益之保护，一般地将胎儿视为已出生。此为罗马法所采取之主义，《瑞士民法典》（第 31 条第 2 款)从之,[①]《加利福尼亚民法典》亦同(第 43.1 条)。中国台湾地区"民法"亦采此主义,其第 7 条规定:胎儿以将来非死产者为限,关于其个人利益之保护,视为既已出生。

其二,个别的保护主义,即胎儿原则上无权利能力,但于若干例外情形中视为有权利能力。法国、德国、日本均采此主义。所谓例外情形有权利能力,如依《德国民法典》第 1923 条第 2 款的规定,胎儿有继承权;依第 844 条第 2 款的规定,在扶养义务人因侵权行为致死的情形,胎儿对加害人有损害赔偿请求权。依《日本民法典》第 721 条的规定,胎儿有基于不法行为的损害赔偿请求权;依第 886 条、第 965 条的规定,胎儿有继承权、受遗赠权等。

其三,绝对主义,即绝对贯彻胎儿不具有民事权利能力的原则,依此立法主义,胎儿不具有权利能力,不得为民事权利主体。1964 年《苏俄民法典》及我国原《民法通则》属于此种立法主义。

从对胎儿利益的保护论看,第一种立法主义,将胎儿视为已出生,即胎儿作为民事权利主体,享有自然人的各项权利,属于最符合人道的进步的立法。第二种立法主义,虽不承认胎儿的权利主体资格,但在若干例外情形承认胎儿的民事权利。例如,《德国民法典》第 1923 条第 2 款规定胎儿有继承权;第 844 条第 2 款规定,

① 《瑞士民法典》第 31 条规定:(1)权利能力自出生开始,死亡结束;(2)子女,只要其出生时尚生存,出生前即具有权利能力。

在扶养义务人因侵权行为致死的情形,胎儿对加害人有损害赔偿请求权。1952 年德国联邦最高法院判决一案,被告因过失未对献血者的血液进行检验,致接受输血的母亲感染梅毒,3 年后该母亲产下一个受梅毒影响的严重残疾的孩子,德国联邦普通法院判决女婴享有损害赔偿请求权。① 第三种立法主义对胎儿的保护最为不利,属于最落后的、不人道的立法。我国原《民法通则》第 9 条(现行《民法典》总则编第 13 条)规定,自然人的民事权利能力始于出生,终于死亡。不承认胎儿有任何法律地位。如果按照原《民法通则》的规定,则本案原告不能得到任何赔偿。②

我们现在来看一审法院的判决:“本案的争点在原告黄卫是否有请求权。如果对《民法通则》第 9 条的规定作反对解释,则原告黄卫在其父死亡时尚未出生,属于胎儿,为母体之一部分,不具法律人格,故无损害赔偿请求权。法院如果作出这样的判决,显然违背社会正义。因为其父已被汽车撞死,其母已丧失劳动能力,如果被告希旅公司不承担抚养费,则原告出生就无人抚养。法庭认为,判决即使在形式上有法律条文依据,如果导致不公平、不人道的结

① 参见[德]迪特尔·梅迪库斯:《德国民法总论》,邵建东译,法律出版社 2000 年版,第 786~787 页。英美法上有所谓“错误生命”(wrongful life)的侵权行为类型,亦旨在救济出生前之损害:医师或医院因过失未于妇女孕前或孕时向其告知胎儿或有残障,致妇女基于错误之认识生下残障子女,子女得请求损害赔偿。对此行为,如由父母请求损害赔偿,则称为“错误出生”(wrongful birth)之侵权行为。

② 现行《民法典》总则编第 16 条规定:“涉及遗产继承、接受赠与等胎儿利益保护的,胎儿视为具有民事权利能力。但是,胎儿娩出时为死体的,其民事权利能力自始不存在。”

果，就难谓合法。”这一段就是法官对本案双方利害关系所作利益衡量，得出的实质判断是：原告应当受到保护，其损害赔偿请求权应当得到满足。最后依据原《民法通则》第 4 条（现行《民法典》总则编第 6 条）关于公平原则的规定，判决被告希旅公司向原告黄卫一次性支付赔偿金 23,600 元。

本案利益衡量的运用是得当的，判决结果也是正确的，但法律根据值得商榷。因为公平原则为合同法基本原则，它要求合同当事人双方在利害关系上大体平衡。本案属于侵权行为的损害赔偿，不是合同关系，不在公平原则范围之内。再者，公平原则为指导性原则，不具有直接适用的性质。这在前面已经谈到。关于胎儿的损害赔偿请求权，属于法律漏洞，似应考虑采用比较法方法或者法官直接创设规则的方法填补法律漏洞。

再举北京市海淀区法院 1997 年 3 月 15 日判决的贾某宇案。案件事实是，17 岁的少女贾某宇与父母去餐厅吃火锅，因卡式炉爆炸致面部烧伤，原告请求判决一笔精神损害赔偿金。关于精神损害赔偿，原《民法通则》仅第 120 条规定了人格权受侵害时的损害赔偿，人身伤害能否判决精神损害赔偿金，原《民法通则》没有规定。如果对原《民法通则》第 120 条作反对解释，即应驳回原告请求。被告律师正是以人身伤害的精神损害赔偿于法无据为由，要求法庭驳回原告的请求。但法院最终判决被告支付 10 万元精神损害赔偿金。

下面引判决书原文:“本案原告事故发生时尚未成年,身心发育正常,烧伤造成的片状疤痕对其容貌产生了明显的影响,并使其劳动能力部分受限,严重地妨碍了她的学习、生活和健康,除肉体痛苦外,无可置疑地给其精神造成了伴随终身的悔恨与残痛,甚至可能导致该少女心理情感、思想行为的变异,其精神受到损害是显而易见的,是较为典型和惨重的,必须给予抚慰和补偿。”判决书的这一段,就是法官所作的利益衡量,所得出的实质判断是:“必须给予抚慰和补偿。”换言之,应当认可原告的精神损害赔偿请求。本案判决的法律依据,是《消费者权益保护法》(1993 年)第 41 条关于残疾赔偿金的规定。这在前面讲体系解释方法时已经讲到。

下面介绍一个大厦转让案。案件事实是,1993 年 6 月甲公司与乙公司签订转让合同,将甲公司的一座大厦转让给乙公司,合同生效并履行后,1993 年年底至 1994 年年初我国房地产市场价格急剧下跌,乙公司向法院起诉,要求判决转让合同无效。理由是甲公司曾在 1992 年将该房地产抵押给第三人丙银行,根据原《担保法》第 49 条的规定,转让抵押标的物应当告知受让人标的物已经抵押的情况,未告知受让人的,转让行为无效。审理中,法院内部对于甲公司有无告知义务发生分歧,遂咨询专家意见。

考虑到本案大厦转让合同生效后,因房地产市场发生变化,受让人企图通过否定合同效力,将自己对市场预测失误的风险转嫁于出让人,此行为违背诚实信用原则并不利于维护市场交易安全。因此我们得出出让人甲公司应当受保护的实质判断,并通过对原《担保法》第49条作反对解释,求得裁判的法律依据。该条第1款规定:"抵押期间,抵押人转让已办理登记的抵押物的,应当通知抵押权人并告知受让人转让物已经抵押的情况;抵押人未通知抵押权人或者未告知受让人的,转让行为无效。"[①]依文义解释,已办理登记的,有告知义务。而本案抵押并未办理抵押登记。因此,采反对解释,则未办理登记的,无告知义务。据此认定转让合同有效,驳回受让人乙公司的请求。

再介绍一个大厦租赁案。甲公司有一座大厦(写字楼)出租给乙公司,双方签订租赁合同并履行,乙公司取得大厦的占有并进行转租。因发生了房地产市场的变化,乙公司仅转租了少部分房屋,大部分转租不出去。于是承租人乙公司提起仲裁,以租赁合同违反北京市关于房屋租赁应取得主管机关许可的规定为由,请求确认租赁合同无效。仲裁庭邀请三位民法教授讨论本案处理意

---

① 原《物权法》第191条规定:"抵押期间,抵押人经抵押权人同意转让抵押财产的,应当将转让所得的价款向抵押权人提前清偿债务或者提存。转让的价款超过债权数额的部分归抵押人所有,不足部分由债务人清偿。抵押期间,抵押人未经抵押权人同意,不得转让抵押财产,但受让人代为清偿债务消灭抵押权的除外。"《民法典》物权编第406条规定:"抵押期间,抵押人可以转让抵押财产。当事人另有约定的,按照其约定。抵押财产转让的,抵押权不受影响。抵押人转让抵押财产的,应当及时通知抵押权人。抵押权人能够证明抵押财产转让可能损害抵押权的,可以请求抵押人将转让所得的价款向抵押权人提前清偿债务或者提存。转让的价款超过债权数额的部分归抵押人所有,不足部分由债务人清偿。"

见。在听取案情介绍后,三位民法教授一致的意见是,应确认租赁合同有效。这是因为,结合租赁合同签订前后的市场环境对当事人双方的利害关系作利益衡量,认为承租人在房地产市场很热的情形,预测市场价格将继续走俏,大厦租到手后可以转租牟利,于是不顾尚未取得主管机关的出租许可,急于签订、履行合同。但在房地产市场发生变化致大部分房屋转租不出去的情形,承租人为了转嫁自己对市场预测失误的风险,以未取得许可为由要求确认合同无效,违背诚实信用原则。因此得出出租人应当受保护的实质判断。至于法律根据,则直接适用原《民法通则》关于诚实信用原则的规定。

下面再举一个因 1993 年年底至 1994 年年初发生的房地产市场变化所导致的房地产抵押案。案件事实是,甲公司向乙银行贷款 1000 万元,以自己所有的经评估价值为 1800 万元的房地产设定抵押担保。双方在抵押协议上约定:借款期限届满,如果甲公司不能归还借款本息,则作为抵押标的物的两处房产的所有权归抵押权人乙银行所有。这一约定,即是民法上所谓流抵押条款。借款合同到期后,借款人甲公司不能归还借款,乙银行即向法院起诉,要求根据抵押协议的约定取得该两处房产的所有权。在诉讼过程中,房地产市场发生了变化,该两处房产的市场价格下跌至 1000 万元以下。这时,原告乙银行改变诉讼请求,主张该抵押协议关于取得房产所有权的约定属于流抵押条款,违反《担保法》关于禁止流抵押条款的规定，请求法院确认抵押协议无效。二审法院判决抵押借款合同有效，原告提起申诉进入再审程序。法院内部对应否确认抵押协议无效发生分歧，遂咨询学者意见。

我对本案所作利益衡量如下：本案抵押借款合同签订时，作为抵押物的两处房产估价 1800 万元，所担保贷款仅 1000 万元，而原告居然与对方当事人商定在抵押协议中写上“期满抵押人无力还款时，抵押物产权即归抵押权人所有，抵押权人有权处理抵押物，拍卖或租赁其价值无论高低与抵押人无关”之约款，并于对方当事人于合同期满未能归还贷款时，即向法院起诉要求按照上述约款取得抵押财产的所有权。只是因为在诉讼期间房地产市场发生变化，作为抵押物的两处房产价值下跌，致使原告获得不当利益之目的不能实现时，原告方才改变立场，主张上述约款因违反《民法通则》第 59 条关于显失公平的规定*而应无效。

由此可以得出如下实质判断：作为有发放贷款特权的原告，利用当时《民法通则》关于流抵押约款未设禁止性规定的法律漏洞，利用对方当事人急需资金之不利情事，凭借自己掌握信贷资金之优势地位，迫使对方当事人接受流抵押约款，企图通过强制执行该流抵押约款获取不正当利益。而当房地产市场发生变化后，则改变立场主张该约款违反原《民法通则》第 59 条关于显失

* 现规定于《民法典》总则编第 151 条。

公平的规定而应无效，将因自己对房地产市场发展趋势判断失误所致的市场风险损失转嫁给对方当事人。此举显然有悖于原《民法通则》第4条所规定的诚实信用原则。而对方当事人于订立合同时不可能预见房地产市场将发生这一变化，因急需资金而将自己所有的价值超过借款金额悬殊的房产设定抵押并被迫接受流抵押约款，使自己承担重大损失。两相比较，应保护对方当事人，不应使原告转嫁风险的企图得逞，否则不足以维护实质正义和法律秩序。

我对本案提出的法律意见是：本案流抵押约款违反公平原则，构成《民法通则》第59条所谓"显失公平"的法律行为；而依据该条的规定，显失公平的法律行为，唯有受不利益的一方有撤销权，且撤销权的除斥期间为1年。既然原告无撤销权，且1年除斥期间已经届满，该抵押协议效力则已经确定。因此，终审法院判决抵押借款合同有效，被告不能归还借款时由原告取得抵押物的所有权，难谓不当。

现在我们来看恒生电脑案。案件事实是，1997年8月1日王某以其所在公司的名义购买一台恒生笔记本电脑，1998年4月该电脑开始出现故障，6月2日送修时被告知须付7300元修理费，双方就售后服务发生争执。1998年6月9日，王某在互联网上发布题为"买恒生上大当"的文章。7月2日消费者协会通知王某：恒生答应修理。但王某与恒生联系时被告知必须先道歉。7月3日王某在网上发布《势不低头》一文，并申请个人主页，建立“声讨恒生维护消费者权益”网站，后改名为“IT315，诉说你的心酸事”。短短的时间内，有数千人浏览。7 月 28 日《生活时报》以“消费者网上诉纠纷，商家 E-mail 律师函”为题进行了报道，8 月 10 日《微电脑世界周刊》以《谁之过？——一段恒生笔记本的公案》一文作追踪报道。1998 年 9 月 7 日，恒生集团起诉王某和《生活时报》《微电脑世界周刊》侵犯名誉权，索赔 240 万元。1999 年 12 月 15 日，北京市海淀区法院作出一审判决，认定侵权行为成立，判决王某向原告支付赔偿金 50 万元，《生活时报》和《微电脑世界周刊》支付 240，356.8 元，并责令三被告刊登道歉声明。[①]

这一判决作出后，在社会上产生强烈反响，引起热烈讨论。我认为，本案不仅涉及消费者利益与企业利益冲突的衡量，也涉及个人行使权利的界限及如何建立互联网上的法律秩序问题。王某在网上发布题为“买恒生上大当”的文章，与在普通媒体（如报刊）上发表文章，并无本质区别，只要内容属实，即使有损于企业的商誉，亦应属于正当行使对经销者批评监督的权利，不应构成侵权责任。但是，任何正当权利的行使均有其合理界限，权利行使超越此合理界限，致他人遭受重大损害的，即构成权利滥用。禁止权利滥用（现行《民法典》总则编第 132 条）为现代法治国家的一项基本原则。王某在互联网建立“声讨恒生维护消费

① 参见《恒生电脑案余波未平》，载《中华读书报》2000 年 3 月 8 日，第 5 版。

者权益”网站,显然超越权利行使的合理界限,构成权利滥用。再者,考虑到我国法律为消费者行使权利提供了各种途径,如再允许任何人以维护消费者权益为由在互联网开设针对某个具体的企业和个人的网站,不仅将使所针对的企业或个人遭受重大损害,且严重违背建立健康、有序、正常的网络秩序的目的,有害于社会公共秩序和善良风俗之维持。因此,对原告恒生电脑公司的利益应当保护。

但恒生电脑公司未履行产品质量保证责任和维修义务致被告消费者遭受损害,是导致被告不当行使权利的起因,因此对损害的发生也有过错,如不使其承担一定责任,将不利于消费者权益之保护。本案裁判应当兼顾双方正当利益,划定正当行使权利的界限。当时可建议上诉审法院变更裁判理由,仅认定王某开设针对原告的网站的行为超越权利行使的合理界限,构成权利滥用,并考虑原告未履行销售者根据法律和合同应尽的质量保证责任和维修义务,导致发生被告的过激行为,应认定原告对损害的发生也有过错,适用原《民法通则》第131条过失相抵规则,判决责令王某撤销网站,并发表道歉声明以消除影响,免于承担金钱赔偿责任。

至于《生活时报》和《微电脑世界周刊》发表报道文章,关系新闻自由和人民了解权,如果内容基本属实,应不构成侵权行为。后来,我们看到二审判决虽然未免除被告的金钱赔偿责任,但将一审判决的赔偿金 50 万元改为 9 万元，显然适用了过失相抵规则。①

现在介绍前面已经讲到的“泥人张”案。本案有两个问题：一个是死者姓名是否受法律保护，这决定本案是否应被受理。前面讲类推适用时谈到，鉴于死者姓名与死者名誉最为类似，因此采类推适用方法，类推适用《最高人民法院关于审理侵害名誉权纠纷案件的解释》所确立的侵害死者名誉的规则。另一个问题是：被告天津泥人张彩塑工作室使用“泥人张”这一死者艺名是否构成侵权？

我们先看一审法院判决书原文：“泥人张彩塑自张明山创立以来已近百年，‘泥人张’这一称号对特定彩塑作品的生产、销售过程中，有着宣传正宗作品及作品质量优良的作用，使用‘泥人张’这一称号会给使用者带来经济利益，‘泥人张’这一称号在泥人张彩塑近百年的发展过程中已具有了无形资产的一般性质，又与泥塑创作行业不可分割，故其权利的继受主体应为张明山后代中从事泥塑创作的亲属。但‘泥人张’彩塑艺术在濒于灭绝的时候，由于我国地方政府投入了相当的财力和被告天津‘泥人张’彩塑工作室的具体扶植，才使该艺术得以存在和发展，进而也增加了‘泥

① 一审法院依据原《民法通则》第 120 条，对本案作出如下判决：(1) 王某停止侵害、赔礼道歉；(2) 王某赔偿恒生集团经济损失 50 万元；(3) 服务公司刊登道歉声明；(4) 服务公司赔偿恒生集团经济损失 240, 356. 8 元；(5)《生活时报》社刊登道歉声明；(6)《生活时报》社赔偿恒生集团 240, 356. 8 元经济损失。二审法院判决：(1) 维持一审判决(1)(3)(5)项；(2) 撤销一审判决(4)(6)项；(3) 变更一审判决(2)项为：王某赔偿北京恒生集团经济损失 9 万元。

人张'这一无形资产的价值。"

这一段显然是法官所作的利益衡量,特别指出"泥人张"彩塑艺术在濒于灭绝的时候,是地方政府投入相当的财力组建了被告天津泥人张彩塑工作室,寻访因长年战乱而流散的艺人,给他们提供创作条件,帮他们招收徒弟,抢救了濒于灭绝的"泥人张"彩塑,进而使之得到发展。进行了这样的利益衡量,法官已经作出了对本案的实质判断,这就是被告应当受保护。判决书接下来写道:"因此,被告天津'泥人张'彩塑工作室和原告中从事'泥人张'彩塑创作的人员,应为'泥人张'这一无形资产的共同共有人,享有同等的权利。"

我们看到,法官直接从利益衡量得出的实质判断作出判决:因为被告对"泥人张"彩塑艺术进行了抢救、扶植和发展工作,因此判决被告为"泥人张"这一无形资产的共同共有人。这个判决是否正确?是否合乎情理?假设某人看见路边一所房屋已经陈旧破败,他马上到劳动市场找一个施工队,到建筑材料市场购买一批材料,让施工队用这些材料对那所破房子进行改造、翻新、装修,完工后他兴冲冲地到房地产登记机关,请求登记为共同共有人。房地产登记机关会给他登记吗?当然不会。可见本案一审判决中,前面法官所作利益衡量及实质判断是正确的,但后面的判决结果是错误的。错误的原因在于,它违背了利益衡量论的规则:实质判断加上法律根据。法官在作出实质判断后,没有找到使这一实质判断合法化的法律根据，便直接从实质判断得出判决，因此铸成错判。

在一审法官作出的实质判断基础上，能不能找到法律根据？可以找到。下面是我为本案提供的法律根据：第一，被告天津泥人张彩塑工作室使用泥人张这一死者艺名，是经过天津市委宣传部批准的，具有程序上的合法性。因此，不属于非法使用。第二，被告天津泥人张彩塑工作室使用"泥人张"这一死者艺名时，有张明山五代内直系血亲张景禧、张铭、张镇、张乃英等人在被告单位内工作或担任领导职务，应当视为被告使用"泥人张"这一名称得到了张明山五代内直系血亲的"同意"。第三，原告等在被告单位工作时既已同意其使用，在离开被告单位后却指控被告非法使用"泥人张"这一名称，要求追究其侵权责任，显然违背诚实信用原则。基于上述三条法律根据，即可得出判决：被告天津泥人张彩塑工作室使用"泥人张"这一死者艺名不构成侵权行为。既然判决被告不构成侵权，被告当然可以继续使用"泥人张"艺名。没有必要像一审判决那样去确认被告对这一无形资产具有什么共有人的权利，那样做也不符合程序法。

最后强调一点，利益衡量得出实质判断后，一定要找到法律根据，不能直接从实质判断得出判决，仍然是从法律规则得出判决，即须遵循前面讲的裁判的逻辑公式。

附录1　如何理解法律概念

法律既是一套规范体系,也是一套概念体系。法律规范的适用范围、构成要件和法律效果,都是通过法律概念来表述的。因此,要正确适用法律规范,就必须先正确理解、掌握这些法律概念。只有正确理解、掌握每一个法律概念的含义,才能够正确理解和掌握法律规范,才能够正确适用法律规范。

前面已经讲到,法律思维的本质特征在于规范性,法律思维是规范性的思维,现在我们将进一步看到,因为法律的概念性,决定了法律思维就是运用法律概念进行的思维。一旦离开了法律概念,就难以进行法律思维,就难以裁判案件。裁判实践表明,法院作出的判决是否正确,往往取决于法官对某个关键法律概念的理解是否正确。应当如何正确理解法律概念?我在这里提出几个要点,供同志们参考。

第一个要点:凡法律上规定了定义的法律概念,应当严格按照法律定义理解。

例如,《产品质量法》第 41 条规定:“因产品存在缺陷造成人身、缺陷产品以外的其他财产(以下简称他人财产)损害的,生产者应当承担赔偿责任。”什么是“产品”? 该法第 2 条规定,本法所称“产品”,是指“经过加工、制作,用于销售的产品”。在大多数情形,判断是否属于“产品”比较容易,但有时就会遇到问题。

例如,审理输血感染艾滋病的案件,关键就在于,输血用的血液是不是“产品”? 如果认为输血用的血液是“产品”,就应当适用《产品质量法》第 41 条关于无过错责任的规定;如果认为输血用的血液不是“产品”,当然就不能适用《产品质量法》的规定,不能追究无过错责任,而应当适用当时的《民法通则》第 106 条第 2 款关于过错侵权责任的规定。[①]

考虑到输血用的血液不是加工制作的,是健康人的肌体自然产生的,同时血液也不用于销售,患者是否需要输血由医院决定,患者支付一定费用,这个费用不是商品的价格。因此,河南省南阳市中级人民法院审理输血感染艾滋病的案件时,就认定输血用的血液不是“产品”,不适用《产品质量法》关于无过错责任的规定,

① 原《民法通则》已失效,现应当适用《民法典》侵权责任编第 1165 条第 1 款关于过错责任的规定。值得特别注意的是,为方便受害患者求偿,《民法典》侵权责任编第 1223 条规定,因输入不合格血液造成患者受害的情形,患者可以向血液提供机构请求赔偿,也可以向医疗机构请求赔偿。患者向医疗机构请求赔偿的,医疗机构赔偿后,有权向负有责任的血液提供机构追偿。

而是适用原《民法通则》第106条第2款关于过错责任的规定，最后认定医院没有过错，判决医院不承担责任，认定血站有过错，判决血站承担赔偿责任。

第二个要点：对于法律上未定义的法律概念，可以权威教科书上的定义作为理解该法律概念的根据。

例如，青岛宏源祥纺织有限公司诉（聊城）印染有限公司取回权确认纠纷案，关键的法律概念"占有改定"，在当时的《物权法》上没有定义。二审法院判决书写道："所谓占有改定，是指让与人与受让人达成动产物权变动协议后，依照当事人之间订立的合同，仍然继续占有该动产使受让人因此取得间接占有，以代替现实交付。"显然是参考了物权法教科书上的定义。①

第三个要点：如果法律辞书和教科书也没有为某个法律概念下定义，我们可以参考产生该项概念的专业和行业的定义。

这里举一个担保纠纷案为例。甲公司同意为乙公司"流动资金"贷款提供担保，后乙公司将借款用于支付到期债务，甲公司以超出担保范围为由，诉请解除担保合同。本案的关键是如何理解"流动资金"概念。

判决书写道："流动资金系相对固定资产而言的企业资产，包

① 参见《最高人民法院公报》2012年第4期（总第186期），第46～48页。

括企业用于支付工资、购买原材料、偿付债务等的现金款项。”甲公司同意为乙公司“流动资金”借款提供担保，乙公司将借款用于支付到期债务，并未超出甲公司的担保范围。结果是判决甲公司败诉。[①] 显而易见，审理本案的法官，对流动资金概念的理解，参考了企业管理行业的定义。

第四个要点：对于法律上未定义的法律概念，应当以法律目的作为理解解释的依据。

例如，马士基（中国）航运有限公司及其厦门分公司与厦门瀛海实业发展有限公司、中国厦门外轮代理有限公司国际海上货运代理经营权损害赔偿纠纷再审案。关键在于如何理解“公共运输”概念。最高人民法院民事裁定书［（2010）民提字第213号］指出：公共运输履行为社会公众提供运输服务的社会职能，具有公益性、垄断性等特征。为维护社会公众利益，《合同法》* 第289条规定：“从事公共运输的承运人不得拒绝旅客、托运人通常、合理的运输要求。”国际海上集装箱班轮运输是服务于国际贸易的商事经营活动，不属于公用事业，不具有公益性，也不具有垄断性，故不属于公共运输。托运人或者其货运代理人请求从事国际海上集装箱班轮运输的承运人承担强制缔约义务，没有法理根据，应予驳回。[②]

---

① 参见最高人民法院民事判决书，（2007）民二终字第33号。

* 已失效。

② 参见《最高人民法院公报》2011年第10期（总第180期），第36～43页。

第五个要点：在采用法律外其他专业、行业的定义时，不得违背法律目的及社会生活经验。

这里举一个韩国20世纪70年代的刑事案件。被告人没有医生资格，为他人做隆鼻手术失败，涉嫌非法行医罪被起诉。按照《韩国医疗法》的规定，没有医生资格的人实施医疗行为，构成本罪。本案涉及的一个关键法律概念，就是“医疗行为”。法律并未规定“医疗行为”的定义。究竟什么是“医疗行为”？一审法官采用了医学上的定义，即“医疗行为”是“以预防及治疗疾病为目的”的行为。

一审判决书写道：隆鼻手术等美容手术，与以预防及治疗疾病为目的的医疗行为相似。但不能把美容手术行为认定为医疗行为。因为美容手术仅仅以美容为目的，而与预防及治疗疾病无关。我们看到，一审法官严格按照医学上的含义，将“医疗行为”理解为“以预防以及治疗疾病为目的的行为”，认定隆鼻手术等美容手术并不是医疗行为，因此判决被告不构成犯罪。

二审法官首先分析韩国法律规定非法行医罪的立法目的。判决书指出，医疗行为与人的生命、身体、健康密切相关，因此要求医生具有高度的专业知识和经验，而隆鼻手术等美容手术同样与人的生命、身体密切相关，具有同样的危险。法律的目的是禁止没有医生资格的人实施医疗行为，造成对人的生命、身体和健康的严重损害，而没有医生资格、不具有医学专业知识和经验的人实施美容手术,同样会造成对他人生命、身体、健康的严重危害。因此,根据《韩国医疗法》第25条规定的非法行医罪的立法目的,应将被告实施的美容手术纳入“医疗行为”概念。

二审法官还特别指出,法官在审判案件中解释“医疗行为”概念时,必须考虑医疗科学的发展和社会生活经验。二审判决书写道:考虑到本案发生当时的情形,韩国许多医院都已开设美容门诊、施行美容手术,医学院校纷纷开设整容外科专业,医学界已经成立整容外科医生协会。因此把被告所做的隆鼻手术行为纳入“医疗行为”概念是适当的。最后,参与二审的全体法官一致同意撤销一审判决,改判被告构成犯罪。

第六个要点:须特别注意,因法律背景和历史条件的改变,对同一个法律概念,应作不同的理解。任何法律概念,均有其存在的法律背景和历史条件,亦即解释学上所谓的“语境”。法律背景和历史条件发生了质的改变,也就是“语境”改变了,对该法律概念的理解当然要相应改变。例如,“承租人优先购买权”概念就是如此。

1988年,《最高人民法院关于贯彻执行〈中华人民共和国民法通则〉若干问题的意见(试行)》*第118条规定:“出租人出卖出租房屋,应提前三个月通知承租人,承租人在同等条件下,享有优先购买权;出租人未按此规定出卖房屋的,承租人可以请求人民法院

* 已失效。

宣告该房屋买卖无效。”此项司法解释的理由，是在当时特定历史条件下，存在城镇住房短缺、住房紧张的严重社会问题，出租人一旦出卖出租房屋，承租人将很难再租到房屋，因此将此项承租人优先购买权解释为物权性权利，对承租人予以特殊保护。

1993 年起草统一合同法时，在第 230 条规定了房屋承租人的优先购买权，出租人出卖租赁房屋应先通知承租人，承租人有以同等条件优先购买的权利。但此项承租人优先购买权，是否具有对抗租赁房屋买受人的效力，亦即究竟是债权性权利还是物权性权利？对此，合同法没有规定，而是留给将来的物权法规定。

物权法的起草始于 1998 年。当时，已经基本实现从单一公有制的计划经济体制向社会主义市场经济体制的转轨，社会主义市场经济已经有相当的发展。物权法起草人认为，在社会主义市场经济条件之下，财产所有权上的限制应当愈少愈好。如果限制太多，这个人有优先购买权，那个人有优先购买权，就会限制市场交易、妨害交易安全。鉴于长期实行的公房制度已经废止，国家推行住宅商品化政策已经取得很大成效，城镇住房短缺、住房紧张的现象已不存在，《合同法》第 229 条规定的买卖不破租赁规则已足以保护承租人，物权法没有必要规定物权性的优先购买权。

《物权法》* 生效后，由于《物权法》不承认物权性的优先购买

* 现已失效。

权,《合同法》第230条规定的房屋承租人优先购买权就只能是一种法定债权,不具有对抗租赁房屋买受人的效力。同时,1988年《最高人民法院关于贯彻执行〈中华人民共和国民法通则〉若干问题的意见(试行)》第118条当然被废止。我们注意到,《最高人民法院关于审理城镇房屋租赁合同纠纷案件具体应用法律若干问题的解释》(法释〔2009〕11号)*第21条规定,“出租人出卖租赁房屋未在合理期限内通知承租人”,“承租人请求出租人承担赔偿责任的,人民法院应予支持。但请求确认出租人与第三人签订的房屋买卖合同无效的,人民法院不予支持”。此项解释,将承租人优先购买权理解为法定债权,不具有对抗第三人的效力,是完全正确的。

(本文摘自讲稿《怎样进行法律思维》)

* 已被修改。

附录2　请求权基础与抗辩

我在此前的讲课中，均按照教科书讲法官“找法”，即审理案件的法官在查清案情之后，要从现行法中寻找可以用来作为裁判依据的法律规范。现在看来，这样讲“找法”似乎不准确。裁判实践中，原告向人民法院起诉时，通常在其起诉状中已经就裁判本案所应适用的法律规范提出建议，特别在有律师代理的案件中更是如此。审理案件的法官无须自己去“找法”，原告律师已经“代劳”。法官只需判断原告律师所建议的法律规范是否适当。这里介绍原告方如何“找法”及被告方如何进行抗辩。

律师代理案件，在接受了当事人的委托之后，首先当然要弄清楚本案的事实并为在法庭上证明本案事实准备各种证据，然后就要从现行法律法规中找到本案应当适用的法律规范，并建议审理本案的法官采用这一法律规范，作为裁判本案的裁判基准。此项法律规范，理论上称为请求权基础。

请注意分析具体案件的两种方法。一是法律关系分析方法,又称历史的分析方法。这是我们习惯采用的分析方法。简言之,例如违约责任之诉,从双方当事人第一次接触开始,沿着时间的顺序,什么时候开始谈判,什么时候达成协议,什么时候签订合同书,合同什么时候生效,什么时候开始履行,等等。二是王泽鉴先生所提倡的请求权基础与抗辩的分析方法。其要点是,先考察现行法上有哪些法律规范可以作为本案诉求的请求权基础,然后分析被告方面针对每一个请求权基础可能主张的抗辩和抗辩权,最后从各个请求权基础中确定一个最为有利的请求权基础。

以诉请损害赔偿的合同纠纷案件为例,合同法上的损害赔偿请求权基础有:

违约责任赔偿请求权(原《合同法》第107条;现行《民法典》合同编第577条);瑕疵担保责任赔偿请求权(原《合同法》第111~112条;现行《民法典》合同编第582~583条);合同解除后的赔偿请求权(原《合同法》第97条;现行《民法典》合同编第566条);违反后契约义务赔偿请求权(原《合同法》第92条;现行《民法典》合同编第558条);合同无效、被撤销后的赔偿请求权(原《合同法》第58条;现行《民法典》总则编第157条);缔约过失责任赔偿请求权(原《合同法》第42~43条;现行《民法典》合同编第500~501条)。还须注意违约责任赔偿请求权可能与侵权责任赔偿请求权发生竞合(原《合同法》第122条;现行《民法典》总则编

第 186 条）。

原告如果选择违约责任赔偿请求权，被告方面可能主张以下抗辩（权）：

合同不成立抗辩（原《合同法》第 25 条、第 32 条；现行《民法典》合同编第 483 条、第 490 条）；合同未生效抗辩（原《合同法》第 44 条；现行《民法典》合同编第 502 条第 1 款）；合同无效的抗辩（原《合同法》第 52 条；现行《民法典》总则编第 144 条、第 146 条、第 153 条、第 154 条）；合同已撤销的抗辩（原《合同法》第 54 条；现行《民法典》总则编第 147 条至第 151 条）；合同已解除的抗辩（原《合同法》第 91 条第 2 项；现行《民法典》合同编第 562 条、第 563 条）；合同已履行的抗辩（原《合同法》第 91 条第 1 项；现行《民法典》合同编第 557 条第 1 项）；合同债务已抵销的抗辩（原《合同法》第 99 条；现行《民法典》合同编第 568 条）。

同时履行抗辩权（原《合同法》第 66 条；现行《民法典》合同编第 525 条）；后履行抗辩权（原《合同法》第 67 条；现行《民法典》合同编第 526 条）；不安抗辩权（原《合同法》第 68 条、第 69 条；现行《民法典》合同编第 527 条、第 528 条）；诉讼时效经过的抗辩（原《民法通则》第 135 条；现行《民法典》总则编第 188 条）；不可抗力免责抗辩（原《合同法》第 117 条；现行《民法典》合同编第 590 条）；损失扩大的抗辩（原《合同法》第 119 条；现行《民法典》合同编第 591 条）；违约金过高的抗辩（原《合同法》第 114 条第 2 款；

现行《民法典》合同编第 585 条第 2 款）；不可预见规则抗辩（原《合同法》第 113 条第 1 款末句；现行《民法典》合同编第 584 条后半句）。

原告方代理律师应仔细分析本案在法律上有哪些请求权基础，比较各个请求权基础的构成要件和法律效果，并设想对方可能针对各个请求权基础主张哪些抗辩，然后选择最有利、最容易成功的请求权基础。

被告方律师撰写答辩状、在庭审中进行抗辩，所针对的目标，就是原告方所提出的作为其请求权基础的那个“法律规范”。下面对被告可能主张的抗辩作一个分类，并介绍其大致的顺序。

被告方律师首先应当考虑“适用范围抗辩”，即主张本案事实不符合原告方提出的“法律规范”的“适用范围”。例如，针对原告以原《合同法》第 107 条（《民法典》合同编第 577 条）为请求权基础的违约责任赔偿诉讼，主张合同不成立、合同未生效、合同无效、合同已撤销、合同已解除、合同已履行、合同债务已抵销，均属于“适用范围抗辩”；又如，针对原告以《消费者权益保护法》（1993 年）第 49 条（2013 年修正后，见第 55 条第 1 款）为请求权基础的双倍赔偿*的消费者诉讼，主张原告购买商品不是为了“生活消费的需要”；再如，针对原告以《产品质量法》第 41 条为请求权基础

* 2013 年已改为四倍赔偿。

的产品责任诉讼，主张“不属于产品”，亦属于“适用范围抗辩”。如果抗辩成功，法庭将驳回原告方的“诉讼请求”。

其次应考虑“构成要件抗辩”，即主张本案事实不符合该“法律规范”的“构成要件”。例如，在违约责任诉讼中主张不构成违约；在瑕疵担保责任诉讼中主张标的物质量合格（无瑕疵），主张买受人未在约定的或者合理的检验期间内发异议通知；在过错侵权诉讼中主张“无过错”“不存在因果关系”；在侵犯名誉权诉讼中，主张所传播的事实“基本真实”，主张“未造成原告社会评价降低”；在请求双倍赔偿的诉讼中，主张“不构成欺诈行为”；在产品责任诉讼中，主张“产品无缺陷”等，均属于“构成要件抗辩”。如经审查认为抗辩理由成立，法庭将认定本案事实不符合“法律规范”的构成要件，并作出原告败诉、被告胜诉的判决。

再次应考虑“免责抗辩”，即主张被告有“免除责任”的正当理由。例如，主张“诉讼时效经过”，主张“不可抗力免责”，主张合同有“免责条款”，以及主张有“法定免责事由”等，属于“免责抗辩”。如果抗辩成功，法庭将判决被告不承担责任。

最后还应当考虑“减轻责任的抗辩”，即主张被告有减轻责任的正当理由。例如，主张“受害人有过失”“监护人有过失”，主张合同约定的“违约金过高”，主张原告未及时采取措施避免“损失扩大”，在违约责任诉讼中主张“不可预见规则”等，属于“减轻责任抗辩”。如果抗辩成功，法庭将判决减轻被告的赔偿责任。

需特别说明的是，主张“适用范围抗辩”和“构成要件抗辩”，是以“事实”作为“抗辩理由”，法庭有主动审查的义务，即使被告未主张“适用范围抗辩”“构成要件抗辩”，法庭亦应主动审查本案是否符合该法律规范的适用范围，是否具备该法律规范的构成要件。如果法庭疏于审查，将构成适用法律错误，是上诉审或者再审撤销原判的理由。①

而主张“免责抗辩”和“减责抗辩”，则是用另一个“法律规范”作为“抗辩理由”，法庭无主动审查义务，如被告未予主张，法庭将视为“放弃权利”而不予审查。有免责事由或者减责事由，被告在一审未主张免责抗辩或减责抗辩，一审判决被告承担全部责任，不构成适用法律错误。一审未主张免责抗辩或减责抗辩，将被视为放弃权利，此后在上诉审和再审中将不得再行主张。

补注：如对本文所谓“请求权基础”概念，拘泥于“请求权”一词之文义，可能误认为“请求权基础与抗辩”分析方法，仅适用于给付之诉（请求权行使之诉），而对于确认之诉、形成之诉则无适用可能。实则，此项分析方法，对于确认之诉、形成之诉和给付之诉，均可适用。故此所谓“请求权基础”，包括确认权基础、形成权

① 我所谓“适用范围抗辩”，王泽鉴先生称为“权利障碍的抗辩”；我所谓“构成要件抗辩”，王泽鉴先生称为“权利毁灭的抗辩”。王泽鉴先生指出，权利障碍的抗辩和权利毁灭的抗辩，属于诉讼上的抗辩，效力在于使原告的请求权归于消灭，在诉讼进行中当事人纵未提出，法庭亦应进行审查，如认为有抗辩事由存在，应依职权作出有利于被告之裁判。参见王泽鉴：《民法思维》，北京大学出版社2009年版，第135页。

基础和(给付)请求权基础。但在形成之诉(撤销权、解除权行使之诉)和确认之诉(权利归属确认权行使之诉、法律行为效力确认之诉、解除行为效力确认之诉)中,被告方仅可进行所谓适用范围抗辩和构成要件抗辩,而无进行所谓免除责任抗辩、减轻责任抗辩之可能。这是由确认之诉和形成之诉的标的性质所决定的。唯给付之诉(请求权行使之诉),被告不仅可以进行所谓适用范围抗辩和构成要件抗辩,还可以进行所谓免除责任抗辩和减轻责任抗辩。是故,请求权基础与抗辩分析方法,对于给付之诉最为常用且最具实用价值。

(本文摘自讲稿《怎样进行法律思维》)

附录3　法庭的审查权

法庭的审查权,来源于法庭的裁判权。裁判权自然包含审查权在内。法庭的审查权,既区别于法庭事实认定,又不同于法律适用,是一项独立的法庭职权。此项审查权,在属于给付之诉的违约责任案件审理中最为常用和重要。审查什么?审查合同(法律行为)的有效性,审查合同(法律行为)的条款(内容)的有效性。法庭对于任何合同(法律行为)以及任何合同(法律行为)的约定条款都有权审查。下面先讲法庭审查合同(法律行为)的有效性。

(一)审查合同有效性

对于每一个合同案件都必须审查合同的有效性吗?不是。原被告双方对合同的有效性没有争议的,法庭原则上不必要审查。原告以追究违约责任起诉,被告以不违约答辩,说明双方对合同的成立、有效没有异议,原则上法庭不用审查合同的有效性,直接审查违约不违约就行了。当事人对于合同的成立、有效有异议,一方说合同有效，另一方说合同无效（或者未成立、未生效），或者一方说合同因违法而无效，另一方说合同不违法、有效，法庭就必须审查合同的有效性。在当事人关于合同的效力有异议的情形，法庭是基于当事人的主张（请求）行使审查权。请特别注意，还存在一种情形：无论原被告双方对于合同效力是否存在争议、是否请求法庭进行审查，法庭都应依职权对合同的有效性进行审查。法庭依职权审查合同的有效性，其前提条件是，法庭注意到本案合同存在（损害国家利益、社会公共利益、违反强制性规定或者公序良俗的）可能性。易言之，只要法庭注意到或者怀疑合同存在违法无效的可能性，法庭就必须依职权进行审查。

法庭依职权审查合同的有效性，源于法院维护国家利益和社会公共利益的职责。法院不仅是当事人之间民事争议的裁判者，而且也是国家利益和社会公共利益的维护者。于所审理的合同有损害国家利益和社会公共利益的可能的情形，法庭必须依职权审查合同的有效性，确认内容或者目的损害国家利益、社会公共利益的合同无效。其审查的法律根据（标准），是《民法总则》* 第146条关于虚伪表示无效的规定、第153条关于违反强制性规定的民事法律行为无效的规定、第154条关于恶意串通的民事法律行为无效的规定。这是法庭依职权审查的法律根据及审查的标准。这里对法庭依职权审查合同的有效性举两个例子。

---

* 《民法总则》已失效，现可参见《民法典》总则编。

第一个例子是虚假借款案。实务中将虚假借款案称为虚假诉讼,实际是虚假借款的诉讼。虚假借款合同属于《民法典》总则编第146条规定的虚伪表示。虚伪表示,就是假合同、假民事法律行为。当事人虚伪表示的目的,是规避公法上的义务、规避私法上的义务,也有的是规避程序上的义务。所以说,虚伪表示通常有违法目的,但也有一些虚伪表示没有违法目的。原《合同法》第52条的规定是"以合法形式掩盖非法目的"。用来掩盖非法目的的合法形式,就是虚伪表示。有的虚伪表示(合法形式)所掩盖的真实行为(隐藏行为)并不违法,很难说是掩盖非法目的。

举例来说,为规避抵押登记即执行抵押权的程序,以房屋买卖合同代替抵押合同。买卖合同是假的,实际是借款合同的借款人用房屋作为担保。这样的虚伪表示(假买卖合同),没有什么违法目的,只是要规避抵押登记和执行程序手续。但多数虚伪表示有其违法目的。例如,所谓阴阳合同,同一合同关系签两份合同书,一份金额小、另一份金额大。金额小的合同用来向税务机关交税,规避税法义务,是假合同、虚伪表示;实际履行的是金额大的合同,是真合同、隐藏行为。或者签假的买卖合同,将自己的财产转让给他人,规避法院的强制执行、损害债权人的利益。这样的虚伪表示(假的买卖合同),并不是掩盖非法目的,而是要实现非法目的。总之,虚伪表示(假合同)必定有其目的,多数情形是违法目的。

回到虚假借款的案例。张三借1000万元给李四,王五提供保证担保。1000 万元到了李四的账上,当天就划到赵六的账户;过了几天又从赵六的账户转到了吴七的账户上,吴七又把这 1000 万元转回了张三的账户。你看这 1000 万元绕了一个圈,回到张三的账户。关键还在于,李四到赵六,赵六到吴七,既不是购物也不是还债,而是没有对价的“空转”。可见张三借这 1000 万元给李四,是虚假借款合同,当事人的目的是什么?刚才说虚伪表示一定有其目的。这个虚假借款合同当事人的目的,是损害保证人。其实保证人王五与张三、李四、赵六、吴七,也是关联公司,关键问题是王五签订保证合同之后,将公司全部股份转让给了刘八。刘八当然也不是傻瓜,在签订受让全部股份的合同的时候,与王五签了一个协议,明确约定受让人(刘八)对于受让之前(该公司)的一切债务和担保不承担责任。他心想这样就万无一失了。哪知道张三将借款人李四和保证人刘八作为共同被告起诉到法院,法庭判决保证人刘八与借款人李四承担连带责任。刘八与王五之间签订的不承担责任的协议,属于内部协议,不具有对抗第三人的效力。虚假借款的真实案例见过不少,本案最为典型。

法庭审理借款合同纠纷案件,一定不能仅凭借条、划款凭证或者双方均声称是真实意思表示的合同书,就确认借款合同的真实性、合法性和有效性,一定要查资金的来源去向。是否真的有这笔资金在当事人之间划转?是否真的到了借款人的账户?查到这里还不够,还必须查借款人将这笔金额划到哪里去了,是用来清偿之前的旧债,还是用来购买原材料。关键是借款人将这笔金额划到别人的账户究竟有没有对价?仅查借款金额的去向还不行,一定要查这个资金的去向有没有对价。如果本案中的借款人李四将这1000万元用来清偿其欠银行的债务,或者拿去支付购房、购物的价款,即可认定本案合同是真实的借款合同。如前所述,这1000万元从张三账户汇入李四账户,当天就划给赵六,再经过吴七账户,很快又回到张三账户,完全是“空转”,他们是关联企业(有限责任公司),他们的老板精心设计这样一个虚假借款合同,目的是要整那个收购了王五企业全部股份的刘八。这是一个虚假行为。它掩盖什么,它没有掩盖什么,目的就是损害后来的保证人。本案的教训是,法庭审查借款合同的有效性,不仅审查合同是不是双方真实的意思表示、是否有真实的资金划转,还必须审查借款资金的去向,关键是有没有对价。

再讲一个虚假行为的例子。一段时间以来有个很普遍的现象,国有企业有钱,不能借给民企,民企缺少资金不能向国企借。于是民企找两家(甚至四家)国企当中间环节,签借款合同不行,那就签订买卖合同。甲公司(国企)提供资金,丙公司(民企)使用资金,乙公司(国企)和丁公司(国企)充当中间环节(行话叫“通道”),然后签订四份买卖合同,形成循环买卖。最高人民法院称此为闭合式循环买卖。形式是买卖合同,甲向乙购买、乙向丙购买、丙向丁购买、丁向甲购买。标的物是同一批货物(实际并不存在)，价款都是1000万元。形式是买卖合同，实质是借款合同；甲是出借人，丙是借款人，乙和丁是帮忙的、借款资金的通道，收一点手续费。四家公司、四份买卖合同（甚至有六家公司、六份买卖合同），构成一个买卖合同的循环。为什么认定是假的买卖合同、虚伪表示？因为买卖标的物（货物）是虚构的，并不存在。实际上是用买卖合同掩盖借款合同。

国有资产监督管理委员会《融资性贸易法律纠纷案件处理提示函》（法规函〔2017〕98号）将上述行为称为"融资性贸易"，名为贸易，实为融资。提示函建议，对于这样的案件一定不要死抠合同关系，因为买卖合同是假的，建议法院将实际用款人、资金提供人和参与的各方都列为案件当事人一并审理，由实际用款人承担还款责任，通道方承担与他们的过错、所收取手续费相应的责任。提示函揭示了此类虚假买卖合同纠纷案件的融资（借款合同）本质。

最高人民法院2018年民再318号案件的判决书中，将该行为称为"闭合性循环贸易"。本案涉及六家公司、六份买卖合同，构成闭合性循环贸易。判决书指出，涉案的货物并不存在，各方并无实际取得货物所有权的意思，已构成无实物交易的闭合式循环买卖关系。判决书认定买卖合同是虚假表示，是无效的，但所掩盖之下的借款合同是隐藏行为，因不违反强制性规定而应当认定为有效。本案原审拘泥于合同关系的相对性、死抠买卖合同关系，判决通道方承担责任；最高人民法院再审撤销原判，发回重审。

最高人民法院2018年民终786号案件的判决书当中说，当事人之间形成了自买自卖、循环贸易，低价卖出、高价买进，不符合商业逻辑，没有真实的货物流转，各方明知买卖合同关系非真实，买卖合同是用来掩盖借款的伪装行为，应依法认定为无效。虚假的买卖合同所掩盖的真实借款合同有效。

法庭认定闭合性循环买卖掩盖融资并不困难。因为借款人丙公司还不了借款本息，出借人甲公司(其与丙公司之间并没有签借款合同书)必定以买卖合同供方违约为由，起诉(通道方)乙公司，被告乙公司必定以不是真实买卖合同(实际是借款合同，借款人为丙公司)为由进行抗辩。法庭只需依职权将参与循环买卖的各方纳入诉讼，即可查明真相并作出公正判决。

(二)审查合同条款有效性

法庭在审查合同有效性、确认合同有效之后，还应当进一步审查合同条款(合同内容)的有效性。按照社会生活经验，总会有一些当事人利用其经济实力上的优势地位、相对方的急需或者缺乏经验，滥用合同自由原则，在合同中规定不公正的条款，借以获取不正当利益，损害相对方利益。故不得以合同有效性审查代替合同条款有效性审查。法庭审查合同条款有效性，既可以依当事人一方的请求进行，也可以不待当事人请求而依职权进行。按照现代民法思想，当事人的意思自治(合同自由)并不是无限制的，对于滥用合同自由，意图损害相对方当事人合法利益的合同条款(合同内容),法庭有权进行干预并否定其效力。

1. 巨额违约金

所谓巨额违约金,是指按照合同约定计算出来的违约金数额,不仅超过因违约所造成的损失,而且超过合同履行对方可能取得的利益,甚至超过合同总金额若干倍。巨额违约金通常是针对迟延履行约定的违约金(《民法典》合同编第 585 条第 3 款)。这样的违约金,实际上是当事人一方利用其经济上的优势地位,滥用合同自由,企图获取不正当的利益,当然违背民法公平原则(《民法典》总则编第 6 条)和诚信原则(《民法典》总则编第 7 条),并非体现对方当事人的真实意思。因此,法庭不应当拘泥于最高人民法院关于违约金调整的解释规则,①即使违约方(被告)在一审中未主张调解调整或者在被告缺席的情形,法庭应当依职权进行审查,经审查认定构成巨额违约金的,即依职权认定其违约金条款无效。法庭认定巨额违约金条款无效的法律依据,如果是格式合同,则为《民法典》合同编第 497 条第 2 项关于提供格式条款一方不合理地

① 中国合同法上的违约金,分为赔偿性违约金(原《合同法》第 114 条第 1 款;现行《民法典》合同编第 585 条第 1 款)与惩罚性违约金(原《合同法》第 114 条第 3 款;现行《民法典》合同编第 585 条第 3 款)。违约金调整规则(原《合同法》第 114 条第 2 款;现行《民法典》合同编第 585 条第 2 款)针对的是前款规定的赔偿性违约金,而非针对后款规定的惩罚性违约金。按照逻辑解释,该违约金调整规则(原《合同法》第 114 条第 2 款;现行《民法典》合同编第 585 条第 2 款)及最高人民法院所作解释,其适用范围不包括惩罚性违约金。故惩罚性违约金,于违约未造成实际损失情形亦应当适用,并可不受最高人民法院关于 30% 的限制,但构成“巨额违约金”的,法庭应当否定其效力。

“加重对方责任、限制对方主要权利”的格式条款无效的规则；如果不是格式合同条款，则直接依据《民法典》总则编第 7 条诚实信用原则，认定该巨额违约金条款无效。在法庭依职权认定违约金条款无效之后，允许原告依据《民法典》合同编第 584 条主张违约损害赔偿。原告主张违约损害赔偿，应当证明违约造成的损失额（包括可得利益损失），自不待言。

2. 轻微违约解除合同

鉴于社会生活和市场经济的不确定性，当事人订立合同所欲实现的目的未必总能如愿以偿。当合同目的确定不能实现（目的落空）时，如果订立合同时即已经预见将来可能发生目的不能实现的情况，通过在合同中约定解除权的事由，即可使当事人通过行使约定解除权从目的确定不能实现的合同关系中脱身，而尽量避免或者减少所遭受的损失。

原《合同法》第 93 条第 2 款原文是“约定一方解除合同的条件”，《民法典》合同编第 562 条第 2 款改为“约定一方解除合同的事由”，并将“条件成就”改为“事由发生”。这显然是为了避免与合同“附解除条件”（《民法典》总则编第 158 条）中的所谓“条件”发生混淆。所谓“条件”，指将来是否发生不确定的客观情况。但此“解除合同的事由”，既包括“将来是否发生不确定的客观情况”，也可以包括将来当事人一方的违约行为。质言之，此“事由”一词的文义比“条件”宽泛，包括将来是否发生不确定的客观情况

（同“条件”）和一方的违约行为（主观情况）。

实务中的一个问题是，当事人可否约定“轻微的违约”甚至“微不足道的违约”作为约定解除权的“事由”？所谓“轻微违约”，是指不构成根本违约的违约行为。“根本违约”（fundamental breach），或称“重大的契约违反”，本属于英美法上的概念，后为《联合国国际货物销售合同公约》第25条所采纳，进而对其他国家和地区的立法及学说产生不同程度的影响。我国原《涉外经济合同法》第29条、原《合同法》第94条参考公约和英美法，以根本违约为解除权发生原因。《民法典》合同编坚持既有立场，强调解除权的发生须属根本违约，轻微违约不许解除合同。按照诚实信用原则，“轻微违约，视为不违约”。在立法例上，《德国民法典》第323条第5款明确规定，“违约并非重大时不得解除合同”。《国际商事合同通则》第71.5条第4项规定，如果属于“轻微违约”，则不适用本条第3项关于解除合同的规定。因此，如当事人约定“轻微违约”甚至“微不足道的违约”作为“一方解除合同的事由”（约定解除权的“事由”），则法庭应当根据诚信原则（《民法典》总则编第7条）确认该约定无效。

3. 债务人的原因解除保证合同

保证合同属于主合同（借款合同）的从合同，但实务中保证合同往往附带在主合同（借款合同）上，作为主合同的一个条款（保证条款）。有这样的案件：当事人在保证条款（保证合同）中约定了解除权，内容是，如果债务人（借款人）提供了虚假信息，则保证人有权解除保证合同（不承担保证责任）。这就是以债务人的行为作为保证合同的约定解除权的事由。

保证合同是保证人与债权人（银行）之间的合同。债务人与保证人之间是委托合同关系。债务人是保证人一方的，保证人替债务人向银行的借款提供担保。实际上是三个合同：借款合同（主合同）；保证合同（从合同）；委托合同（保证合同的前提，与主合同无关）。按照合同相对性原则（《民法典》合同编第 465 条第 2 款），三个合同的法律效力（拘束力）范围是不同的。借款合同（主合同），仅拘束债权人（银行）和债务人（借款人）；保证合同（从合同），仅拘束债权人（银行）和保证人；委托合同，仅拘束债务人（借款人）和保证人。因此，债务人（借款人）提供虚假信息，债权人（银行）可以据此解除借款合同，保证人可以据此解除委托合同，但保证人无权据此解除保证合同。质言之，债务人的原因，只能够解除保证人与债务人之间的委托合同，绝对不能解除保证人与债权人之间的保证合同。

保证人从保证合同中获得解脱的唯一原因（事由），是债权人（出借人）的欺诈（《民法典》总则编第 148 条）或者债权人与债务人共同实施的欺诈（《民法典》总则编第 149 条），即所谓“骗保”。实务中有这样的案件，债权人与债务人之间签订虚假借款合同，而保证人受骗为之提供担保。我在前面讲法庭对合同进行合法性审查时,举的第一个案例,就是典型的"骗保",保证人可以依据《民法典》总则编第 148 条或者第 149 条的规定行使撤销权,撤销保证合同。

概言之,因债务人的原因,保证人可以解除委托合同,不能解除保证合同。委托合同解除后,保证合同的法律效力不受影响、依旧拘束保证人和债权人(出借人)双方,保证人依旧必须对债权人承担保证责任。顺便指出,委托合同解除后,保证人对债权人承担保证责任之后,其与债务人之间属于无因管理关系,可以依据《民法典》合同编第 979 条关于无因管理的规定向债务人追偿。

4."背靠背"条款

所谓"背靠背"条款,是在建设工程合同实务中,承包人与分包人之间的建设工程施工分包合同,约定总承包人从发包人(建设方、开发商)处收到工程款时,才履行对分包人支付工程款的义务。换言之,以(总包合同的)发包人向承包人支付工程款,作为承包人履行(分包合同的)工程款支付义务的条件。这一约定,即"背靠背"条款。"背靠背"条款是国际工程分包的惯例,它的英文叫"pay when paid"。

请特别注意,不可将"背靠背"条款混同于《民法典》总则编第 158 条规定的民事法律行为"附条件"、第 160 条规定的民事法律行为"附期限"。"背靠背"条款不是对包含"背靠背"条款的建设工程分包合同(民事法律行为)效力的限制,只是对分包合同支付工程款义务履行时间的限制，即《民法典》合同编第470条第6项关于“履行期限”的约定。如果是“pay if paid”，就成了关于“履行条件”的约定，而支付工程款义务是不允许“附条件”的。[①]

裁判实务中如何对待“背靠背”条款？请看《北京市高级人民法院关于审理建设工程施工合同纠纷案件若干疑难问题的解答》（京高法发〔2012〕245号）第22条：“……分包合同中约定待总包人与发包人进行结算且发包人支付工程款后，总包人再向分包人支付工程款的，该约定有效。因总包人拖延结算或怠于行使其到期债权致使分包人不能及时取得工程款，分包人要求总包人支付欠付工程款的，应予支持……”可见，北京高院的意见是，“背靠背”条款原则上有效，但因承包人拖延结算或者怠于行使（请求发包人支付工程款的）到期债权致使分包人不能及时取得工程款的，该“背靠背”条款无效。北京高院此项规定弥补了合同法法律漏洞，兼顾了当事人意思自治与发包人合法权益的保护，且易于操作，代表法院裁判“背靠背”条款的既定立场，值得肯定。

5. 对赌条款

所谓对赌条款，亦称对赌协议，英文是“valuation adjustment mechanism”，直译为估值调整机制。什么叫估值调整机制？收购某

① 如分包合同约定以发包人向承包人支付工程款作为承包人向分包人履行支付工程款义务的条件（pay if paid），法庭应当依据《民法典》合同编第497条第3项规定，或者依据《民法典》总则编第7条关于诚信原则的规定，依职权认定该条款无效。

公司的股权,没有办法准确评定该公司的市值,只能估计一个数额(估值),以作为计算股价的基础。例如,以目标公司当时的总资产(如2亿元)为基础上浮若干倍(如5倍)得出估值(10亿元),即以10亿元除以股份总数,得出每股的股价。但万一收购目标公司之后,发现它的市值不足10亿元(估值)怎么办?于是收购方与转让方在股权转让合同中设立一个调整条款(对赌条款)。对赌条款,包含对赌条件与估值调整金两部分。例如,约定收购目标公司后的第一个年度(有的是3个年度)公司净盈利指标是8000万元,此年净盈利8000万元,即是对赌条件;再约定,如年度实际盈利不足该指标(8000万元),则转让方应当向收购方支付一笔估值调整金。以盈利指标(8000万元)与实际盈利额(如7500万元)之间的差额(500万元)乘以计算目标公司估值时上浮的同样倍数(500%),得出转让方应当支付的估值调整金(2500万元)。约定"对赌条件+估值调整金(计算方法)"的合同条款,就是对赌条款(估值调整机制)。

对赌条款,即估值调整机制,为国外公司收购的行业惯例做法,但传入中国后很快发生了变异,变成了两种不同的类型。第一种类型,是原来意义上的对赌条款,即:对赌条件+估值调整金(计算方法)。实务中,"估值调整金"往往被写作"补偿金"。① 对赌条款被

① 将"估值调整金"写作"补偿金",容易被法庭解释为"违约金",并适用违约金调整规则(《民法典》合同编第585条第2款),对股权收购方显然不利。此前有这样的地方法院判决。

规定在股权转让合同当中。所谓对赌，是收购方与转让方（目标公司的大股东）对赌，“对赌条件+估值调整金”。这是第一种类型，是本来意义上的对赌条款。

第二种类型，是对赌条款的变形：对赌条件+回购协议（条款）。同样是在股权转让合同上约定一个“对赌条件”，但此对赌条件是不可能实现的，于是再加上一个“回购协议”。如约定：自（股权转让）合同签订之日起一年之内目标公司须在香港证交所挂牌上市，如果此一年期间届满目标公司未能在香港证交所挂牌上市，则由转让方回购所转让的全部股权。此回购条款，形式上符合约定解除权规则（《民法典》合同编第562条第2款）。同时另外签订一份回购协议，约定回购的价格、分期、回购时间、支付方式等。请特别注意，目标公司为有限责任公司，要达成对赌条件，须先改组为股份有限公司，而改组为股份有限公司必须符合《公司法》规定的各项条件和程序；改组为股份有限公司之后，一年之内要达到在证交所挂牌上市的各项条件、履行各项程序，是绝对不可能的。由此可见，当事人的真实意思并不在此，实际上是用股权转让加回购实现融资（借款）的目的。股权转让合同是用来规避金融管制的虚伪表示，实质是融资（隐藏行为）。

这是第二种类型，约定一个绝无实现可能的“对赌条件”，加上回购条款（协议），形式上符合《民法典》合同编第562条第2款关于约定解除权的规定，实际上是融资（借款），不是真正的（本来意义的）对赌条款。在最高人民法院关于民间借贷的司法解释下达之前，各地法院对于“对赌条件＋回购”案件的裁判立场是，一律认定为无效。[①] 最高人民法院关于民间借贷的司法解释实施后，法院的裁判立场有所调整，股权转让合同仍旧被视为虚伪表示、被认定无效，但所掩盖的融资（借款）合同则被认定有效。[②]

现在回过头来谈第一种类型，即真正的（本来意义的）对赌条款。举最高人民法院2012年民提字11号案为例，该案判决结果是：（1）确认股权收购方与出让方（大股东）之间的对赌有效，理由之一是不损害目标公司利益、公司债权人利益，理由之二是不违反法律禁止性规定；（2）确认收购方与目标公司之间的对赌无效，理由是损害目标公司的利益、公司债权人利益。这个案件的判决，确定了法院关于对赌条款的裁判立场：收购方与目标公司对赌无效，收购方与目标公司大股东对赌有效。

下面再介绍最高人民法院2016年民再字128号案。此案件，对于收购方（投资方）与目标公司之间的对赌，一审、二审判决均认定无效；对于收购方（投资方）与（目标公司）大股东之间的对赌，一审、二审判决均认定有效。问题在于，收购方与目标公司大

① 确认转让合同（对赌条件加回购协议）无效之后，再依据关于合同无效后的法律后果的规定（原《合同法》第58条）判决出让方返还价款（本金），依银行同期利率计算损失额，由双方按过错程度分担损失。

② 但利率（包括约定的利息、违约金、赔偿金）不得超过民间借贷司法解释对年利率的限制。

股东约定对赌条款之后，目标公司与大股东签订了一个担保条款，由目标公司对大股东提供担保。大股东按照与收购方的对赌，如应对收购方承担责任（支付估值调整金），则目标公司对此提供担保。一审、二审判决均认定目标公司对大股东的担保无效。但再审判决，却认定目标公司对大股东的担保有效，判决书列举了三项理由：一是经过股东会决议（《公司法》第16条第2款）；二是有利于目标公司自身的经营发展；三是不损害公司、其他股东及债权人利益。可见，再审判决不仅认定投资人（收购方）与大股东的对赌有效，而且进一步认定目标公司对大股东的担保有效。这是现今法院关于对赌条款的裁判立场。

现在简单小结一下。关于真正的对赌条款，中国法院认可国际公司并购之此项惯例，认定投资人（收购方）与目标公司大股东的对赌有效；目标公司对大股东提供担保在符合《公司法》第16条第2款规定的情形也有效；投资人（收购方）与目标公司的对赌无效。至于"对赌+回购"，不是真正的对赌，实际上是以股权转让合同掩盖融资，现今法院的裁判立场是：股权转让合同（属于虚伪表示）无效，其所掩盖的融资（借款合同），按照最高人民法院民间借贷司法解释处理。

法庭的审查权，主要是在合同纠纷案件审判中，法庭对合同有效性的审查和对合同条款有效性的审查，过去没有受到重视。法庭的审查权包含在法庭行使的裁判权当中，既区别于法庭对于案件事实的认定,又不同于法律适用。利用这个机会给同志们做了介绍,供同志们参考。

（本文摘自讲座录音整理稿《民事裁判的若干问题》）

附录4　法律思维与学习方法

今天来最高人民法院青年法官论坛做讲座，深感荣幸。今天在座的主要是青年法官，我想利用这个机会与大家讨论法官的法律思维和学习方法问题。多年来，我经常应邀到各地人民法院做讲座，有的讲座采取直接讨论法律问题的方式。可以说，我的法律知识中有相当一部分，来源于与法官的交流和对话。我对人民法院有特别的感情，对人民法院的工作也有一些思考，今天利用这个机会与大家交流。我没有特别准备讲稿，简单拟了一个提纲。

一、法官的法律思维

关于什么是法律思维，这里不再详述。法律人的特殊思维方式，叫作法律思维。法律思维的本质特征是，严格按照法律条文进行判断。很多人可以纳入法律人的范畴，如法官、检察官、律师、法学教授、仲裁员、企业法务人员，等等。其中，法官、律师是法律人的典型。需注意，法官进行法律思维，与律师进行法律思维肯定有所不同。法官的法律思维与法学教授的法律思维也有差别。根本原因在于,法官执掌裁判权,其法律思维的特殊性是由法官的特殊身份决定的。

法官的法律思维的目的是公正裁判。与律师和法学教授的法律思维比较,法官的法律思维首先是目的不同。律师从事法律思维的目的,是依法保护委托人的合法权益。法学教授的法律思维,目的是探求法理,其在课堂上分析案例或者撰写论文研究案例,主要目的在于探求法律上的理论,研讨判决是否正确及其理由。法官不是站在当事人一方,也不是要探讨法律理论,法官的法律思维的目的是公正裁决案件。

法官进行法律思维,其目的在于公正裁决案件,这是法官的特殊身份决定的。十八届四中全会《中共中央关于全面推进依法治国若干重大问题的决定》特别要求"公正司法""每一个案件都要体现公正"。我认为这一提法非常正确,触及了法官法律思维的本质。这一提法是科学的,有其重要的历史意义和实践意义。法官裁判案件会有各种解释意见和裁判方案,这些解释意见和裁判方案可能都有其理由,法官最终采纳哪一种解释意见、哪一个裁判方案,必须以达成公正裁决为唯一判断标准。所有的解释意见、裁判方案,都必须接受公正性检验,只有符合公正性、能够达成公正裁决的意见和方案,才是正确的和应当采取的。

法律生活与社会生活很难有绝对的真理。法学界讨论法律问题，往往有不同观点，各种观点都可能有其道理，但无论有什么样的道理，最后都必须服从公正这一判断标准。如果不能达成公正的裁决，则那些道理都是假的，都是错的。法官进行法律思维，必须坚持以公正性为最终的判断标准，简称公正性标准。反过来，我们衡量一个已经做出的判决，或者评价法官，也必须坚持以公正为判断标准。这一点在我们多年的实践中没有得到始终一贯的强调，有时偏离了这个标准。

这里特别要谈谈关于判决书的说理问题。现在不少观点强调判决一定要加强说理，甚至以说理作为评判判决的标准。在 20 世纪 90 年代末期，学界就曾提出这个问题。法官在判决中当然要说理，但是否应以是否说理及说理是否充分作为评判案件判决甚至作为评价法官的标准呢？对此存在争议。我当时就认为，裁判目的是公正，即使说理不够充分，仍然是公正的判决。宪法要求我们法官进行公正裁判，并没有要求我们法官一定要说理，不要将法官混同于理论工作者和政治思想工作者。应当认识到，要通过判决书说服当事人、说服社会，有时是很困难的。法官不是理论工作者和政治思想工作者，法官的职责就是公正裁决案件。

应当看到，在我们的法官队伍中，很多法官很正直，非常公正，却不擅长说理，撰写一份说理充分的判决有困难。这样的法官是大多数。我到各地法院做讲座，都明确表示不赞成强调裁判说理。因为，对绝大多数案件来说，立法者已经将道理说清楚了，我们法官依法判决就可以了。需要法官说理的案件通常是特殊的案件，主要有两种情形：一是事实认定。一些复杂案件事实的查明证据较多，法官采纳什么证据，不采纳什么证据，应当说明理由。法官进行案件事实认定，在证据采信方面要适当说理。二是法律适用。在遇到法律规定不明确、不清晰的时候，需要通过解释予以明晰、进行扩张或者限缩，对于法律没有具体规定的案件，需要适用诚信原则或者根据立法目的补充法律漏洞，这种情形就应当适当说理。

对于裁判说理，要冷静看待。只能要求适当说理，不应当要求充分说理。说理说得越多，往往出现瑕疵，容易被人抓住把柄。“言多必失”，这是社会生活经验。一段时间强调说理，一些法官的判决书写得很长，就像写法学论文，甚至嫌不够，还要在判决书之后再附上所谓“法官寄语”。有的判决本来是公正的，就因为说理太多出现瑕疵，被当事人抓住把柄到处上访。这是有教训的。

如何评价判决，进而如何评价法官，应当始终坚持公正性标准。说理只是附带的。认定事实清楚，引用法条准确，就是一个好的判决。实际上，好多情形是无须说理的，如“欠债还钱”，有什么道理好讲？引导法官提高理论水平包括中文写作水平、判决书写作水平，我是赞成的。但首先是裁判公正，其次才是判决书写得好不好。

法官的人格和理性是公正的最终保障。因此最高人民法院特别强调法官队伍的建设。我今天不谈法官的人格，主要谈法官的理性。法官的理性,包括法律专业基础,熟练进行法律思维,掌握各种解释方法,丰富的社会生活经验、裁判经验。判决书的撰写和是否擅长说理,当然也属于法官的理性方面。

二、法官法律思维中的被动性与主动性

法官法律思维的特征在于,在某个范围内法官是被动的,在另外的范围内法官是主动的。简单表述为法官的被动性和主动性。这是由法官的特殊身份决定的,因为法官是裁判权执掌者,这一特殊身份决定了法官法律思维的特殊性,即法官在进行法律思维时,既有被动性的一面,也有主动性的一面。这与律师的法律思维、法学教授的法律思维是不同的。对于哪些事项法官应当被动,对于哪些事项法官应当主动,界限在什么地方,我们对此要有清楚的认识,做到该主动的要主动,该被动的要被动。下面先谈被动性。

(一)法官的被动性

第一,法官受"诉"的限制。原告之"诉"限制了法官,简单说就是原告诉什么,法官就审什么。人家不告,法院无从受理案件。这是法官和法院工作的被动性一面。

有一个问题需要讨论:涉及共同被告的时候,存在原告告谁、不告谁的问题。过去我们法院常依职权增列共同被告,近年来慢慢在改变。共同侵权是连带责任,但受害人只起诉共同侵权人中的一人,现在法院已经很少依职权增列共同被告,大多是进行释

明。在法官释明提示原告之后，如果原告仍然坚持只告其中一个而不告另外一个，则应尊重原告的意愿，视为原告放弃对另一个共同侵权人的请求权。如果没有这个共同被告，案件也可以查清楚，法庭应当只判本案被告承担其在共同责任中应分担的责任份额。如果因为没有增列某一个共同侵权人，导致案件事实查不清楚，法官就要判决当事人败诉。因此法官在释明时，应提示原告因缺乏共同被告查不清案件事实可能导致的法律后果。

第二，法官释明的界限。什么事项可以释明，什么事项不可以释明？究竟是释明权，还是释明义务？学术界和实务界对此存在争论。所谓释明，是指法官在法庭审理中，认为当事人的诉讼请求、事实陈述、证据资料和法律认知存在模糊、瑕疵和疏漏时，通过发问或者告知，以提示当事人予以澄清或者补充的诉讼行为。[①] 释明的范围，限于诉讼关系的事实方面和法律方面，而不涉及当事人的权利。如当事人陈述事实关系模糊不清、证据不充分，法庭应提示其澄清并补充证据；当事人对于某项法律规定的理解错误，法庭应进行解释，使之准确理解法律规定；当事人主张的法律关系性质或者民事法律行为的效力，与法庭根据案件事实作出的认定不一致，以及当事人诉讼请求的标的属于不可强制执行的，法庭应告

---

① 关于法官（法庭）释明，究竟属于权利（释明权）抑或属于义务（释明义务），学界多有分歧。考虑到裁判实践经验，法庭应当释明而未予释明致案件事实不清或者事实认定错误，二审法院撤销原判、发回重审，仍以事实不清或者事实认定错误为由，而非以法庭应当释明而未予释明为由。可见，认为释明属于权利（职权）而非义务是正确的。

知当事人可以变更诉讼请求;在法律规定的请求权竞合(侵权责任与违约责任竞合)情形,法庭应提示当事人明确其请求权基础,是依据民法典合同编的规定追究违约责任,抑或依据侵权责任编的规定追究侵权责任。至于当事人依据法律规定主张免责、主张减轻责任,属于其权利行使,不在释明的范围内。当事人依据法律规定有权主张免责或者减轻责任却未予主张,法庭不得予以提示,应视为当事人放弃权利。

第三,由谁"找法"?适用哪个法律条文裁判本案,应当由原告决定。过去的教科书中讲"法官找法",即法官在初步查清案情之后,要寻找本案应适用的法律条文。但在审判实践中,原告起诉状中已经提出了本案应当适用的法律条文。过去的教科书说是法官"找法",审判实践告诉我们是原告和原告的代理人"找法"。这一点,我也是经过好多年才悟出的。法官的职责只是判断原告找的法条是否适当。

原告诉状中所建议法庭适用的法律条文,在现今法律理论上称为"请求权基础",就是支撑其请求权的法律根据。法官的职责是判断原告的请求权基础亦即所建议的法律条文是否适当。怎样判断?不是法官自己进行研究,而是看被告对此是否抗辩以及如何抗辩。如果被告不抗辩,原告提出根据《合同法》* 第几条追究

* 已失效。此处为保留作者2014年的讲稿原貌而未予修订(下同),请读者留意。

违约责任,被告对此不抗辩或者不否认违约,法官就据此认为原告提出的法律条文是适当的,进而适用该条文裁判本案。如果被告对此进行抗辩,法官就应当审查被告的抗辩理由是否成立。如果经审查认为被告的抗辩理由成立,当然不应适用原告建议的条文;如果经审查认为被告的抗辩理由不成立,当然就要适用原告建议的法律条文。

被告的抗辩,通常可以分为适用范围抗辩、构成要件抗辩、免除责任抗辩和减轻责任抗辩。适用范围抗辩和构成要件抗辩,属于事实的抗辩。这两种抗辩都在讲本案事实,而查清本案事实是法庭的职责,对于适用范围抗辩和构成要件抗辩,即使被告不主张抗辩,法庭也要进行审查,因此法官对于被告是否主张抗辩可以进行释明。

免除责任抗辩、减轻责任抗辩,是被告用另一个法律规范对抗原告的请求。该法律规范的实质是赋予被告主张免除责任、减轻责任的权利。因此,免除责任抗辩和减轻责任抗辩,属于权利的抗辩,被告有处分权。如果被告不抗辩,法官不应释明。例如,诉讼时效期限届满发生被告的抗辩权,被告可以要求免除责任。对于这两种抗辩,法官不能进行释明,也不应主动审查。这是请求权基础问题。法官只是判断原告建议的法律规范是否适当,判断的方法是看被告是否抗辩及审查其抗辩理由是否成立。

(二)法官的主动性

法官在审判中并不是无所作为的。法官主动性的范围如何?下面介绍对于哪些问题或者事项,我们的法官应当主动审查。

第一,关于事实认定。案件事实的认定是法院的职责。法官在认定案件事实时要注意几个要点:

一是分配举证责任。事实认定要根据证据,法官要认定案件事实,对本案当事人承担举证责任有分配的权限,应当根据双方当事人掌握信息资料的具体情况,分配举证责任。例如,关于是否付款的事实的认定,应当让付款方(债务人)承担举证责任,不能让接受付款方(债权人)承担举证责任。因为,按照社会生活经验,如果是现金付款,付款方手里有对方出具的收据;如果是通过银行支付,付款方手里必定有银行的付款凭条。关于是否交货的事实的认定,要让交货方承担举证责任。因为按照社会生活经验,如果已经交货,交货方手里必定有买受人或者买受人的代理人或者买方指定的承运人出具的收货凭据。应当注意,法官应当根据案件当事人掌握信息资料的具体情况,在当事人间分配举证责任。举证责任是多年来困扰法官的问题,举证责任的承担不是固定不变的,举证责任的承担不能排除法官的活动,法官有分配举证责任的主动权。

二是举证责任转换。法官不仅有权决定举证责任的负担,而且在案件审理的过程中,有权决定举证责任的转换。“谁主张,谁举证”的举证责任原则,不是僵化的、绝对的。不是所有的事实都要求原告举证,也不是都要求达到充分证明的程度。例如,当事人主张已经付款,拿出银行划款的凭条就可以了,虽然仅根据该划款凭条达不到充分证明的程度。此时,如果对方争执说没有收到款项,则法官应当责令对方承担否定付款事实的举证责任。这涉及事实抗辩,法官应当要求抗辩方就抗辩所依据的事实举证。原告提出证据证明某项事实存在,虽然达不到充分证明的程度,但法官应当转而要求被告就该项事实的不存在承担举证责任。举证责任转换,是法官认定事实的灵活手段。

三是法官直接认定案件事实。对于某些案件事实,法官不应当要求当事人举证,而是自己依据社会生活经验予以认定。这叫“经验法则”,或者“日常生活经验的推定”。另外,对有的案件事实,法律明文规定了判断标准,法官应当根据法律规定的标准予以认定。例如,根据《侵权责任法》第55条关于说明义务和取得书面同意的规定,如果没有说明、没有取得患者方面的书面同意,法官即应认定医疗机构有过错。* 根据《侵权责任法》第57条**,医疗机构如果未尽到与当时的医疗水平相应的注意义务,法庭即应认

* 原《侵权责任法》已失效,现行《民法典》侵权责任编第1219条将“说明”改为“具体说明”,将“书面同意”改为“明确同意”。

** 见《民法典》侵权责任编第1221条。

定其具有过错。如果不知道本案具体情形——“当时的医疗水平”,则可以委托权威专家鉴定,实际上是由权威专家告诉法庭“与当时的医疗水平相应的注意义务”是什么,再由法庭认定医疗机构是否有过错。还有,按照《侵权责任法》第58条*关于不可推翻的过错推定的规定,如果具有本条规定的三种情形之一,法庭就应当直接认定被告医疗机构存在过错。

第二,法官对合同有效性的审查。20世纪八九十年代,在法院合同纠纷案件的判决书中,几乎都有一段关于合同是否有效的判断,如“本合同是双方当事人真实意思表示,不违反法律规定,应当认定有效”。我当时就提出意见:双方当事人对合同的成立、生效没有争议,为什么要审查合同的成立、生效呢?并不是所有的合同纠纷案件都要审查合同的成立、生效。原告起诉追究被告的违约责任,如果被告抗辩说自己不违约,则表明双方对合同的成立和生效没有争议,争议在于被告是否违约,法庭应当审查被告是否违约,而不应当去审查合同的成立、生效。如果被告抗辩说没有合同、合同未成立或者合同无效,则法庭须判断原被告之间是否存在有效的合同关系,这种情形才需要审查合同是否成立、是否生效。

是否对于所有的案件法官都不主动审查合同效力呢?当然不是。合同是否属于法律规定的无效合同,法官应当主动进行审查。

---

* 见《民法典》侵权责任编第1222条。

例如,《合同法》第 51 条规定的无权处分他人财产的合同、第 52 条规定的无效合同*、第 53 条规定的免责条款无效**,无论当事人是否主张,法庭都应主动审查。法律上规定合同无效,限于损害国家利益、公共利益和第三人利益的情形,法庭应当主动审查。因为维护国家利益、社会公共利益和第三人利益,属于法院的职责。在法律理论上,上述条文属于法律强制性规定,法庭须依职权予以适用。此外,《合同法》第 39 条、第 40 条和第 41 条格式合同条款的规制规则,***也属于强制性规定。规制格式合同条款,属于国家保护消费者的特别制度,即使当事人不主张,法官也要主动审查。

第三,对合同内容公正性的审查。法庭对于任何合同、合同条款和约定,都有进行公正性审查的职权。合同法规定的合同自由,是有限制的、在法律规定范围内的自由,不允许滥用合同自由损害国家利益、公共利益、对方当事人利益和第三人利益。因此,法庭对合同内容是否公正有主动进行审查的职权,任何合同、合同条款和约定都必须接受公正性审查。

例如,合同约定了巨额违约金,约定的违约金超过合同总金额,甚至超过若干倍。《合同法》第 114 条第 2 款****规定,违约方

---

* 《民法典》合同编不再单独规定合同无效的情形,而是直接适用总则编第 146、153、154 条规定的一般规则。

** 见《民法典》合同编第 506 条。

*** 见《民法典》合同编第 496、497、498 条。

**** 见《民法典》合同编第 585 条第 2 款。

可以请求法院予以调整；如果被告缺席审判，或者被告未以抗辩方式请求法院调整，则法庭应当对违约金约定进行公正性审查，并依据《合同法》第 40 条或者第 6 条否定其效力。

再如，合同约定“无论出现什么情形的违约，哪怕是轻微违约，都有权解除合同”。法官如何对待这种条款？《合同法》第 94 条* 将法定解除限定为根本违约及一般违约导致合同落空的情形。《合同法》不允许一方随意解除合同，损害对方的合法利益。轻微违约不能解除合同，是诚实信用原则的要求。因此，法庭应主动适用第 6 条诚信原则，否定该项约款的效力。

还有这样的情形：合同约定，以债务人一方的第三人的行为，作为债务人履行义务的条件，或者作为合同解除的条件。如购房合同约定，如果购房人自己的债务人向购房人支付款项，购房人才向出售方支付房款；商品房预售合同约定，如施工单位不能按时竣工则预售方有权解除合同。这种约定的实质是，由当事人自己决定是否履行义务、将自己一方的风险转嫁给对方，剥夺对方的合同权利，显然违背公平原则和诚信原则。对于这样的合同约定和约款，法官应当主动审查其是否公正。经审查认为不公正的，如果属于格式合同，应适用《合同法》第 40 条否定其效力；如果不是格式合同，则应适用第 6 条诚实信用原则否定其效力。

---

* 见《民法典》合同编第 563 条。

第四,关于规避行为和虚假行为。法官应当主动审查本案合同是否属于规避行为和虚假行为。规避行为和虚假行为,都是双方串通的,当事人自己不会主张其无效,法庭应当主动进行审查。这类合同往往违反社会生活经验,违背常情、常理。凡是反常的案件和奇怪的案件,大抵属于规避行为和虚假行为。例如,标的额一亿多元的股权转让合同,以“合同签署之日起一年之内目标公司在港交所挂牌上市”为合同解除条件。不说在港交所,即使在上交所、深交所上市,一年之内也绝难做到。双方当事人同时签订一份股权转让合同和一份回购协议,也是反常的,属于规避金融管制的行为。

20 世纪 90 年代末出现不少反常案件、奇怪案件。例如,借款合同纠纷案件,出借人是典当行,借款人是银行,典当行要求法院判决银行归还借款。实际上是典当行违法收当承兑汇票,将所收当的承兑汇票交给被告某银行营业部,由该银行营业部出具借款凭据(约定借款金额、还款期限、违约金等),然后将汇票交给地下钱庄,由地下钱庄向该银行营业部付款,地下钱庄再持汇票到承兑银行承兑。原告典当行和被告银行营业部提交给法庭的借款合同,是虚伪表示。被掩盖的典当行、银行营业部、地下钱庄之间“串汇票”的违法行为,属于隐藏行为。现实中存在规避行为、虚假行为甚至虚假诉讼,法官不要轻信当事人提供的材料和陈述,凡是可疑、反常、奇怪的案件,当事人提供的材料往往是假的。为稳妥起见，我们至少不要匆忙判决。

第五，关于法律漏洞填补。法律不可能完美无缺，总会遇到现行法没有具体规定的案件。这种情形称为法律漏洞。对这种情形，法官应当运用各种漏洞补充方法，填补法律漏洞，裁判法律没有规定的案件。常用的补充方法有适用习惯法、类推适用、目的性扩张或者限缩、反对解释以及直接适用诚信原则。运用各种方法填补法律漏洞、裁判法律上没有具体规定的案件，体现了法官的主动性。裁判实践中已经有好多成功的经验。

例如，《人民司法》2011 年第 12 期刊登的（2010）青民二商终字第 562 号民事判决：解除权人未行使解除权，经过 5 年时间，致相对人有正当理由信赖其将不再行使解除权时，依据诚信原则，不允许其再行使解除权。再如，最高人民法院（2008）民二终字第 135 号民事判决书中指出：债务人有多个普通债权人，在债务人已陷入支付危机、濒临破产、其财产已经不足以清偿全部债务的情况下，债务人与其中一个债权人恶意串通，将其全部或者部分财产抵押给该债权人，导致其降低或者丧失履行其他债务的能力，侵害其他债权人的合法利益，应依据诚实信用原则，认定这种事后抵押无效。前一判决创设“权利失效”规则，后一判决创设“事后抵押无效”规则，体现了法官的主动性和创造性，具有重大意义。

第六，行使自由裁量权。民法中有好多法律条文授予法官自由裁量权。例如,《侵权责任法》第 9 条第 2 款*规定,教唆帮助未成年人的,应该承担相应的侵权责任。是什么性质的侵权责任?全部责任还是部分责任?连带责任还是按份责任?法律均未明确规定,实际上是委托法官根据具体案件自由裁量:如果教唆人、帮助人有赔偿能力,可判决其承担全部责任或者主要责任;如果没有赔偿能力,则可判决其承担连带责任。再如《侵权责任法》第 34 条、第 35 条关于使用人责任的规定,未明确使用人在承担赔偿责任之后,可不可以对具有故意、重大过失的被使用人行使追偿权,实际上是包含了一项委托授权:由法官结合案件事实决定是否许可使用人行使追偿权。** 此外,《侵权责任法》有关“相应的责任”“相应的补充责任”的规定,同样是委托法官行使自由裁量权。凡是条文有“相应的”一语,均包含对法官的委托授权。单独责任不能判全额赔偿,补充责任不能补充全额,究竟判决全额的百分之几,由法官结合具体案件自由裁量。

第七,法官的衡平权。如果造成的损失金额过大,应不应该判被告全额赔偿?例如,出租车与豪车相撞,出租车不过几万块钱,造成对方几百万元损失,即使出租车一方负全责,判他赔对方几百万元行不行?违约责任案件,合同总金额才几十万元,判违约方赔

* 见《民法典》侵权责任编第 1169 条第 2 款。

** 见《民法典》侵权责任编第 1191 条、第 1192 条,两条均已明确使用人在承担侵权责任后,可以向有故意或者重大过失的被使用人追偿。

偿几百万元行不行？法庭要考虑原被告双方当事人利害关系的平衡问题，法庭有协调双方利害关系的职权，我们可以称其为衡平权。法官行使衡平权，协调当事人之间的利害关系，当然要有法律依据，我们的《合同法》《侵权责任法》都有这样的制度。在审理违约责任案件中，法庭据以协调双方利害关系的法律规则，是《合同法》第 119 条减损规则和第 113 条第 1 款末句规定的不可预见规则*，以及情事变更解释规则。审理侵权责任案件，供法庭最后权衡双方利害关系的法律规则，是《侵权责任法》第 26 条过失相抵规则**。法庭审理侵权责任案件，计算出来的损失金额过大，法庭觉得如果都让被告赔偿，一是被告赔不起，二是即使赔得起也不公正，此时就要适用第 26 条过失相抵规则，减少被告的赔偿责任，将赔偿金减少到法庭认为比较公平合理的数额。适用过失相抵规则，当然要认定受害人对于损害的发生有过错，至于怎么认定他有过错，是法官的智慧。你开豪车就要比开普通汽车更加小心，你没有及时采取措施避免损害的发生，这就是过错。你家祖传几代的古董花瓶，没有采取特别措施保护，随便摆放在客厅，以致被客人损坏，这就是过错。裁判的目的是，作出一个法庭认为比较公正合理的判决，法律规则是供法庭达成目的的手段。

* 见《民法典》合同编第 591 条、第 584 条。

** 见《民法典》侵权责任编第 1173 条。

三、当前法官法律思维中存在的问题

第一，混淆解释论与立法论。审判实践中的一种倾向是，法官在讨论案件时，往往无视法律规定、脱离法律条文，引用学术观点甚至外国理论，谈论案件应该怎么样处理、不应该怎么样处理。问题是混淆了立法论与解释论。讨论某项法律(法律制度、法律条文)的制定或者修改，探讨其理论根据、立法理由和具体方案，当然可以引用学术观点和外国理论，这叫立法论。法官讨论具体案件如何裁判，应当紧扣本案应适用的具体法律规定(法律条文)，分析该法律条文的适用范围、构成要件和法律效果，以及为什么应当适用该条文而不应适用别的条文，分析该法律条文的立法目的、政策判断及司法解释，这叫解释论。法谚云：任何法律条文不经解释不能适用。法官的职责是解释适用具体的法律条文裁判待决案件，绝不是为待决案件创制法律规则、提出立法方案。法官在讨论待决案件时，必须从法律条文出发，紧扣法律条文，讨论何以必须适用该法律条文裁判本案。解释论是法官的本职工作，仅在本职工作之外，讨论某项法律的制定、修改，为立法机关提供立法建议或者撰写学术论文，才有从事立法论的可能。解释论和立法论，一定要严格区分，不允许混为一谈。

第二，死抠法律概念。由于我国的民事立法逐步完善，法律条文越来越多，加之我们的法官大多经过法学院专业学习，因此容易套用法律概念来解决问题。例如，有法官问："原告只要求退货，没要求退款,怎么办?”须知法律概念与生活用语不一致,法律上叫“解除合同”,但生活中通常说“退货”。买方“退货”,卖方当然要“退款”。法律概念不能叫“退货退款”,因为解除合同的结果还可能有损害赔偿。

再如,被告(一楼住户)在露台上擅自搭建,对原告(二楼住户)造成妨害,法官认为是“共享空间”问题。实际上是物权法上的“违章搭建”,无须使用所谓“共享空间”概念,适用《物权法》第83条关于“违章搭建”的规定*,判决责令拆除即可。再如,被告名义上是公司,但既没有公司机构(董事会)也没有公司账簿,经营财产与个人财产混而不分,有法官认为应“揭穿公司面纱”。是名为公司、实为个体经营,按照清产还债程序,公司财产不足清偿债务,再由被告个人赔偿即可,没有必要套用所谓的“揭穿公司面纱”概念。

还有,合同法司法解释**,将《合同法》第52条第5项“强制性规定”区分为效力性强制规定和管理性强制规定,这当然是对的,但这两个概念不能到处套用。有法官问,《公司法》第16条关于公司为本公司股东、实际控制人提供担保应经股东会决议的规定是否属于效力性强制规定?实际上《公司法》第16条既不是效力性强制规定,也不是管理型强制规定,而是一种程序性的规定,公司

* 原《物权法》已失效,现可参见《民法典》物权编第286条。

** 已失效。

未经股东会决议为股东或者实际控制人担保,这样的担保合同是否有效,须适用《合同法》第 50 条表见代表规则*。

第三,忽视法律逻辑性。例如,法院审理无效合同纠纷案件,有的依据《合同法》第 52 条判决合同无效就完了,不处理当事人已经支付的货款、交付的货物的返还问题。当事人提出返还请求,法庭告诉当事人依据《合同法》第 58 条**另案起诉。还有的法院,在审理违约责任案件中认为合同无效,就利用所谓释明权告知原告变更诉讼请求,变更为根据《合同法》第 58 条要求返还财产之诉。原告按照告知变更为依据第 58 条要求返还财产之诉后,法庭作出返还财产的判决。上诉到二审,二审法院审查认为合同并不违法,属于合法有效的合同,本应判决被告承担违约责任,但二审法院遇到了难题:一审中已经变更为请求返还财产之诉,二审法院没有办法改判被告承担违约责任。当然二审法院可以撤销原判发回重审,但《民事诉讼法》规定,发回重审只能有一次,第一次裁定撤销原判决发回重审,如果一审法院重审仍然维持原判,则第二次上诉后,二审法院不能再发回重审,必须改判,但二审法院没法改判为承担违约责任。问题出在什么地方?按照民法原理,法律行为的无效,是指不发生当事人所希望的法律效果,但一定

* 见《民法典》合同编第 504 条。该条进一步明确:代表行为有效时,订立的合同对法人或者非法人组织发生效力。

** 《民法典》合同编不再单独规定合同无效或被撤销的法律后果,而是直接适用总则编第 157 条规定的一般规则。

要发生法律规定的法律效果。《合同法》第52条规定合同无效的要件(原因),第58条规定合同无效的法律效果,第52条加上第58条才构成一个完整的法律规范。法庭在依据第52条认定合同无效之后,应当依职权适用第58条关于合同无效的法律效果的规定。

再如,法庭审理无权处分他人财产的合同案件,也不能仅依据《合同法》第51条认定合同无效就完了。应当注意第51条关于无权处分他人财产合同的规定与《物权法》第106条*关于善意取得的规定之间的逻辑关系。在依据《合同法》第51条认定合同无效的情形,如果买受人是善意的,并且想要得到标的物,他会根据《物权法》第106条主张善意取得。只要买受人主张善意取得,法庭就必须再适用《物权法》第106条,如果经审查符合善意取得的条件,法庭就应当判决买受人已经善意取得标的物所有权。如果买受人不主张善意取得,或者买受人虽然主张善意取得,但法院经过审查认为不符合《物权法》第106条规定的善意取得要件,则法庭在根据《合同法》第51条认定合同无效之后,还要依职权适用《合同法》第58条,判决恢复原状,双方退货退款。因此,我们必须注意《合同法》第51条、第58条和《物权法》第106条之间的逻辑关系。《物权法》第106条的适用,必须由买受人主张,法庭不能依职权适用;而《合同法》第58条是法律强制性

* 见《民法典》物权编第311条。

规定，无需任何人主张，法庭应当依职权适用。忽视法律条文之间的逻辑性这个问题，民法学界也有责任，我自己也是近年来才认识到的。

四、转换法官法律知识结构的建议

上述倾向的存在，与法官的知识结构有关。现今法官队伍中，绝大多数法官都经过法学院的系统学习训练，法官从法学院课堂上学习掌握的一整套法律概念、原则、制度和理论体系（以下简称法律概念体系），构成法官的专业知识结构。进入法院、担任法官之后，还没有将这套法律概念体系转换为现行法律条文体系。而如果不掌握现行法律条文体系、不用现行法律条文体系代替法律概念体系，就难以正确进行法律思维，难以提高法官法律思维的水准，难以公正裁判案件。道理很简单：法律思维是规范性思维、紧扣法律条文的思维，法官裁判案件，只能（必须）依据现行法律规范（条文），而不能依据法律概念或者法律理论。所谓“以事实为根据，以法律为准绳”，就是这个意思。（补充一点，法官具有广博的法律理论知识包括外国法理论知识，将有助于对我国现行法律条文的正确理解、解释和适用。）现在的问题是，法官如何转换法律知识结构，如何将原有的法律概念体系转换为现行法律条文体系？我建议采用学习民法的第三种方法。

第一种学习方法，即我们在法学院学习法律的方法。通过老师的课堂讲授和对教科书的学习，目的是掌握一整套法律概念、原则、制度和理论的体系。这样的学习方法（教学方法）称为教义学的方法。这是大陆法系传统的方法。第二种学习方法，即所谓案例教学（学习）方法。通过对具体案例的分析，归结到某个法律概念，最后归结到某个现行法律条文。我所建议和提倡的第三种学习方法，即以法律条文为中心的学习方法。有三个要点：一是直接阅读、学习记忆现行法律条文；二是在阅读、记忆现行法律条文的同时，掌握每个法律条文在法律条文体系中的逻辑位置，以及与其他有关条文之间的逻辑关系；三是通过法律条文贯穿立法、理论和实务。下面稍加说明。

第一个要点是直接阅读、学习、记忆现行法律条文。但法律条文如此之多，例如，《合同法》有 428 个条文，难道对每个条文都能够记忆？当然不是。我们直接阅读、学习、记忆的是现行法律的基本条文、重要条文和常用条文。这样的法律条文，往往规定在“总则”部分，例如《合同法》前七章，《物权法》前三章，《侵权责任法》前四章（第四章非总则）。在记忆、掌握总则部分条文的基础上，再根据法官自己工作的需要，学习、记忆有关分则中重要的、常用的条文。例如，主要审判买卖合同纠纷案件的法官，除记忆、掌握《合同法》总则部分外，还需要记忆、掌握第九章买卖合同分则的重要条文；主要审判医疗损害侵权案件的法官，除记忆、掌握《侵权责任法》前四章外，还要记忆、掌握第七章医疗损害责任分则部分。

第二个要点是理解、掌握法律条文的逻辑位置及与其他条文的逻辑关系。这在前面已经谈到,学习《合同法》第 52 条,一定要掌握第 52 条与第 58 条之间的逻辑关系,第 52 条规定无效的原因,第 58 条规定无效的法律后果,两条结合在一起构成一个完整的法律规范。而《合同法》第 51 条不仅与第 58 条有逻辑关系而且与《物权法》第 106 条有逻辑关系,在依据《合同法》第 51 条认定合同无效的情形,如果买受人主张善意取得则还需要适用《物权法》第 106 条,在买受人不主张善意取得或者经审查不符合《物权法》第 106 条的规定时,法官还应依职权适用《合同法》第 58 条。

第三个要点是通过阅读、学习、记忆法律条文,将立法、理论和实务贯串起来。这个条文规定了什么概念,叫什么制度?要解决社会生活中的什么问题?为什么要制定这个条文?立法者参考的是哪一个立法例、哪一项司法解释规则、哪一个判例规则?它的立法目的是什么,要保护谁、制裁谁?它的构成要件、适用范围、法律效果如何分析?对于这个条文的理解和适用,最高人民法院做过什么样的解释,《最高人民法院公报》刊登过什么样的典型案例?对这些都通过条文联系起来一体把握。这里就不举例了。

现行法律条文已经相当完善,我相信法官队伍当中有不少法官,已经通过对现行法律的学习,将自己的专业知识结构转换为现行法律条文的体系,因此这些法官的法律思维能力就很强。特别建议进入法官队伍时间不久的年轻法官,要重构法官的法律专业基础,从原来的概念体系转换为现行法律的条文体系,在此基础上提高法律思维水准。

最后谈一下法律条文的记忆。应当说,记忆法律条文比记忆其他文本更容易。例如,我们中学都背过好多古诗、古文,过后很快就忘记了。因为记忆诗文一定要有提示性的文字(关键词)。背诵诸葛亮的《前出师表》,如果记得开头四个字"臣本布衣",你就能背下去,"臣本布衣"就是提示记忆的关键词;背诵白居易的《长恨歌》,开头四个字"汉皇重色"就是关键词。我们记忆法律条文要容易得多,首先是有条文序号提示我们,如《合同法》第93条之后必定是第94条,第94条之后必定是第95条;其次,每一个条文都有一个法律概念,这个法律概念就是关键词,《合同法》第93条第1款是"协议解除",第2款是"约定解除权条件",第94条是"法定解除",第95条是"解除权的期限",第96条是"解除权的行使和异议"。* 再如《合同法》第94条法定解除权的原因,不可抗力、预期违约、根本违约、目的落空,都是提示记忆的关键词。还有,法律条文之间的逻辑关系,也起到提示记忆的作用。我的经验是记忆法律条文比较容易。总之,建议同志们

* 见《民法典》合同编第562~565条。

采用第三种学习方法，即直接阅读记忆法律条文的方法，将自己的专业知识结构转换为现行法律条文体系，提高法律思维能力和水准。

今天就讲到这里。谢谢大家！

（本文据 2014 年 12 月 26 日在最高人民法院青年法官论坛的讲座录音整理而成）

法学新经典·书目

《侵权损害赔偿》（第六版） 杨立新
《我国民法典重大疑难问题之研究》（第二版） 王利明
《法律解释学导论：以民法为视角》（第二版） 王利明
《法的价值论》（第三版） 卓泽渊
《法政治学研究》（第三版） 卓泽渊
《法治国家论》（第四版） 卓泽渊
《刑事诉讼的中国模式》（第三版） 陈瑞华
《刑事证据法的理论问题》（第二版） 陈瑞华
《民法典总则之理论与立法研究》（第二版） 尹　田
《中国物权法总论》（第四版） 孙宪忠
《人格权重大疑难问题研究》 王利明
《实证研究：中国法学的范式转型》 左卫民
《中国法律的传统与近代转型》（第四版） 张晋藩
《行政法基本原则研究》（第二版） 周佑勇
《传统中国法理观》 张中秋
《国际刑法学》（第二版） 贾　宇
《刑法客观主义与方法论》（第二版） 周光权
《诈骗犯罪论》 张明楷
《国际私法本体论》（第二版） 蒋新苗
……

法学新青年·书目

《物权法的展开与反思》（第二版） 常鹏翱
《基本权利的规范建构》（增订版） 张　翔
《传媒监督的法治》 陈柏峰
《国家利益维护：国际法的力量》 何志鹏
《不动产登记法研究》（第二版） 程　啸
《证据法的理论面孔》 吴洪淇
《刑法归责原理的规范化展开》 陈　璇
《刑法与现代社会治理》 何荣功
《舆图换稿：明清之际的中国法哲学》 屠　凯
《中国特色行政复议制度的嬗变与演进》 曹　鎏
《行政诉讼类型构造论》 章志远
《侵权责任利益保护的解释论》 方新军
……

博观·书目

《社会契约论》 卢　梭
《法律的概念》（第三版） 哈　特
《普通法的精神》（中文修订版） 庞　德
《诉权与诉的可能性：当代民事诉讼基本问题研究》 赫尔维格
《民主与不信任：司法审查的一个理论》 约翰·哈特·伊利
《法律与革命》（第一卷） 伯尔曼
《法律与革命》（第二卷） 伯尔曼
《法律推理与法律理论》 麦考密克

《古代法》 梅 因
《旧制度与大革命》 托克维尔
《为权利而斗争》 耶 林
《法律制度：对法律理论的一种解说》 麦考密克
《政治哲学史》（第三版 上下册） 列奥·施特劳斯，约瑟夫·克罗波西
《论法的精神》 孟德斯鸠
《民事诉讼法重点讲义》（导读版） 高桥宏志
《纯粹法学说》（第二版） 凯尔森
《普通法》 霍姆斯
《论犯罪与刑罚》 贝卡里亚
《宪法设计与理性选择：公法经济分析基础》 罗伯特·D.库特
《法律的权威》（第二版） 约瑟夫·拉兹
……

思想与人文·书目

《西窗法雨》（精装修订版） 刘 星
《法槌十七声：西方名案沉思录》（第二版） 萧 瀚
《文明与法治：寻找一条通往未来的路》 刘哲昕
《精英与平民：中国人的民主生活》 刘哲昕
《法治东西》 於兴中
《博登海默法理学》 博登海默
《法窗夜话》 穗积陈重
《正义之源泉：自然法研究》 吴经熊
《现代法政的起源：1900—1919》 董彦斌
《被误解的民主》 包刚升

《风骨：新旧时代的政法学人》 陈夏红
《斑马线上的中国》（第三版） 邓子滨
《生活在民法中》（第四版） 梁慧星
《乌合之众：大众心理研究》 古斯塔夫·勒庞
《我们律师》（修订精装版） 张思之
《我的辩词与梦想》（精装收藏版） 张思之
《法门穿行》 孙笑侠
《现代法治：沈家本的改革梦》 李贵连
《阿Q之死的标本意义》 张建伟
《续法窗夜话》 穗积陈重
《从传统到现代》 金耀基
《耶鲁精神：感受耶鲁大学及其法学院》（第二版） 冯建妹
《法律帝国的铸就：大英帝国法律史（1800—1850）》 劳伦·本顿 利萨·福特
《英国法的塑造者》 威廉·塞尔·霍尔斯沃思
《美国法律史》 劳伦斯·弗里德曼
《尊严：历史和意义》 迈克尔·罗森
《法官因何错判》 秋山贤三
《修行：生命的证悟》 泰戈尔
《看得见的正义》（第三版） 陈瑞华
《大地家族》 盖瑞·施耐德
《法律后面的故事》 梁治平
《生命与超越：一个命运共同体的理想》 刘哲昕
《霸权的黄昏：大国的衰退和收缩》 麦克唐纳 培伦特
《罪与罚：关于公正的19场激辩》 布鲁斯·N.沃勒
《民法的人文精神》（第二版） 徐国栋
《西口闲笔》 徐国栋
……

理论与方法·书目

《通往法治的道路：社会的多元化与权威体系》 季卫东
《现代公司法》（第三版 上下册） 刘俊海
《法治、财税与国家治理》 熊 伟
《论法学研究方法》 陈瑞华
《民法总则：条文背后的故事与难题》 杨立新
《法学学位论文写作方法》（第三版） 梁慧星
《裁判的方法》（第四版） 梁慧星
《理论法学的迷雾：以轰动案例为素材》（增订版） 桑本谦
《司法体制改革导论》 陈瑞华
《辩无不胜》 盖瑞·斯宾塞
《侵权责任法：条文背后的故事与难题》（第二版） 杨立新
《合同法总论》（第四版） 韩世远
《司法改革的知与行》 蒋惠岭
《律师的客户管理术》 亚历山大·Y.本尼科夫
《中西法律文化比较研究》（第五版） 张中秋
《真实世界的法律思维：出乎意料的61堂法律微课》 黄文伟
《并购之道：赢家的65个商业逻辑与实战 》 张伟华
《明清法律与社会变迁 》 邱澎生 何志辉
《中国民法典新规则要点》（修订版） 杨立新
《刑事审判原理论》（第三版） 陈瑞华
《实质法治：寻求行政判决的合法性》（第二版） 何海波
《企业合规基本理论》（第二版） 陈瑞华
《侵权责任法》（第四版） 杨立新
《如何讲个好故事：律师的必修课》 菲利普·N. 迈耶
……